Olaf Briese · Der Anspruch des Subjekts

Olaf Briese

Der Anspruch des Subjekts

Zum Unsterblichkeitsdenken im Jungen Deutschland

M&P
VERLAG FÜR WISSENSCHAFT UND FORSCHUNG

Die Deutsche Bibliothek – CIP-Einheitsaufnahme

Briese, Olaf:
Der Anspruch des Subjekts : Zum Unsterblichkeitsdenken
im Jungen Deutschland / Olaf Briese.
– Stuttgart : M und P, Verl. für Wiss. und Forschung, 1995
Berlin, Humboldt-Univ., Diss., 1994
ISBN 978-3-476-45139-2

ISBN 978-3-476-45139-2
ISBN 978-3-476-04235-4 (eBook)
DOI 10.1007/978-3-476-04235-4

M & P Verlag für Wissenschaft und Forschung
ein Verlag der J.B. Metzlerschen Verlagsbuchhandlung und
Carl Ernst Poeschel Verlag GmbH in Stuttgart

Ursprünglich erschienen bei J.B. Metzlersche Verlagsbuchhandlung
und Carl Ernst Poeschel Verlag GmbH in Stuttgart 1995

INHALT

Vorwort

Die Philosophiegeschichte der Neuzeit kann auf vielfältige Weise geschrieben werden. Gegenwärtige übergreifende Tendenzen sind schwer auszumachen. Zumindest aber scheint, daß innerhalb der in den letzten Jahren vorgelegten umfassenden Darstellungen der neuzeitlichen Wende von Theozentrik zu Anthropozentrik die Frage nach dem Subjekt dieser anthropozentrischen Aufwertung nicht nachdrücklich genug gestellt wurde. In welchen Strömungen - Spinoza kann als ein Repräsentant dieser Linie angesehen werden - ging es quasi substanzhaft um das Gattungssubjekt Mensch, in welchen - hier wird oft Leibniz als Autorität angeführt - um das tatsächliche menschliche Einzelsubjekt? Wie kamen Kant und Rousseau zu ihrer dichotonomischen Scheidung von Gattungs- und Einzelsubjekt? Ohne hier verschiedene Möglichkeiten einer Beantwortung auch nur andeuten zu können, soll an diese Fragen erinnert werden, um auf das Vorfeld der Debatten über Substanz und Subjekt aus der Zeit um die Mitte des 19. Jahrhunderts wenigstens hinzuweisen. Denn verdeutlicht man sich die Geschichte dieser Substanz-Subjekt-Alternative, fällt auf, wie sehr die aufklärerische Betonung menschlicher Subjektivität und Individualität in der Zeit von 1750 bis 1850 in Deutschland mit dem Anspruch auf individuelle Unsterblichkeit verbunden war.

Dieser Entwicklungslinie läßt sich die heterogene Literatengruppe des Jungen Deutschland zweifellos zuordnen. Ohne die literarischen Kontroversen um diesen Begriff "Junges Deutschland" zu übersehen, sollen im folgenden darunter weder sämtliche "Vorkämpfer der jungen oder der neuen Zeit", welche "das Bewußtsein der Jugend und des Fortschritts hatten"[1] noch eine ganze "Generation"[2] verstanden werden. Auch handelt es sich sicher nicht um einen "organisationsmäßige(n) Zusammenschluß" von fünf Personen mit politischer Zielsetzung[3]. Eher kann von einer lose verbundenen Gruppierung, zu der nicht nur die unter das bekannte Bundestagsverbot von 1835 gefallenen Autoren zählten, ausgegangen werden[4].

---

1 [M. Heß], Die europäische Triarchie, in: M. Heß, Philosophische und sozialistische Schriften, hrsg. v. W. Mönke, 2. Aufl. Berlin 1980, S. 118f.

2 E. Alker, Die deutsche Literatur im 19. Jahrhundert, Stuttgart 1969, S. 37ff.

3 W. Dietze, Junges Deutschland und deutsche Klassik. Zur Ästhetik und Literaturtheorie des Vormärz, Berlin 1957, S. 78 (Neue Beiträge zur Literaturwissenschaft, Bd. 6)

4 Die bisher wohl beste und materialreichste Erörterung der Frage, inwieweit die Jungdeutschen als bewußte Gruppierung zu verstehen seien oder ob es eher zufällige Gemeinsamkeiten in politischer und literarischer Hinsicht gab, stammt wohl von Wülfing, vgl.: W. Wülfing, Schlagworte des Jungen Deutschland, in: Zeitschrift für deutsche Sprache, Bd. 21ff., Jg. 1965ff., S. 42ff. (die Artikelfolge auch als Buch: Schlagworte des Jungen Deutschland, Berlin 1982). Bibliographische

Diese Gruppierung stellte mit den ernüchternden und euphorischen Erfahrungen der Umbrüche von 1830 und in Opposition gegen die Hegelsche Substanzphilosophie ebenfalls den Anspruch des Subjekts in den Vordergrund. Die politischen Ergebnisse von 1830, das Scheitern der panlogischen, substanzorientierten Geschichtsphilosophie Hegels und nicht zuletzt die Lage der Jungdeutschen als freischaffende Publizisten und Literaten führten zu einer prononcierten Aufwertung menschlicher Subjektivität und Individualität.

Diese philosophische Orientierung ging auch bei den Jungdeutschen mit Unsterblichkeitansprüchen einher. Gerade für die philosophische Untersuchung dieser im Ruf geistiger Rebellion gegen überkommene ästhetische, politische, metaphysische und religiöse Ideen stehenden Literatengruppe ist es unerläßlich, diese Ansprüche zu thematisieren. Dann zeigt sich, wie stark bei allen Neuerungsansätzen traditionelle aufklärerische Ansätze des 18. Jahrhunderts von den Jungdeutschen bewahrt bzw. fortgeschrieben wurden. Aktuelle, sozialgeschichtlich ausgerichtete Studien zu Themen wie "Die Kommunikationsstrategie des Jungen Deutschland", "Das Junge Deutschland und die Familie", "Die Zeitschriften des Jungen Deutschland"[5] behandeln zwar Fragen, die zum Gesamtverständnis des geistigen Standortes der Jungdeutschen natürlich ebenso wichtig sind. Aber mit solchen sozialgeschichtlichen Arbeiten allein wird ihre Stellung nicht befriedigend erschlossen werden können. Vielmehr scheint gerade die Behandlung einer Frage wie der nach der Unsterblichkeit einen signifikanten Zugang zum jungdeutschen subjektorientierten Weltbild zu gewähren. Es ist zu zeigen, inwiefern sich in diesen Unsterblichkeitsauffassungen eine philosophisch ausgerichtete Suche nach Antworten sowohl auf tradierte als auch sich neu ergebende Fragestellungen artikuliert. Zu denken wäre nicht zuletzt an die bewußt werdende existentielle Dimension menschlichen Lebens, an Erfahrungen mit der Verfügbarkeit und Unverfügbarkeit der Geschichte oder an Kontingenzerfahrungen.

In diesem Zusammenhang ergibt sich geradezu von selbst, das Unsterblichkeitsproblem einer seit langem nicht nur profanen, sondern vereinfachenden, geradezu unphilosophischen Sichtweise zu entziehen. Nicht etwa, um philosophisch Trost in Annahmen zu finden, die ausschließlich den Regionen der Sinnsuche zugehören und sich damit einer wissenschaftlichen Überprüfung entziehen[6], sondern um zu

---

Übersichten enthält das "Literatur-Lexikon", hrsg. v. W. Killy, Gütersloh, München 1988 - 1992.

5 Vgl.: W. Hömberg, Zeitgeist und Ideenschmuggel. Die Kommunikationsstrategie des Jungen Deutschland, Stuttgart 1975; H. Burchardt-Dose, Das Junge Deutschland und die Familie. Zum literarischen Engagement in der Restaurationsperiode, Frankfurt/M., Bern, Cirencester 1979; H. Brandes, Die Zeitschriften des Jungen Deutschland. Eine Untersuchung zur literarisch-publizistischen Öffentlichkeit im 19. Jahrhundert, Opladen 1991.

6 Vgl.: G. Scherer, Sinnerfahrung und Unsterblichkeit, Darmstadt 1985; ders., Das Problem des

zeigen, daß es ein von Lebenssituationen und allgemeinen philosophischen Fragestellungen bestimmter Kontext ist, in dem sich Unsterblichkeitsansprüche geltend machen.

Dieser übergreifende philosophische Hintergrund von Unsterblichkeitsideen zeigt sich in Umbruchzonen, zu denen der deutsche Vormärz, die Jahre zwischen 1830 und 1848, ohne Zweifel gehört, besonders deutlich. Allerdings gilt im öffentlichen Bewußtsein das Denken des Vormärz, mehr noch als das der Aufklärung, als einer Geschichtsperiode zugehörig, in der sich die intellektuelle Welt - nicht zuletzt unter Einfluß der naturwissenschaftlichen Rationalität - von einer Reihe überkommener metaphysischer Probleme, darunter auch vom Unsterblichkeitsproblem, verabschiedete. Nur wenigen Fachleuten dürfte bewußt sein, daß noch nach der Jahrhundertmitte - um nur bei einem materialistisch orientierten Autorenkreis zu bleiben - Ludwig Feuerbach von einer "subjektive(n) Notwendigkeit des Unsterblichkeitsglaubens"[7] ausging und eine Unsterblichkeit durch Kultur erhoffte[8] und Jakob Moleschott und Ludwig Büchner von einer "Unsterblichkeit des Stoffs"[9] ausgingen, die den Menschen durchaus nicht "um alles Erhabene, um alles Schöne"[10] bringen sollte, vielmehr jedes menschliche Wesen in Wahrheit zu einem "Gottmensch(en)" erhob, der in sich selbst "die letzte und oberste Summe alles irdischen Daseins"[11] fühlen dürfe. Weder für die zweite noch für die erste Hälfte des 19. Jahrhunderts ist die so häufig unterstellte Abkehr vom Unsterblichkeitsglauben problemlos vorauszusetzen. Im folgenden soll von der durch Friedrich Sengle in seinen Biedermeieranalysen angesprochenen Situation ausgegangen werden, daß es ein "weitverbreitetes Festhalten am Unsterblichkeitsglauben" gab, der unter den Gebildeten vornehmlich aus ästhetisch-empfindungsvollen "Ahnungen" und "Hoffnungen" bestand und eine Art "Kunstmythos"[12] ohne ausgesprochen theologische Basis darstellte, und daß es - daran hat sich nichts Grundlegendes geändert und gilt pars pro toto auch für das Junge Deutschland - in der Forschung bestimmte Neigungen gibt, diese Tatsache zu übersehen.

Todes in der abendländischen Philosophie, 2. Aufl. Darmstadt 1988; ders., Sinnerfahrung und Unsterblichkeit, in: Universitas, Bd. 47, Jg. 1992, S. 254ff.

7 L. Feuerbach, Die Unsterblichkeitsfrage vom Standpunkt der Anthropologie, in: Gesammelte Werke, hrsg. v. W. Schuffenhauer, Berlin 1967ff., Bd. 11, S. 210ff.

8 Vgl.: ebenda, S. 226f.

9 J. Moleschott, Der Kreislauf des Lebens, in: Vogt, Büchner, Moleschott. Schriften zum kleinbürgerlichen Materialismus in Deutschland, hrsg. v. D. Wittich, Berlin 1971, Bd. 1, S. 51ff.;
L. Büchner, Kraft und Stoff, in: ebenda, Bd. 2, S. 357ff.

10 Moleschott, Der Kreislauf des Lebens, in: a.a.O., S. 306

11 Büchner, Kraft und Stoff, in: a.a.O., S. 420

12 F. Sengle, Biedermeierzeit. Deutsche Literatur im Spannungsfeld zwischen Restauration und Revolution, Bd. 1, Stuttgart 1971, S. 74ff.

Mitunter wird von dieser Gruppierung des Jungen Deutschland angenommen, daß in ihr "der Tod und das 'nach dem Tode' in ihrem Bewußtsein in den Hintergrund rückt(en)"[13]. Andere Autoren hingegen weisen auf die Besonderheiten der Jungdeutschen hin, z.B. darauf, daß sie "die alte Trennung zwischen einer himmlischen Welt im Jenseits und einer nur diesseitigen Erdenwelt"[14] für unhaltbar gehalten haben. Im Kontext von Einzelanalysen kann man eher beiläufige Bemerkungen finden, die auf Unsterblichkeitsanschauungen bei den Jungdeutschen aufmerksam machen: Gutzkow wäre von einem "Glauben an die persönliche Unsterblichkeit" erfüllt gewesen, der "auch in einem metaphysischen Grund"[15] wurzele; Heine hätte "Jenseits-Süchte" gehegt, die früh in ihm "gekeimt hatten"[16].

Wegen dieser widersprüchlichen Vermutungen scheint es berechtigt, nach Antworten auf die Frage zu suchen, ob die Intentionen, mit denen sich Vertreter des Jungen Deutschland dem Unsterblichkeitsproblem zuwandten, jenem oft unterschätzten "Wechsel der Erfahrung"[17] geschuldet sind, der einen unbefangenen Fortschrittsglauben fragwürdiger machte und deshalb auf subjektorientierte Sinnfragen zurückwies.

Unter diesen Gesichtspunkten lag es nahe, die Arbeit so zu gliedern, daß sie nicht nur die Beziehungen der Jungdeutschen zur Aufklärung des 18. Jahrhunderts und zur Diskussion über Unsterblichkeit in ihrem zeitgenössischen Umfeld erhellt, sondern daß die jungdeutschen Unsterblichkeitsansichten als ein sich facettenreich gliederndes Spektrum aufgezeigt werden. Diese Ansichten trieben vor allem im Rahmen jeweils spezifischer geschichtsphilosophischer Auffassungen auseinander. Sie gewannen andererseits jedoch durch ihren Bezug zur Aufklärung und durch ihre weltimmanente und subjektorientierte Ausrichtung gemeinsame Züge.

Die Arbeit gliedert sich in fünf Abschnitte. Im ersten Abschnitt werden bestimmte Linien der Unsterblichkeitsdiskussionen des 18. Jahrhunderts skizziert, um zu zeigen, inwiefern die in diesen hervorgetretene philosophischen Ausrichtungen, nämlich eine anthropozentrische Ausrichtung und die Symbiose von subjektorientierten Unsterblichkeits- mit Fortschritts- bzw. Perfektibilitätsansprüchen, für die Vertreter des Jungen Deutschland von Relevanz sein konnten. Dieses Problem

---

13 E. Galley, Der religiöse Liberalismus in der deutschen Literatur von 1830 - 1850, Phil. Diss., Rostock 1934 S. 30

14 U. Köster, Literarischer Radikalismus. Zeitbewußtsein und Geschichtsphilosophie in der Entwicklung vom jungen Deutschland zur Hegelschen Linken, Frankfurt/M. 1972, S. 77

15 P. Westra, Karl Gutzkows religiöse Ansichten, Groningen 1947, S. 24f.

16 L. Marcuse, Heinrich Heine in Selbstzeugnissen und Bilddokumenten, Reinbek 1960, S. 155

17 Vgl.: O. Briese/ A. Liepert/ E. Magdanz, Erfahrung des Wechsels - Wechsel der Erfahrung. Rekurrierten Vormärzliberale lediglich auf Aufklärung?, in: Zeitschrift für Geschichtswissenschaft, Bd. 43, Jg. 1993, S. 781ff.

wird im zweiten Abschnitt erneut aufgegriffen, nun jedoch von der Seite der Abgrenzung. Es wird gefragt, warum die Jungdeutschen mit ihren philosophischen Auffassungen jener subjektorientierten Richtung zuneigen mußten, die vom Selbstwertgefühl und vom Selbstgewinnanspruch des modernen Menschen ausging und warum sie dabei einer Einbettung des Unsterblichkeitsproblems in solche pantheistischen oder panlogistischen Systeme, welche die Rechte und Bedürfnisse der Individuen nur unzureichend respektierten, nichts abgewinnen konnten.

Wie die jungdeutsche subjektorientierte Unsterblichkeitsauffassung sich konkret gestaltete, wird im dritten Abschnitt an Heine, Mundt und Gutzkow untersucht. Von Ausblicken abgesehen, wird diese Problemstellung hier nur bis zu den die jungdeutsche Bewegung begrenzenden vierziger Jahren betrachtet. Heine war nicht nur einer der Stammväter des Jungen Deutschland, sondern er inaugurierte jene Verbindung von Pantheismus und Unsterblichkeitsdenken, die auf je spezifische Weise sowohl von Mundt als auch von Gutzkow variiert wurde. Es wird zu zeigen sein, inwiefern Heines Übergang von der Annahme einer Naturbeseeltheit zu einem quasi-religiösen Subjektpantheismus für seine metaphorische Grenzüberschreitung von Leben und Tod bestimmend wurde.

Mundt, der mit Heine die Abneigung gegen das ausschließlich Rational-Verstandesmäßige und gegen einen vermeintlich asketischen Protestantismus teilte, wies zwar den "heidnischen Pantheismus" der Saint-Simonisten und Heines zurück, suchte jedoch mit der Metapher von der "Wiedereinsetzung des Bildes" eine identitätsphilosophische Position der Einheit von Geist und Leib einzunehmen. Deren Absicht war es, im Subjekt selbst eine Einheit von Diesseits und Jenseits zu statuieren. Gelangte Mundt zu einer Verweltlichung der Unsterblichkeit im Sinne einer subjektbetonten Imaginationspotenz des Geistes, so verwandelte Gutzkow, indem er nach der kulturellen Funktion von Unsterblichkeitsannahmen fragte, diese in ein - im weiteren zu erklärendes - reines Ideal der Vernunft. Seine in die Fortschrittsdiskussionen eingebetteten Überlegungen bilden den Abschluß dieser Arbeit. Denn Gutzkow war von den Jungdeutschen derjenige, der, zumindest zeitweilig, einer völligen Verweltlichung der Unsterblichkeitsvorstellungen am nächsten kam, sich aber den damit verbundenen Sinnfragen durchaus bewußt war.

1. Aufklärung und Unsterblichkeit

In der Literatur ist bereits vor längerer Zeit darauf aufmerksam gemacht worden, daß die Jungdeutschen ihre Ideen "trotz der bewußt markanten Traditionsfeindschaft (...) auf meist sehr genau fixierbare 'Vor-bilder', das heißt auf chronologisch schon früher geäußerte philosophische, ästhetische, politische Gedanken zurückführen"[1]. Wenn dies gilt, so vor allem für die jungdeutsche Beziehung zur deutschen Aufklärung des 18. Jahrhunderts. Die Jungdeutschen, die sich bekanntlich mit klassischer Philosophie und Dichtung in kritischer Auseinandersetzung befanden, griffen oft auf deutsche Vorlagen des 18. Jahrhunderts zurück, verstanden sich als deren Erben und führten sie zeitgemäß weiter[2]. Sie stützten sich z.B. auf solche traditionellen aufklärerischen Zentralprobleme wie Fortschritt, Anthropozentrik und die Verklammerung von Vernunfts- und Glaubenspostulaten. Diese Problemkreise, die nicht zuletzt die Unsterblichkeitsauffassungen der deutschen Aufklärung maßgeblich geprägt hatten, leiteten in bestimmter Hinsicht auch das Denken über Unsterblichkeit bei den Jungdeutschen. Der Herausbildung dieser aufklärerischen Positionen im 18. Jahrhundert lag ein ganzes Problemfeld zugrunde.

So facettenreich wie die Aufklärung, waren auch ihre Unsterblichkeitsbilder. Sie umgriffen verschiedene Ebenen und verschiedene Funktionen. Als Gemeinsamkeit läßt sich allerdings feststellen, daß sie etwa seit Ende des 18. Jahrhunderts in Deutschland mehr und mehr zum Synonym für individuelle Transzendenz, für Wertsteigerung und für Vervollkommnung wurden - für Perfektibilität. Unsterblichkeit war ein unscharf umrissener Ausblick für das menschliche Individuum, war eine mehr oder weniger metaphernreiche utopische Perspektive. Sie verlor zunehmend ihre spezifisch christlichen Attribute und wurde zu einer Hoffnung auf ein Jenseits, die bewußt mit der Diesseitigkeit des Lebens verklammert war. Als philosophisches Gedankengut ohne direkte theologische Implikationen versprach Unsterblichkeit auf individualgeschichtlicher Ebene das, was Fortschritt auf gattungsgeschichtlicher Ebene verhieß.

Dieses Unsterblichkeitsdenken ist bisher in philosophischen Arbeiten und in der

---

1 Dietze, Junges Deutschland, S. 163f.

2 Vgl.: Dietze, Junges Deutschland; H. Koopmann, Das Junge Deutschland. Analyse seines Selbstverständnisses, Stuttgart 1970, S. 102ff., 165ff.; A. Springer-Liepert, Erbe des "achtzehnten Jahrhunderts" in den ideologischen Debatten des deutschen Vormärz, Phil. Diss. B, Berlin 1986, S. 37, 70ff.; Briese/ Liepert/ Magdanz, Erfahrung des Wechsels - Wechsel der Erfahrung, in: a.a.O.

Aufklärungsforschung wenig thematisiert worden[3]. Nach wie vor scheint es leitend, die philosophische Aufklärung in Frankreich, England und Deutschland auf Religionskritik oder gar Atheismus und Materialismus festzulegen, wobei für Deutschland die These von der halbherzigen, der inkonsequenten Aufklärung gilt. Dieses Bild der vornehmlich religionskritischen Aufklärung, das Mitte und Ende des 19. Jahrhunderts entstand und im öffentlichen Bewußtsein die Oberhand gewann - repräsentativ scheinen dafür Arbeiten von Bruno und Edgar Bauer, Hermann Hettner, Friedrich Engels, Fritz Mauthner - fand auch in den einflußreichen Renaissancestudien von Jacob Burckhardt seinen Ausdruck. Burckhardts unbegründete Feststellung, daß mit der Renaissance eine "Erschütterung des Glaubens an die Unsterblichkeit" einsetzte, daß die Renaissancedenker mit ihren Ansichten vom Zustande nach dem Tode "das Aufhören der wesentlichsten christlichen Dogmen teils voraussetzen, teils verursachen"[4], schreibt sich in solchen Einschätzungen wie denen von Werner Fuchs fort: "Tendenziell wenigstens heißt der Tod seit der Konstitution des modernen Naturbegriffs ein durch biologische Ursachen nach einem ausgelebten Leben herbeigeführtes unwiderrufliches Ende des Menschen. Francis Bacon formulierte das deutlich: 'Sterben ist ebenso natürlich wie Geborenwerden...'. So liegt in diesem Begriff des natürlichen Todes die Abkehr von der jenseitig begründeten Bedeutung des Todes fürs Leben"[5]. Statt Sterblichkeitskritik wird der Aufklärung verallgemeinernd Unsterblichkeitskritik unterstellt und das Problem der neuzeitlichen, philosophischen Begründung von "Unsterblichkeit" übergangen oder als religiöses Relikt verzeichnet.

Daneben aber gibt es seit Beginn des 20. Jahrhunderts eine Linie der Aufklärungsforschung, die davon ausgeht, daß rationalistische, sensualistische und sentimental-mystische Aufklärungsströme gleichermaßen Unsterblichkeitswünsche entwickelten. Nach Rudolf Unger hatten zwischen 1751 und 1758 nicht weniger

3 Q. Huonder, Das Unserblichkeitsproblem in der abendländischen Philosophie, Stuttgart 1970, ist eine eher populäre Darstellung und überwiegend referierend gehalten.

4 J. Burckhardt, Die Kultur der Renaissance in Italien, Leipzig 1928, S. 516f., 523

5 W. Fuchs, Todesbilder in der modernen Gesellschaft, 2. Aufl. Frankfurt/M. 1979, S. 63. Gegen diese Thesen stehen z.B. neuere mentalitätsgeschichtliche Untersuchungen, welche die weitgefächerten aufklärerischen Reaktionen auf das Todesproblem herausarbeiten. Vgl.: Ph. Ariès, Geschichte des Todes, München 1982, S. 820ff.; ders. Studien zur Geschichte des Todes im Abendland, München 1976, S. 107. G. Henning schreibt: "Die vereinzelt geäußerte Skepsis, daß man über das Jenseits und ein Leben nach dem Tode nichts wisse und nichts wissen könne, hat (im 18. Jahrhundert O.B.) kaum Anhängerschaft gefunden. Weit verbreitet war vielmehr die Überzeugung, daß das ewige Leben unmittelbar auf das irdische folgt, weil jeder Mensch eine unsterbliche Seele besitzt" (G. Henning, Die Religion in der Epoche der Aufklärung, in: Panorama der Friedericianischen Zeit. Handbuch, hrsg. v. J. Ziechmann, Bremen 1985, S. 56).

als 54 selbständige philosophische Schriften Unsterblichkeitstheoreme behandelt[6], bevor Moses Mendelssohns "Phädon", Johann Kaspar Lavaters "Aussichten in die Ewigkeit" und die einflußreichen Schriften Johann Gottfried Herders zu diesem Thema erschienen. In Anschluß an Johann Eduard Erdmann, der das Unsterblichkeitsdogma bereits als das "Dogma *par excellence*" der Aufklärung bezeichnet hatte[7], sprach der aus dem Kreis der Hegelianer und der protestantischen Tübinger Schule stammende Albert Schwegler - ähnlich wie später Walther Rehm - von einem "philosophischen Hauptproblem"[8] der Aufklärung. Aktuelle Lexika katholischer Provenienz handeln ebenso vom "Zentraldogma der Aufklärung" wie der vor protestantischem Hintergrund agierende Peter Cornehl[9]. "Zentraltheorem" statt "Zentraldogma" scheint uns aber die korrektere Bezeichnung. Sie bringt den spezifisch philosophischen und aufklärerischen Gehalt wohl deutlicher zum Ausdruck. Denn Unsterblichkeit war nicht mehr nur ein religiöser Glaubensartikel, sondern war auch Gegenstand der Vernunft, war eine autochthone philosophische Kategorie, die zu Ende des 18. Jahrhunderts innerhalb philosophischer Fragestellungen ihren Platz errang.

Die Jungdeutschen waren von diesen Vorgaben beeinflußt. Sie setzten sich mit dem "Erbe der Aufklärung" direkt öffentlich auseinander, und auch untergründig ging dieses Erbe in ihre eigenen Entwürfe ein. Das betraf ein weites Feld von Problemen und reichte von typischen aufklärerischen Ansprüchen bis hin zu einzelnen Auffassungen und Theoremen, wobei es natürlich auch Polemiken oder inhaltliche Differenzen gab. Hinsichtlich der Unsterblichkeitsauffassung war gerade die neue philosophische Ausformung dieser überkommenen Idee, die Unsterblichkeit als Vernunftgegenstand, für die Jungdeutschen prägend.

1.1. Fortschritt als Umfeld

Es ist davon auszugehen, daß die Ende des 18. Jahrhunderts hervortretenden aufklärerischen Unsterblichkeitsvorstellungen nur über einen langen Entwicklungsprozeß hin zunehmend neue Gehalte aufwiesen. Nur in dem Maße,

---

6 Vgl.: R. Unger, Der Unsterblichkeitsgedanke im 18. Jahrhundert und bei unseren Klassikern, in: ders., Zur Dichtungs- und Geistesgeschichte der Goethezeit, Berlin 1944, S. 11.

7 J. E. Erdmann, Grundriss der Geschichte der Philosophie, 4. Aufl. Berlin 1896, Bd. 2, S. 687

8 A. Schwegler, Geschichte der Philosophie, Stuttgart 1876, S. 182; W. Rehm, Der Todesgedanke in der deutschen Dichtung vom Mittelalter bis in die Neuzeit, Halle 1928, S. 249

9 H. Mayr, Unsterblichkeit, in: Lexikon für Theologie und Kirche, begründet v. M. Buchberger, 2. neu bearbeitete Aufl., Freiburg 1957ff., Bd. 10, 1965, Sp. 526; P. Cornehl, Die Zukunft der Versöhnung. Eschatologie und Emanzipation in der Aufklärung bei Hegel und seiner Schule, Göttingen 1971, S. 224

wie aus der neuen Problemlage der "Herauskristallisierung" und der zwangsläufigen Verendlichung des Individuums heraus Unsterblichkeitsideen entwickelt wurden, kamen neue Vorstellungen von Auferstehung des Körpers, von isolierter Seelenfortexistenz, von ewiger Seelenruhe, von ewigem tätigem Fortschreiten und vom Ort der Seele im Himmel, im Kosmos oder auf der Erde auf[10]. Sie lösten sich aus dem christlichen Kontext und verbanden sich mit Fragestellungen wie denen nach Fortschritt, d.h. nach individueller und gattungsmäßiger Perfektibilisierung, nach persönlichem oder substanzhaftem Fortleben, nach Teleologie und Anthropozentrik. Das Verhältnis von Mensch- und Tierseele, Argumente über den Vorrang von Unsterblichkeitsglauben oder -wissen, Überlegungen über einen kontinuierlichen Übergang von Leben in Unsterblichkeit oder über einen abrupten qualitativen Sprung wurden ebenso relevant wie die bemerkenswerten atheistischen Thesen von einer Unsterblichkeit ohne Gott etwa bei Michael Hissmann oder Johann Heinrich Schulz[11].

Daß der Fortschrittsidee in der Aufklärung zentrale Bedeutung zukam, ist in der Literatur so umfassend ergründet, daß ein ausführliches Eingehen darauf wohl nicht erforderlich ist. Gerade in den letzten Jahren erschien eine große Zahl von Spezialarbeiten, die die Vielfalt dieser stark verzweigten Ideen in den Mittelpunkt rückte, sie verteidigte oder problematisierte[12]. Hingegen blieb der Zusammenhang von Fortschritts- und Unsterblichkeitsdenken vernachlässigt. Es existieren erhebliche Forschungslücken, obgleich in den metatheoretischen Debatten um das Theorem der Säkularisierung von christlicher Eschatologie zu Fortschritt auf die Verknüpfung von Fortschritt und Unsterblichkeit mitunter verwiesen wird. Dabei bedürfen die Schlußfolgerungen, daß "sich eine kontinuierliche Transposition des religiösen Fortschreitens in einen weltgeschichtlichen Fortschritt zeigen"[13] lasse, daß sich Unsterblichkeitshoffnungen in Fortschrittsthesen säkularisiert hätten[14], wohl nicht unerheblicher Korrekturen. Denn diese Schlüsse zeigen das Resultat einer Entwicklung an, wie es sich im öffentlichen Bewußtsein ab etwa der Mitte

---

10 Diese Debatte ist teilweise erörtert in: E. Kurz, Protestantische Eschatologie. Von der Reformation bis zur Aufklärung, Freiburg, Basel, Wien 1980 (Handbuch der Dogmengeschichte, Abt. 4, Bd. 7c), S. 93ff.

11 Die Belegstellen zitiert: A. Gulyga, Der deutsche Materialismus am Ausgang des 18. Jahrhunderts, Berlin 1966, S. 74, 112.

12 Die aktuelle Literatur präsentiert: F. Rapp, Fortschritt. Entwicklung und Sinngehalt einer philosophischen Idee, Darmstadt 1992, S. 217ff.

13 Ch. Meier/ R. Koselleck, Fortschritt, in: Geschichtliche Grundbegriffe, hrsg. von O. Brunner, W. Conze u. R. Koselleck, Bd. 2, Stuttgart 1975, S. 368

14 Vgl.: A. Nassehi/ M. Weber, Tod, Modernität und Gesellschaft. Entwurf einer Theorie der Todesverdrängung, Opladen 1989, S. 110, 200.

des 19. Jahrhunderts durchzusetzen begann, kennzeichnen aber, da es in der zweiten Hälfte des 18. Jahrhunderts noch keine einlineare "Säkularisierung" von Unsterblichkeit zu Fortschritt gab, nicht ausreichend den Prozeß dieser Entwicklung. Zwischen den Postulaten Unsterblichkeit und Fortschritt bestand nicht jenes direkte zeitliche Folgeverhältnis, das der retrospektive Blick von den schließlichen Resultaten her nahelegt. Was als Ergebnis erscheint, war, obwohl es der *Ausdruck* eines zeitlichen Nacheinanders ist, nicht das *Resultat* eines solchen zeitlichen Nacheinanders. Es handelt sich, was für viele Aspekte des allmählichen Wandels von einem überwiegend religiösen zu einem geschichtlichen Weltbild gilt, nicht um das direkte Umschlagen theologischer Prämissen in aufklärerische Theoreme, sondern um einen komplizierten Prozeß von Verschlingungen, Überlagerungen und Retardierungen. Unsterblichkeit wurde nicht zu Fortschritt säkularisiert. Zwar wandelten sich durch die Aufklärung die Unsterblichkeitsvorstellungen zunehmend zu philosophischen Gegenständen, und es ist Walter Schulz nur zuzustimmen, wenn er einen "deutlichen Unterschied zwischen philosophischer Unsterblichkeitslehre und christlichem Auferstehungsglauben"[15] sieht. Hinsichtlich der Unsterblichkeitswünsche wurde der Glaube durch "die Vernunft und ihre Forderungen ersetzt"[16]. Diese Aussage von Walter Rehm legt das Gewicht vor allem auf Unterschiede. Aber der Umstand, daß, wie die neuere Literatur (Schmidt-Biggemann, Rendtorff, Gründer, Rengstorf) thematisiert, diese Vernunft auch im Dienste einer nachhaltigen Bewahrung und reformerischen Fundierung theologischer oder religiöser Gehalte stand[17], also von grundlegenden Gemeinsamkeiten mit traditionellen Denk- und Glaubensmustern nicht abging, konnte den Aufschwung von Unsterblichkeitsvorstellungen nur beflügeln. So läßt sich im großen und ganzen feststellen, daß im 18. Jahrhundert Unsterblichkeitsvorstellungen und -wünsche nicht säkularisiert, sondern variiert oder neu formuliert wurden. Sie wurden auch *philosophisches* Gemeingut. Sie leisteten auf individualgeschichtlicher Ebene das, was der Fortschrittsbegriff auf gattungsgeschichtlicher Ebene leistete. Der Anspruch auf individuelles Fortschreiten spiegelte sich in der Option für geschichtlichen Fortschritt wider; andererseits waren geschichtliche Fortschritte der begünstigende Rahmen für die Annahme individueller Fortschritte über den Tod hinaus. Fortschritt war

15 W. Schulz, Zum Problem des Todes, in: Der Tod in der Moderne, hrsg. v. H. Ebeling, Königstein/Ts. 1979, S. 169f.

16 Rehm, Der Todesgedanke, S. 250

17 Vgl.: W. Schmidt-Biggemann, Theodizee und Tatsachen. Das philosophische Profil der deutschen Aufklärung, Frankfurt/M. 1988; T. Rendtorff, Theologische Orientierung im Prozeß der Aufklärung. Eine Erinnerung an Ernst Troelsch, in: Aufklärung, Bd. 2/2, Jg. 1988, S. 19ff.; Religionskritik und Religiosität in der deutschen Aufklärung, hrsg. v. K. Gründer u. K. H. Rengstorf, Heidelberg 1989.

Pendant der Unsterblichkeit, Unsterblichkeit war Pendant des Fortschritts.

Durch diese Klammer "Fortschritt" traten Individuum und Gattung in ein dynamisches Verhältnis. "Funktional gesehen", hob Friedrich Rapp unlängst hervor, "steht der Fortschrittsgedanke auf derselben Stufe wie die Idee der Vorsehung und der individuellen Unsterblichkeit", der Fortschrittsgedanke leiste prinzipiell "dasselbe wie die Vorstellung von der im Jenseits fortlebenden individuellen Seele"[18]. Fortschritt war auf gattungsgeschichtlicher und Unsterblichkeit auf individualgeschichtlicher Ebene die Entsprechung aufklärerischer Unendlichkeitsansprüche. Deutlich wird dies in der ausgewogenen und materialreichen Kulturgeschichte des Himmels und des "ewigen Lebens" von Bernhard Lang und Colleen McDannell herausgearbeitet, welche die Verklammerung von Unsterblichkeit und individuellem Fortschritt nach dem Tod seit dem 16. Jahrhundert darlegt und dafür treffende Belege von Calvin, Gottfried Wilhelm Leibniz, Emanuel Swedenborg, Lavater und anderen, heute weniger bekannten englischen Theologen präsentiert[19]. Allerdings blendet sie die gattungsgeschichtliche Dimension von Fortschritt aus. Fortschritt und Eschatologie werden zu vornehmlich individualgeschichtlichen Kategorien, wodurch, obgleich die Frage der Säkularisierung bewußt theoretisch offengehalten werden soll[20], die These einer einlinearen Säkularisierung von Unsterblichkeit in Fortschritt wieder Raum gewinnt.

Die dieser Säkularisierungsthese in gewisser Weise entgegenstehende Ansicht, daß philosophischer Fortschrittsbegriff und philosophischer Unsterblichkeitsbegriff weitgehend als analoge Entwicklungsbegriffe, zum einen auf gattungsgeschichtlicher, zum anderen auf individualgeschichtlicher Ebene, fungieren und Fortschritt daher nicht geradlinig als Säkularisierungsprodukt von Unsterblichkeit gefaßt werden kann, soll an zwei Überlegungen von Mendelssohn und von Hermann Lotze verdeutlicht werden, die in dieser Hinsicht - ohne die grundlegend verschiedenen historischen und theoretischen Kontexte dabei zu übersehen - als Eckpfeiler der Etappe von 1750 bis 1850 betrachtet werden können. Mendelssohn, der vehemente Fortschrittsfreund, der in seinem "Sendschreiben an den Herrn Magister Lessing" Rousseaus Fortschrittskritik entschieden zurückgewiesen hatte, erklärte sich 1767 in seinem "Phädon oder über die Unsterblichkeit der Seele" für eine "Fortschreitung" nach dem Tode und gegen "dieses (materialistische, - O.B.) Stillestehen, diese dumme Zufriedenheit". Seiner Meinung nach streben "vernünftige Wesen" nach "einem unaufhörlichen Wachstum und Fortgang in der

18 Rapp, Fortschrittsgedanke, S. 14

19 Vgl.: B. Lang/ C. McDannell, Der Himmel. Eine Kulturgeschichte des ewigen Lebens, Frankfurt 1990, S. 250ff., 368ff.

20 Vgl.: Ebenda, S. 529.

Vollkommenheit". Auch in "jenem Leben" im Bezirk des Jenseits werde der Mensch "unaufhörlich vollkommener"[21]. Damit traf Mendelssohn den Nerv der Zeitgenossen; immerhin legte er mit diesem Entwurf die wohl populärste und am weitesten verbreitete deutsche Aufklärungsschrift vor, ein "Standardwerk der deutschen und europäischen Aufklärung"[22]. Zwar interessierten ihn hier ausdrücklich "individuelle" Fortschritte, aber die Berührungen mit seinen generellen Fortschrittserwartungen sind in der Literatur behandelt worden[23]. Fast einhundert Jahre später, 1864, sprach dann Hermann Lotze, ein merkwürdiger Metaphysiker im nun schon nachklassischen, positivistischen und materialistischen Zeitalter, in seiner Schrift "Mikrokosmos" die "Ahnung (aus), daß wir nicht verloren sein werden für die Zukunft, daß die, welche vor uns gewesen sind, zwar ausgeschieden sind aus dieser irdischen, aber nicht aus aller Wirklichkeit, und daß, in welcher geheimnisvollen Weise es auch sein mag, der Fortschritt der Geschichte doch auch für sie geschieht: dieser Glaube erst gestattet uns, von einer Menschheit und von ihrer Geschichte so zu sprechen, wie wir es tun"[24]. Auch wenn natürlich in keiner Weise eine Parallelisierung von Mendelssohn, den Jungdeutschen und Lotze vorgenommen werden kann, weisen diese Überlegungen Lotzes, geäußert zu einer Zeit, in der die weitaus weltlicheren Thesen von der Unsterblichkeit durch den Fortschritt der Gattung an Akzeptanz gewannen, darauf hin, daß durchaus noch Mitte des 19. Jahrhunderts die Verklammerung von Fortschritt und Unsterblichkeit vorgenommen werden konnte. Das wirft die Frage auf, wie die Jungdeutschen zu dieser Art von Verklammerung standen und wie sie diese ausformten.

1.2. Anthropozentrischer Absolutismus

Neben dem Konnex von Fortschritt und Unsterblichkeit ist die Verbindung zwischen Anthropozentrik und Unsterblichkeit eine zweite aufklärerische Diskussionslinie, die von den Jungdeutschen aufgegriffen wurde.

---

21 M. Mendelssohn, Phädon oder über die Unsterblichkeit der Seele in drei Gesprächen, in: ders., Schriften über Religion und Aufklärung, hrsg. v. M. Thom, Berlin 1989, S. 275, 271, 276f.
22 J. H. Schoeps, Moses Mendelssohn, 2. Aufl. Frankfurt 1989, S. 91. Der "Phädon" wurde in den folgenden Jahren nachweislich in mindestens zehn Sprachen übersetzt. Vgl.: Moses Mendelssohn. Das Lebenswerk eines jüdischen Denkers der deutschen Aufklärung. Ausstellungskatalog, Weinheim 1984, S. 94.
23 Vgl.: A. Altmann, Die Entstehung von Mendelssohns "Phädon", in: ders., Die trostvolle Aufklärung. Studien zur Metaphysik und politischen Theorie von Moses Mendelssohn, Stuttgart-Bad Cannstatt 1982, S. 96ff.
24 H. Lotze, Mikrokosmos. Ideen zur Naturgeschichte und Geschichte der Menschheit, 5. Aufl. Leipzig 1908, Bd. 3, S. 51

Durch die aufklärerische Tendenz zur Anthropozentrik wurde der "theologische Absolutismus" des Mittelalters mit seiner "perfekten Theozentrik"[25] von einem neuen, mitunter recht rigiden anthropozentrischen Absolutismus der Selbsterhaltung abgelöst, dem auf religionsphilosophischer Ebene die Wende von Theozentrik zu Christozentrik[26] und die endgültige Abkehr von der Angeologie, der Lehre von den Engeln, entsprachen. Das 18. Jahrhundert könnte Jahrhundert der Anthropozentrik heißen, ebenso jedoch auch Jahrhundert der Teleologie oder des Fortschritts. Verschiedene aufklärerische Strömungen arbeiteten daran, die Vorzugsstellung des Menschen im Kosmos oder wenigstens, unter Berücksichtigung der Vielheit der Welten, auf der Erde zu begründen, ohne sich in jedem Falle mit dem kirchlichen Dogma einer unendlich erhabenen Stellung des Menschen gegenüber dem Tierreich zu identifizieren. Es ging bei diesen Diskussionen hauptsächlich um das Verhältnis von Mensch und Gott und um den Inhalt, den der Mensch seiner Stellvertreterrolle als "alter deus" zu geben vermag. In metaphernreicher Sprache wurde diese Stellvertretung beschrieben: Der Mensch galt als "Unterherr der Schöpfung" (Mendelssohn[27]), als "ein Göttersohn, ein König der Erde" (Herder[28]) oder als "Vasall des Himmels, und König der Erde" (Forster[29]). Die Besonderheit dieser Auffassung aber ist, daß diese vermeintliche menschliche Vorzugsstellung aus innerweltlichen Gegebenheiten erklärt wird. Hatte sich das dreieinige Verhältnis von Gott, Mensch und Welt etwa seit Descartes zunehmend "auf den Bezug von Mensch und Welt reduziert"[30], so tritt nun besonders die Fähigkeit des *Menschen* hervor, die leblose Natur zu beleben und ihr damit erst zu wahrer Würde zu verhelfen[31]. Der Mensch gibt ihr, und damit verfestigte sich das Bild des Bevorrechteten der Schöpfung, ein vollkommenes, ein menschliches Antlitz; er kann sie beherrschen. "Wie muß eine

---

25 H. Blumenberg, Säkularisierung und Selbstbehauptung, 2. Aufl. Frankfurt/M. 1983, S. 206

26 Vgl.: E. Barnikol, Das Leben Jesu der Heilsgeschichte, Halle 1958, S. 19, 68f.; H. M. Sass, Untersuchungen zur Religionsphilosophie in der Hegelschule 1830 - 1850, Phil. Diss. Münster 1963, S. 211; Blumenberg, Säkularisierung, S. 208; G. Tavard u.a., Engel, in: Theologische Realenzyklopädie, hrsg. v. G. Krause u. G. Müller, Berlin, New York 1977ff., Bd. 9, S. 604ff.; J. Lonning u.a., Gott, in: ebenda, Bd. 13, S. 671ff.

27 Mendelssohn, Phädon, in: a.a.O., S. 272

28 J. G. Herder, Ideen zu einer Philosophie der Geschichte der Menschheit, in: Herders Sämmtliche Werke, hrsg. v. B. Suphan, Berlin 1877ff., Bd. 13, S. 146

29 G. Forster, Ein Blick in das Ganze der Natur, in: Georg Forsters Werke, Berlin 1958ff., Bd. 8, S. 94

30 K. Löwith, Gott, Mensch und Welt in der Philosophie der Neuzeit, in: Sämtliche Schriften, Bd. 9, Stuttgart 1986, S. 3

31 Vgl.: W. Lepenies, Historisierung der Natur und Entmoralisierung der Wissenschaften seit dem 18. Jahrhundert, in: ders., Gefährliche Wahlverwandtschaften. Essays zur Wissenschaftsgeschichte, Stuttgart 1989, S. 10ff. (Abschnitt: "Die Schönheit der zivilisierten Natur").

Welt für ein moralisches Wesen beschaffen sein?" - diese Frage aus dem "Systemfragment des deutschen Idealismus" von Friedrich Hölderlin, Friedrich Wilhelm Joseph Schelling und Georg Wilhelm Friedrich Hegel verdichtete in eindrucksvoller Weise diese Tendenz[32].

Für die Auffassungen von Unsterblichkeit blieb diese Anthropozentrik nicht ohne Folgen. Unsterblichkeit wurde zunehmend vom Menschen her begründet, nicht nur von Gott. Der Himmel als Region der Unsterblichkeit erschien weniger als eine göttliche, sondern mehr als eine menschliche Instanz; er wurde im Verlauf des 18. Jahrhunderts zu einem "anthropozentrische(n) Himmel"[33], er wurde "für den faustischen Menschen umgeschaffen"[34] oder gar, wenn die Erde zum Ort der unsterblichen Seele wurde, zum verzichtbaren Relikt. Gerade in den anthropologischen Debatten über das Mensch-Tier-Verhältnis und über die Frage nach der Tierseele spiegelt sich diese zunehmende anthropozentrische Ausrichtung im 18. Jahrhundert wider. Daß der Mensch geschaffen sei, über die Natur zu verfügen, sie zu leiten und sich der Tiere als selbstverständlichen Eigentums zu bemächtigen, war insbesondere Gemeingut der deutschen Aufklärung, das nicht nur in der Wolffschen Teleologie und den sich ihr anschließenden Popularphilosophien breiten Einfluß gewann[35]. Lavater und Herder bewegten sich auf einer ähnlichen Argumentationsebene. Lavater vertrat in seiner "Physiognomik" die Ansicht, daß die "schlechteste lebende Mißgeburt sogar" noch "edler als das beste, schöne vollkommenste Tier" sei[36], und Herder war überzeugt, daß der Mensch im ärgsten Mißbrauch der Natur dennoch ihr unangefochtener König und Herrscher bleibe[37]. Beider Ansicht war nicht so weit von den tendenziell materialistischen Strömungen der französischen Aufklärung entfernt, in der z.B. George-Louis Buffon vom "Vorrang" der menschlichen Natur sprach, vom "ungeheuren Abstand (...) den die Güte des Schöpfers zwischen Mensch und Tier gesetzt" habe, so daß der "dümmste der Menschen (...) das höchstentwickelte Tier leiten könne"[38]. Selbst in der Annahme Hegels, daß der Sündenfall und das bewußt gewollte Böse die haus-

---

32 Das älteste Systemfragment des deutschen Idealismus, in: Hölderlins Werke und Briefe, hrsg. v. F. Beißner u. J. Schmidt, Bd. 2, Frankfurt/M. 1969, S. 647

33 B. Lang, Der Himmel. Ein Blick in die Kulturgeschichte des ewigen Lebens, in: Uniervsitas, Bd. 46, Jg. 1991, S. 1202

34 Th. P. Saine, Von der Kopernikanischen bis zur Französischen Revolution. Die Auseinandersetzung der deutschen Frühaufklärung mit der neuen Zeit, Berlin 1987, S. 65

35 Vgl.: S. Wollgast, Zu Christian Wolffs theoretischer Philosophie und Teleologie, in: Wissenschaftliche Zeitschrift der Technischen Universität Dresden, Bd. 29, Jg. 1980, S. 215ff.

36 Zit. nach: W. Promies, Der Bürger und der Narr oder das Risiko der Phantasie. Sechs Kapitel über das Irrationale in der Literatur des Rationalismus, Frankfurt/M. 1987, S. 265.

37 Vgl.: Herder, Ideen, S. 147.

38 Zit. nach: W. Krauss, Zur Anthropologie des 18. Jahrhunderts, Berlin 1978, S. 60f.

hohen menschlichen Vorzüge vor jedem rein animalischen Wesen erwiesen[39], schwingt die These vom Vorrang des Menschlichen mit. Zwar gab es gegen diese Tendenz auch andere Ansätze, aber sie blieben insgesamt gesehen der Ansicht, der Mensch habe die "natürlichste, ja die rechtmäßigste Oberherrschaft in der ganzen Schöpfung" (Forster), untergeordnet.

Mit dieser anthropozentrisch-teleologischen Sichtweise verbanden dann viele Aufklärer Unsterblichkeitsüberlegungen. Forster leitete z.B. aus dieser vermeintlichen Vorzugsstellung des Menschen dessen "Ahndung der Unsterblichkeit"[40] ab. Die Menschen, diese vortrefflichen Wesen, könnten nicht einfach nacheinander aus der Schöpfung heraustreten, weil der auf sie hinführende Prozeß jäh abgebrochen werde, die Spur ihrer Erdentage, wie die der subalternen animalischen Wesen, in Äonen untergehen würde. Wie Forster einen fortschrittsorientierten geschichtsphilosophischen "Leitfaden zu einer künftigen Geschichte der Menschheit" vorlegte, glaubte er auch an eine individuelle künftige Geschichte der Menschen. Der Wolffianer Justus Christian Hennings schrieb vor ähnlichem Hintergrund 1774 eine "Geschichte von den Seelen der Menschen und Thiere pragmatisch entworfen", in der er erklärte: "Da aber die Thiere bloß Mittel zu der Absicht der Schöpfung oder Wohlfahrt der Menschen sind und der Zweck derselben bereits auf dieser Welt erreicht werden kann, so finden wir keinen nöthigen Grund, solchen eine Unsterblichkeit beizulegen"[41].

Dieses Problem, ein weites Diskussionsfeld des 18. Jahrhunderts[42], war zwar für das 19. Jahrhundert nicht mehr zentral, offenbar aber blieben die mit ihm verbundenen anthropozentrischen Ansprüche erhalten. Es wird in den nächsten Kapiteln zu zeigen sein, wie es Mundts und Heines Unsterblichkeitsauffassungen positiv beeinflußte, während Gutzkow vorübergehend desanthropozentrische Konzepte einer Probe unterzog.

---

39 Vgl.: G. W. F. Hegel, Vorlesungen über die Philosophie der Geschichte, in: Jubiläumsausgabe, hrsg. v. H. Glockner, Stuttgart 1927ff., Bd. 11, S. 65, 412f.; ders., Vorlesungen über die Philosophie der Religion, Bd. 16, S. 75, 260.

40 G. Forster, Ueber das Verhältnis des Maurerordens zum Staate, in: Georg Forsters Werke, Bd. 10, S. 810, 812

41 J. Ch. Hennings, Geschichte von den Seelen der Menschen und Thiere pragmatisch entworfen, Halle 1774, S. 441

42 Vgl.: Krauss, Zur Anthropologie, S. 136ff.

1.3. Neologischer Ansatz

Aus der aufklärerischen Diskussion über Unsterblichkeit als philosophisches Problem kann die von Karl Aner immer noch am gründlichsten untersuchte Strömung der "Neologie" nicht ausgeklammert werden. Gerade die Neologen verbanden in einer bis zur Mitte des 19. Jahrhunderts folgenreichen Weise gattungsmäßigen Fortschritt, individuellen Fortschritt und Unsterblichkeit miteinander. Zwar gibt es, ausgenommen Gutzkows eigenwillige Verarbeitung der von Lessing publizierten "Fragmente eines Ungenannten" in "Wally, die Zweiflerin", keine direkten Rückgriffe auf ihre Vorgaben, aber über die Rezeption Lessings und Herders und über den Einfluß Jean Pauls sind Ergebnisse der neologischen Diskussionen in den Vormärz und ins Junge Deutschland gelangt.

Die im Sprung von Christian Wolff zu Immanuel Kant oft übergangene Richtung der Neologen, welche "die Aufklärung einleitet"[43], hat für die Übersetzung theologischer Fragen in philosophische viel geleistet[44]. Die "Suggestion der Vorstellung eines Prozesses gegen das Christentum"[45], die leicht dazu verleitet, der deutschen Aufklärung einerseits religiöse Relikte anzulasten oder ihr andererseits ein versöhnlerisches Versagen gegenüber traditionellen theologischen Fragestellungen zu attestieren, muß vielleicht aufgegeben werden, und das um so mehr, als sich ein Forschungstrend abzeichnet, "Aufklärung selbst (als) eine Verwirklichungsgestalt des christlichen Glaubens" zu fassen[46]. "Ihrem Selbstverständnis nach ging es nämlich vor allem der deutschen Aufklärung, die sich anders als die französische keiner machtvollen Allianz von Kirche und Staat gegenübersah (...) um eine umfassende Reform der Religion, ihre Reinigung von abschreckenden Verkrustungen (etwa in Gestalt des nahezu einhellig bekämpften Dogmas von der Erbsünde) und die Bewahrung ihres wahren Wesens, das zunehmend in der Ethik gesehen wurde"[47]. Diese Reinigung erwies sich in ihrer

---

43 E. Hirsch, Geschichte der evangelischen Theologie, Bd. 4, Gütersloh 1952, S. 9

44 Ebenda. Vgl. auch: K. Aner, Die Theologie der Lessingzeit, Halle 1929; K. Feiereis, Die Umprägung der natürlichen Theologie in Religionsphilosophie, Leipzig 1965.

45 W. Sparn, Vernünftiges Christentum, in: Wissenschaften im Zeitalter der Aufklärung, hrsg. v. R. Vierhaus, Göttingen 1985, S. 18ff. Vgl. dazu: M. Greschat, Die Aufklärung - ein Prozeß gegen das Christentum?, in: Kerygma und Dogma, Bd. 22, Jg. 1976, S. 299ff., der Aufklärung auch als "Erweiterung, Vertiefung oder gar Befreiung" des Christentums auffaßt (S. 315). F. W. Kantzenbach, Protestantisches Christentum im Zeitalter der Aufklärung, Gütersloh 1965, S. 17, betont: "Aber die Aufklärung hat insgesamt noch eine Kirchlichkeit konserviert, die durch nachfolgende Erweckungs- und Restaurationsbewegungen wieder tiefer erfüllt werden konnte".

46 Diesen Trend sieht: K. Gründer, Aufklärung und Surrogate, in: Oikeiosis. Festschrift für Robert Spaemann, hrsg. v. R. Löw, Weinheim 1987, S. 66.

47 H. Hesse, Das souveräne Individuum und die Verwaltung der Wahrheiten. Neuere Literatur

Wirkung zumindestens in Deutschland als so nachhaltig, daß geradezu von einem neologischen Paradigma gesprochen werden kann, welches auch die Ewigkeitslehre und damit den Zusammenhang von (individuellem) Fortschritt und Unsterblichkeit betraf.

Mit ihrer Ewigkeitslehre zielten die Neologen auf eine "Durchdringung (...) der steten Vervollkommnung des Menschen mit der ganzen Fülle evangelischer Gottinnigkeit, und es ist eine Vorbereitung von Ethik und Religion der deutschen Dichtung und Philosophie"[48]. Konnten entsprechende Belege von Mendelssohn bereits angeführt werden, lohnt auch ein Blick auf Johann Friedrich Wilhelm Jerusalem (den Vater des bedauernswerten Vorbildes für den "Werther"), der Unsterblichkeit ganz ähnlich beschrieb: "Meine Glückseligkeit wird ewig vollkommenere Kenntniß Gottes, Genuß seiner unentlichen Vollkommenheiten - mein Geschäfte ewige Thätigkeit im Guten seyn - ich selbst, immer vollkommner, aufgeklärter, besser"[49]. Unumwunden wurde hier Unsterblichkeit als Bedingung für Aufklärung und Perfektibilität deklariert. Gottfried Less, ein heute weniger bekannter Neologe, wollte durch die Unsterblichkeit "in Kenntnissen also auch in Tugenden unermeßliche Fortgänge machen"[50]. Für Lavater, der in dieser Hinsicht einbezogen werden kann, ist der Mensch ein Wesen mit "Kräften, die sich unendlich vervollkommnen lassen, ein Wesen, das vermögend ist, die größten Veränderungen in dem Zusammenhang aller Dinge zu bewirken und zu veranlassen; ein Wesen, das bestimmt ist, ohne Aufhören fortzudauern und ohne Aufhören thätig zu sein"[51]. Nach Worten des wohl besten Reimarus-Kenners der Gegenwart, Gerhard Alexander, waren auch bei Reimarus Moralität, Perfektibilität und Unsterblichkeit der Seele organisch miteinander verknüpft[52].

Alle diese Äußerungen sind durch merkwürdige Verquickungen von aktiver Perfektibilisierung und Ewigkeitsanspruch charakterisiert. Ludwig Feuerbach stellte sie in seinen Unsterblichkeitskritiken durchaus treffend als generelles Merk-

---

zum Thema "Aufklärung", in: Philosophische Rundschau, Bd. 39, Jg. 1992, S. 69

48 Hirsch, Geschichte der evangelischen Theologie, Bd. 4, S. 23

49 J. F. W. Jerusalem, Fortgesetzte Betrachtungen über die vornehmsten Wahrheiten der Religion, in: ders., Nachgelassene Schriften, Bd. 1, S. 468 [zit. nach: Kurz, Protestantische Eschatologie, S. 101]. Die Anspielung auf Reimarus im Titel ist auch in Hinsicht auf die Unsterblichkeitsfrage gerechtfertigt: Der Deist Reimarus bekannte sich in allen Phasen seines Schaffens zum Unsterblichkeitsglauben.

50 G. Less, Christliche Religions-Theorie fürs gemeine Leben, oder Versuch einer praktischen Dogmatik, Göttingen 1779, S. 581f. [zit. nach: Kurz, Protestantische Eschatologie, S. 101].

51 J. K. Lavater, Aussichten in die Ewigkeit, in Briefen an Johann George Zimmermann, Bd. 3, Zürich 1773, S. 209f.

52 Vgl.: H. S. Reimarus, Apologie oder Schutzschrift für die vernünftigen Verehrer Gottes, hrsg. v. G. Alexander, Bd. 1, Frankfurt/M. 1972, S. 10 (Einleitung).

mal der "rationalen Theologie" gegenüber der traditionellen christlichen Lehre heraus: "Fortschritte, Fortschritte, Fortschritte ohne Ziel und Ende stehen uns bevor"[53]. Durch Massenwirkung auf Kanzel und Katheder, durch Erbauungsliteratur und Wirkung einflußreicher Schriftsteller wurden solche Thesen dann aus den theologischen Debatten in die breitere Öffentlichkeit getragen und prägten das deutsche Geistesleben so nachhaltig, daß z.B. auch Christoph Martin Wieland erklären konnte: "Der Mensch ist einer unendlichen Veredelung fähig, der Mensch ist für die Ewigkeit geschaffen"[54]. Insgesamt kennzeichnet dieser Ansatz einen für Deutschland offenbar typischen Weg der Aufklärung, der in seiner Tragfähigkeit nicht zu unterschätzen ist und der nicht verkannt werden darf. Emanzipatorische Erneuerung und traditionelle Bewahrung sind darin spannungsreich zusammengedacht. Ein Fortleben sollte es geben, aber mit zunehmend neuen, christlich reformierten Inhalten, die polemisch gegen orthodoxe theologische Unsterblichkeitslehren, vor allem gegen das Dogma von den Höllenstrafen, entwickelt wurden.

Gegen die dominierende katholische Lehre von Vergänglichkeit, von transitorischem Zustand alles Irdischen und von der Erfüllung in jenseitigen Räumen setzten sich bereits vor der Reformation Neuerungen durch. Das Fegefeuer, nach Jaques Le Goffs Worten bis zum 15. Jahrhundert "trotz aller Ähnlichkeiten mit der Hölle dem Paradies sehr nahe", da es die letzte Purifikation, die letzte Reinigung vor dem Paradiestor gewährte[55], war nun nicht mehr ein Durchgangsort, sondern ein angedrohter Endzustand. Die Unsterblichkeit verhieß keine Glückseligkeit mehr, sondern wurde mitunter zum Zustand der harten Buße und des Leidens unter Gottes strafender Hand. Hölle und Höllenqual waren die neu aufkommenden theologischen Instrumentarien, wofür noch Johann Lorenz von Mosheims 1725 entstandener Traktat "Von der Ewigkeit der Höllenstrafen"[56] ein Beleg ist. Diesseits und Jenseits verdüsterten sich, die Menschen schienen machtlos, Gott dagegen, ein unbarmherziger, ungnädiger Gott, allmächtig. Diese orthodoxen Ansichten verzichteten auf die erfolgreichen theologischen Lockmittel Ewigkeit und Unsterblichkeit. Sie ersetzten sie durch das Drohmittel der irdischen und nachirdischen ewigen Hölle. In evangelischer und katholischer Konfession setzte sich eine "religion of fear"[57] durch, die sich auf geistigen Druck und Höllendrohungen stützte. Analoge Tendenzen gab es auch in der jüdischen Orthodoxie[58].

---

53 Feuerbach, Die Unsterblichkeitsfrage, in: a.a.O., S. 246

54 Ch. M. Wieland, Platonische Betrachtungen über den Menschen, in: Sämmtliche Werke, Bd. 29, Leipzig 1857, S. 105

55 J. Le Goff, Die Geburt des Fegefeuers, 2. Aufl. München 1990, S. 438

56 J. L. Mosheim, Heilige Reden, 2. Auflage, Hamburg 1732ff., Bd. 1, Anhang

57 J. McManners, Death and Enlightenment, New York 1981, S. 132ff., bes. 134, 145

58 Vgl. dazu: Die Schriften des Uriel da Costa, hrsg. v. C. Gebhardt, Amsterdam, Heidelberg,

Für unser Thema ist zunächst der Umstand wichtig, daß es auch in den protestantischen Kirchen, zumindest im 17. und frühen 18. Jahrhundert, verbreitet war, die Todesfurcht zu steigern. Luther und Calvin hatten zwar das Fegefeuer aus ihrer Lehre verbannt, aber damit einen gewissen unvermittelten Dualismus zwischen Himmel und Hölle sowie Teufel und Gott geschaffen bzw. verstärkt[59]. Gerade dieser Dualismus war der für Luther bestimmende. Der Schrecken, die Qual lauert nicht nur im Jenseits, sondern im Leben selbst. Max Weber nannte das einmal eine propagierte "qualvolle Angst" und sprach, nicht ohne polemische Überspitzung, von einer "pathetischen Unmenschlichkeit"[60]. Die nachfolgende lutherische Orthodoxie hatte das Bild der ewigen Anfechtung und der ewigen Vergeltung noch verschärft: Die Hölle wurde, was auch die geistliche Dichtung stark beeinflußte[61], wieder ein eigenständiges zentrales Lehrstück im Protestantismus[62], "um durch die nachdrückliche Ausmalung der Todesfurcht und der Hölle die Seelen, die ihr langsam unter dem Druck der neuen gegenkirchlichen und autonomen Lebensanschauung zu entgleiten drohen, an sich zu fesseln"[63]. Erst Ende des 18.

London 1922, Einleitung, S.97ff.; A. Altmann, Eternity of Punishment: A Theological Controversy within the Amsterdam Rabbinate in the Thirties of the Seventeenth Century, in: ders., Von der mittelalterlichen zur modernen Aufklärung, Tübingen 1987, S. 206ff. Bei genauerer Hinsicht lassen sich etwa drei generelle Wertungsmuster dieses Aufschwungs von Höllen- und Teufelsglauben unterscheiden: mit katholischem Hintergrund wird eher bei den protestantischen Theologien nach Tendenzen für diese Jenseitsverdüsterung gesucht (vgl.: F. Heer, Abschied von Hölle und Teufel. Vom Ende des religiösen Tertiär, München, Esslingen 1970, S. 184ff., 198ff.), oder diese Verfinsterung wird übergangen, als ob es sie nie gegeben hätte (vgl.: Lang/ McDannell, Der Himmel). Aus protestantischer Sicht werden dann eher katholische Strömungen als Vertreter dieser düsteren Jenseitsvorstellungen namhaft gemacht (vgl.: B. Groethuysen, Die Entstehung der bürgerlichen Welt- und Lebensanschauung in Frankreich, Bd. 1: Das Bürgertum und die katholische Weltanschauung, 2. Aufl. Frankfurt/M. 1987, S. 93ff., 194ff.). Ausgewogenere Untersuchungen konstatieren diese Verdüsterung sowohl in katholischen als auch in protestantischen Theologien seit dem 15. bzw. 16. Jahrhundert (vgl.: Rehm, Der Todesgedanke, S. 233; H. Vorgrimler, Geschichte der Hölle, München 1993.

59 Vgl.: T. Rasmussen/ A. V. Ström, Hölle, in: Theologische Realenzyklopädie, Bd. 15, S. 453

60 M. Weber, Die protestantische Ethik und der Geist des Kapitalismus, in: ders., Gesammelte Aufsätze zur Religionssoziologie, Bd. 1, Tübingen 1920, S. 98, 93

61 Vgl.: A. Gryphius "Die Hölle", J. Rist "Eine sehr ernstliche und außführliche Betrachtung/ der zukünftigen unendlichen Ewigkeit", beide Texte in: Die deutsche Literatur in Text und Darstellung. Bd. 4. Barock, hrsg. v. O. F. Best u. H. J. Schmitt, Stuttgart 1975, S. 74f., S. 112ff.

62 Vgl.: Rasmussen/ Ström, Hölle, in: a.a.O., S. 453f. Dort wird von einem Aufschwung dieser orthodoxen Vorstellungen ab 1700 ausgegangen. Diese orthodoxe Prädominanz des Teufels reichte dann bis zur Mitte des 18. Jahrhunderts. Vgl.: A. Wünsche, Teufel, in: Realencyklopädie für protestantische Theologie und Kirche, hrsg. v. J. J. Herzog, 3. Auflage, Leipzig 1896ff., Bd. 19, S. 573f.

63 Rehm, Der Todesgedanke, S. 233

Jahrhunderts wurden die Theologien in einer erneuten Wendung "liberaler"[64], sie reagierten auf die aufklärerische Opposition gegen diese dunklen Ansichten von Tod und Unsterblichkeit und gingen, was Michel Vovelle für Frankreich etwa für die Zeit ab 1750 datiert[65], von Konfrontationen ab.

Die Neologen setzten dieser orthodoxen Jenseitsverfinsterung optimistische, die neuzeitliche positive Welterfahrung rechtfertigende Entwürfe entgegen[66] - Theodizeen, die häufig mehr oder weniger versteckte Anthropodizeen darstellten[67]. Unsterblichkeitsdenken und Theodizeen gehören eng zusammen, Unsterblichkeit ist "das dritte und entscheidende Argument, das in keiner Theodizee fehlen kann"[68].

Die tradierten bedrohlichen Entwürfe von Hölle und Verdammnis wurden durch manchmal etwas kurzgreifende Gegenbilder von produktivem glücklichen Fortleben unter der Obhut nicht des allmächtigen, sondern des gütigen Gottes ersetzt. Lavaters "Aussichten in die Ewigkeit" oder Klopstocks "Messias" (1. und 2. Gesang, "Einleitung" und "Hölle"; man erinnere sich der Eingangszeile: "Sing', unsterbliche Seele, der sündigen Menschen Erlösung") signalisierten diese Wandlung. Religionsphilosophisch lehnten sich solche Positionen an Origines' inzwischen fast verschüttete Vorstellungen einer "Apokatastasis", d.h. eines jenseitigen glückseligen Zustandes der ganzen Schöpfung, einschließlich der Sünder und Verdammten an[69]. Es kam aber auch zu radikal anthropozentrischen Deutungen, nach denen Unsterblichkeit fortschreitende Wertsteigerung ist, die "in dem Gegenwärtigen seinen Grund haben wird" (Johann Christoph Gottsched[70]). Reimarus hielt die Ewigkeit für "nichts als die ewig fortdauernde Existenz, die mit unsrer Geburt anfing, und die durch den Tod um nichts verrückt wird; ein Punkt schließt an den an-

64 McManners, Death, S. 142

65 Vgl.: Vovelle, Die Einstellungen zum Tode, in: a.a.O., S. 189.

66 Vgl.: H. G. Janßen, Gott - Freiheit - Leid. Das Theodizeeproblem in der Philosophie der Neuzeit, Darmstadt 1988, S. 1ff., 7.

67 Vgl.: C. F. Geyer, Theodizee oder Kulturgeschichte des Bösen. Anmerkungen zum gegenwärtigen Diskurs, in: Zeitschrift für philosophische Forschung, Bd. 46, Jg. 1992, S. 238ff., bes. S. 242, 247f.

68 A. Wenzl, Unsterblichkeit. Ihre metaphysische und anthropologische Bedeutung, München 1951, S. 102

69 Zu Origines vgl.: J. Loosen/ F. Mussner, Apokatastasis, in: Lexikon für Theologie und Kirche, Bd. 1, Sp. 709f.; A. di Nola, Der Teufel. Wesen, Wirkung, Geschichte, München 1993, S. 230ff. Über diese Vorstellung einer Apokatastasis sollte David Friedrich Strauß 1831 seine Dissertation vorlegen: Vgl.: D. F. Srauß, Die Lehre von der Wiederbringung aller Dinge in ihrer religionsgeschichtlichen Entwicklung, in: G. Müller, Identität und Immanenz. Zur Genese der Theologie von David Friedrich Strauß. Eine theologie- und philosophiegeschichtliche Studie. Mit einem Anhang zur Apokatastasis-Frage, Darmstadt 1968, S. 49ff.

70 Zit. nach Rehm, Der Todesgedanke, S. 248.

deren"; der Neologe Johann Jakob Griesbach erklärt das Leben nach dem Tod zu "eine(r) unmittelbare(n) und eigentliche(n) *Fortsetzung des jetzigen*; wir nehmen unsre Denkungsart, Gesinnungen und Handlungen fort"[71]. Unsterblichkeit stellt sich weniger als Einkehr zu Gott dar, vielmehr erscheint sie als Sublimierung und Wertsteigerung des Menschlichen um der Menschen willen. Johann August Eberhards "Neue Apologie des Sokrates ...", Lessings "Erziehung des Menschengeschlechts" und "Wie die Alten den Tod gebildet", Herders "Wie die Alten den Tod gebildet?" und "Über die dunkeln und hellen Aussichten an einem menschlichem Grabe", "Von der Auferstehung als Glauben, Geschichte und Lehre", Friedrich Wilhelm Klädens "Versuch über die Ewigkeit und ihre Freuden", Gotthelf Samuel Steinbarts "System der reinen Philosophie oder Glückseligkeitslehre des Christentums für die Bedürfnisse seiner aufgeklärten Landsleute", Lavaters "Aussichten in die Ewigkeit" oder - um auf die französische Aufklärung zu verweisen - Cartaud de la Villates "Unterredungen über die Glückseligkeit des zukünftigen Lebens" (deutsch mit einer Vorrede von Johann Joachim Spalding) drücken oft schon in den Titeln programmatisch aus, wie die christlich-reformerische Beschäftigung mit der Unsterblichkeit direkt auf das menschliche Subjekt und seine Glückseligkeit zielt.

Erst einige von Herders Spätschriften und Wielands "Euthanasia" (1805) enhalten dann die schon sehr weltliche Variante des sanften Todes ohne die Gewißheit von individueller Unsterblichkeit. Diesen Verzicht auf Unsterblichkeit, wie er sich etwa bei dem späten Herder, bei Wieland und bei Schiller andeutete, wurde aber erst mit der Mitte des 19. Jahrhunderts einsetzenden öffentlichen Akzeptanz des Todes als eines natürlichen Ereignisses gültiges Gemeingut, während zuvor unterschiedliche Unsterblichkeitsauffassungen, etwa die Jean Pauls, der Romantiker oder die Hegels das Bild prägten. Es entstand ein Spannungsfeld zwischen den eher traditionell theozentrisch-christlichen Unsterblichkeitsvorstellungen der Spätromantiker, den subjektorientierten Unsterblichkeitsvorstellungen z.B. der "positiven" Philosophen und den pantheistisch-substanzorientierten Unsterblichkeitsvorstellungen der Hegelianer. In dieses Feld sind die Jungdeutschen eingebunden.

---

71 H. S. Reimarus, Abhandlungen von den vornehmsten Wahrheiten der natürlichen Religion, 5. Aufl. Hamburg 1781, S. 643; J. J. Griesbach, Anleitung zum Studium der populären Dogmatik, besonders für künftige Religionslehrer, 4. neu durchgesehene Ausg., Jena 1789, S. 115

2. Substanz oder Subjekt: Die Unsterblichkeitsfrage in den dreißiger Jahren

Die deutsche Aufklärung hatte mit den Problemkreisen Fortschritt und Unsterblichkeit, Anthropozentrik und Unsterblichkeit sowie mit ihren neologischen Paradigmen den Rahmen abgesteckt, in dem sich die Diskussionen des Jungen Deutschland bewegten oder von dem sie zumindest ihren Ausgang nahmen. Nicht aus Kreisen französischer und englischer Materialisten kamen die jungdeutschen Leitbilder, sondern vor allem aus deutschen Traditionen des 18. Jahrhunderts und deren Fortbildungen durch klassische Literatur und Philosophie. Philosophische Anknüpfungspunkte boten den Jungdeutschen hauptsächlich die Vorlagen Lessings, Herders und Jean Pauls, die sich Unsterblichkeit als einen Fortgang des Lebens vorgestellt und angenommen hatten, auch im Tode werde "die Fortschreitung nicht unterbrochen"[1]. Es ist aber auch nicht zu übersehen, daß die jungdeutschen Diskussionen über Unsterblichkeit von jenen Konstellationen beeinflußt waren, die sich um etwa 1830 herausbildeten.

In den dreißiger Jahren gehörte die Unsterblichkeitsfrage zu jenen Fragen, an denen sich die Geister entzündeten. Zeitzeugen wie Johann Eduard Erdmann sahen sie als ein philosophisches Hauptproblem dieser Zeit an, Urteile anderer Zeitgenossen und auch die Ergebnisse philosophiegeschichtlicher Forschungen bestätigen ihre Relevanz[2]. In der Literatur wird sogar vom abschließenden "letzten Streit" der europäischen Philosophie hinsichtlich dieses Problems gesprochen[3]. Karl Löwith weist darauf hin, daß man sich von der Lebhaftigkeit der Kontroversen um Unsterblichkeit in diesem Jahrzehnt nur schwer eine Vorstellung machen kann[4].

Dieser Aufschwung wirkt auf den ersten Blick überraschend. Er hat aber seine innere Logik, wenn man ihn als Ergebnis der Herausbildung eines modernen, emanzipierten Individuums versteht. In dem Maße, in dem das moderne Individuum sich selbst gewann, wollte es persönliche Fortdauer erlangen. Ihm lag nicht nur an kritischen Zurückweisungen der bisher dominierenden theologischen Un-

---

1 Jean Paul, Wie sich der Mensch, das Tier, die Pflanz' und die noch geringern Wesen vervolkommen, in: Sämtliche Werke, Historisch-kritische Ausgabe, hrsg. v. E. Berend, Weimar 1926ff., Abt. 2, Bd. 1, S. 44

2 Vgl.: C. L. Michelet, Geschichte der letzten Systeme der Philosophie in Deutschland von Kant bis Hegel, Bd. 2, Berlin 1838, S. 637f.; Erdmann, Grundriss der Geschichte der Philosophie, Bd. 2, S. 687ff.

3 Vgl.: Th. H. Macho, Todesmetaphern. Zur Logik der Grenzerfahrung, Frankfurt/M. 1987, S. 116ff.

4 Vgl.: K. Löwith, Von Hegel zu Nietzsche, in: Sämtliche Schriften, Bd. 4, 1988, S. 71.

sterblichkeitsdogmen, sondern es entwickelte in dieser Hinsicht eine Art modernen Egoismus. Ludwig Feuerbach hat 1830 diese Tendenz sehr treffend charakterisiert: In Antike und vor allem im Mittelalter seien substanzhafte Unsterblichkeitsvorstellungen dominierend gewesen, die von individuellen Belangen absahen. Mit Selbstverständlichkeit habe sich der Mensch im Mittelalter dem Tod hingegeben und mit der Erwartung eines Fortlebens in der kosmisch-göttlichen Ordnung begnügt, ohne individuelles Fortleben um seiner selbst willen zu erwarten. Wenn die individuellen Qualitäten bewahrt werden sollten, dann nur als Mittel für andere Zwecke. Reformation, Pietismus, Rationalismus und Moralismus hingegen hätten individuelle Ansprüche erhoben und für den modernen Menschen jene persönliche Unsterblichkeit verlangt, deren Erwartung nach Feuerbach gerade mit der französischen Revolution und in der Gegenwart, also der Zeit um 1830, kulminierte[5].

Der entsprechende Diskussionsverlauf war dann ab etwa 1830 von einer Alternative gekennzeichnet, die im Hinblick auf die Unsterblichkeitsfrage mit "Substanz oder Subjekt" umschrieben werden kann. Sicher lassen sich nicht alle der unzähligen Schriften über die Unsterblichkeitsfrage - allein in Preußen etwa vierzig bis sechzig - unter diese Alternative von Substanz oder Subjekt bringen. Aber in den verschiedenen Strömungen der hegelschen oder antihegelschen Philosophie, auf die sich die Jungdeutschen bejahend oder auch kritisch bezogen, war eine bestimmte Polarisierung von substanzorientierten und subjektorientierten Unsterblichkeitsansichten maßgeblich. Im folgenden sollen diese Ansätze skizziert und es soll deutlich gemacht werden, wo sich die Jungdeutschen ansiedelten.

2.1. Substanzorientierte Unsterblichkeitsauffassung: Hegel

Nähert man sich den umfangreichen damaligen Unsterblichkeitsdiskussionen, kann man als einen einflußreichen Pol jene Auffassungen ausmachen, denen in gewisser Weise panlogische Überzeugungen zugrunde lagen. Als typisch dafür wird man Feuerbachs Arbeit "Gedanken über Tod und Unsterblichkeit" von 1830 ansehen können. Darin wandte er sich mit Berufung auf Hegel gegen den Materialismus vor allem französischer Provenienz und gegen eine Form von Idealismus, die, ob christlich-gläubig oder philosophisch-theoretisch, individuelle Unsterblichkeit voraussetzte. Für Feuerbach bedeutete erst der totale individuelle

5 Vgl.: [L. Feuerbach], Gedanken über Tod und Unsterblichkeit, in: Gesammelte Werke, Bd. 1, S. 189ff. Vielleicht hatte Feuerbach dabei das Dekret des französischen Nationalkonvents vom 7.5. 1794 im Auge, das in seinem Art. 1 "die Existenz des Höchsten Wesens und die Unsterblichkeit der Seele" ausdrücklich proklamierte. Vgl.: W. Markow/ A.Soboul, Die große Revolution der Franzosen, 4. Aufl. Berlin 1989, S. 364.

Tod die Bedingung für die Vollendung in der unendlichen Geistsubstanz; man kann nahezu von einer *Verherrlichung* von Tod und substanzhaft gefaßter Unsterblichkeit durch ihn sprechen: "Drum ist der Tod so wunderbar,/ Wie Diamant so himmlisch klar/ (...)/ Der Tod erst bringt Diamantenschein/ In dieses harte Kieselgestein"[6]. Indem er "die Toten - wie Hegel - nur als Dünger der Zukunft" (Macho)[7] ansah und indem er die substanzhaften Tendenzen Hegels deutlich akzentuierte, gelangte Feuerbach zu einem "mystischen Pantheismus" (Sass)[8] und zu bedenklichen Implikationen einer Todesverherrlichung, zu einem "spekulativen Zynismus" (Macho)[9], der die Hegelschen Konsequenzen in freilich stärkerer platonischer Akzentuierung noch deutlicher machte.

Wegen seiner methodischen Konzeption als "Kreis von Kreisen" und wegen seiner inhaltlichen enzyklopädischen Fülle stand das Hegelsche Werk natürlich den verschiedenartigen Ausdeutungen offen. So war auch die Frage, wie Hegel es mit Tod und Unsterblichkeit hielt, nicht eindeutig zu beantworten. Damals hörte man von einigen seiner Schüler die Klage, er habe die Fragen des Todes, der Sterblichkeit und Unsterblichkeit vernachlässigt oder habe hier nur Rätsel hinterlassen, weshalb Ergänzungen durchaus erforderlich seien. Andere Hegelianer hingegen versuchten, das Werk des Meisters vor hypothetischen Ergänzungen zu schützen und sahen in den Materialien seiner Religions- und Geschichtsphilosophie *die* originären Antworten auf Fragen nach der Unsterblichkeit. Ungeachtet der vielfältigen diffizilen Hegel-Deutungen ist erst einmal der Umstand bemerkenswert, daß die Unsterblichkeitsfrage bis Ende der dreißiger Jahre dermaßen stark ins Zentrum der Hegel-Debatte rückte. (Hegel selbst hatte schon ausgangs seines Lebens ahnungsvoll bemerkt, daß neben politischen Insinuationen hauptsächlich die Unsterblichkeitsfrage dazu dient, eine Philosophie zu diskreditieren[10]). Warum diese Konzentration auf Unsterblichkeit? Hing sie mit der Frage nach dem Subjekt, nach dem

6 [Feuerbach], Gedanken über Tod und Unsterblichkeit, in: a.a.O., S. 380ff.

7 Macho, Todesmetaphern, S. 439. Zu diesen Streitfragen vgl. auch: W. Moog, Hegel und die Hegelsche Schule, München 1930, S. 414ff.

8 Sass, Untersuchungen, S. 91

9 Macho, Todesmetaphern, S. 92. Hegelianer dagegen rühmen das Hegelsche "freiwillige Sichhineingeben des Menschen in das Sterben, in den großen Opfergang der Geschichte" (F. Heer, Die Kunst des Sterbens, in: ders., Hegel, Frankfurt/M., Stuttgart 1955, S. 33). Zu denken ist auch an die diesbezüglich einflußreiche Hegelinterpretation A. Kojèves (Hegel - Eine Vergegenwärtigung seines Denkens. Kommentar zur Phänomenologie des Geistes, Stuttgart 1958). Kritisch zu dieser Tendenz der Hegelschen Philosophie: R. Sonnenschmidt, Der Tod als Problem des menschlichen Lebens. Eine Bemerkung zur philosophischen Anthropologie Hegels, in: Hegel-Jahrbuch 1990, S. 127ff.; ders., Ist Hegels Philosophie eine Philosophie des Todes? Eine kritische Bemerkung zur Dialektik von Herr und Knecht, in: Hegel-Jahrbuch 1991, S. 199ff.

10 Vgl.: Hegel, [Rez.], Ueber die Hegel'sche Lehre ..., in: Jubiläumsausgabe, Bd. 20, S. 391

menschlichen Individuum zusammen?

Hegel hatte - dies sei als These vorausgeschickt - den Versuch unternommen, den spinozischen Substanzpantheismus zu überwinden, war aber, um das mit einer gewissen Verkürzung zu sagen, an seinen eigenen übermächtigen Substanzprämissen gescheitert. Er stand, trotz gegenteiliger Bekundungen, mit seiner eingeschränkten Subjektkonzeption und der ihr entsprechenden Unsterblichkeitskonzeption Baruch de Spinozas Substanzphilosophie nahe. Seinen frühen, Spinoza ergänzenden, und sein eigenes Schaffen leitenden Anspruch, "das Wahre nicht als Substanz, sondern ebensosehr als Subjekt aufzufassen"[11], hat er nur bedingt einlösen können, wobei in dem Einschub "ebensosehr" wohl Leistung und Grenzen des Hegelschen Vorhabens ausgedrückt waren. Natürlich war und bleibt es - unabhängig davon, ob man heute positiv oder negativ dazu steht - Hegels unbedingte Errungenschaft, die Weltgeschichte als ein sich entwickelndes Ganzes gefaßt zu haben, als einen universalen Entwicklungszusammenhang, der stets über sich hinaustreibt und der gerichtet im Sinne von Fortschritt verläuft. Aber die "Substanz" blieb dabei immer als eine die Vernünftigkeit natürlicher und vor allem geschichtlicher Verhältnisse garantierende Instanz vorausgesetzt. Subjektivität war Hegel zufolge nicht menschliche Individualität, sondern Bewegung, Selbstbewegung der unterstellten geschichtlichen Substanz. Konnte Vernünftigkeit in den realhistorischen Begebenheiten etwa der Französischen Revolution keineswegs nachgewiesen werden, boten transzendente, objektive, substanzhafte Gegebenheiten die Gewähr einer untergründigen und schließlich in naher Zukunft offen an den Tag tretenden Vernunft. Hegels Wort vom Trost der Vollendung der Philosophie in der "Theodicee"[12] ist deshalb keinesfalls als ein lästiges Zugeständnis zu verstehen.

Eine solche säkularisierte substanzorientierte Theodizee setzte aber menschlicher Emanzipation und Subjektivität zumindest indirekt Schranken, und so kam es zu einer bestimmten Leerstelle Individuum in Hegels Philosophie, welche die damals beklagte Gleichgültigkeit Hegels dem Problem individueller Unsterblichkeit gegenüber erklärlicher macht. Sie entsprang vor allem dem in der zeitgenössischen Literatur konstatierten substanzhaften "logischen Pantheismus" oder "Panlogismus"[13] :Gegenüber dem übergreifenden vernünftigen Geschehen in Staat und Geschichte erschien das subjektive Menschenschicksal eher belanglos. Hegels

[11] Hegel, Phänomenologie des Geistes, in: ebenda, Bd. 2, S. 22

[12] Hegel, Vorlesungen über die Philosophie der Geschichte, Bd. 11, S. 569

[13] Ch. H. Weiße, Die Idee der Gottheit; eine philosophische Abhandlung, als wissenschaftliche Grundlegung zur Philosophie der Religion, Dresden 1833, S. 232; J. E. Erdmann, Versuch einer wissenschaftlichen Darstellung der Geschichte der neueren Philosophie, Bd. 3. 2, Riga, Dorpat 1853, S. 853

Panlogismen beabsichtigten, das Widervernünftige, das Materielle auszuscheiden oder zu läutern, was spätestens nach Abgang der individuellen körperlichen Hülle schlichtweg selbstverständlich schien. "Der Schmerz und der Tod der sich ersterbenden Subjektivität verkehrt sich zur Rückkehr zu sich, zur Befriedigung, Seligkeit, und zu jenem versöhnten, affirmativen Daseyn, das der Geist nur durch die Ertödtung seiner negativen Existenz (...) zu erringen vermag"[14]. Das versöhnte oder das sich prozeßhaft versöhnende Dasein erfordert die Ertötung und den schließlichen Tod des Subjektes - gerade um der substanzhaften Fortschritte willen. Ein tragischer, aber unabdingbarer Tod, denn: "Das Ziel der Natur ist, sich selbst zu töten und ihre Rinde des Unmittelbaren, Sinnlichen zu durchbrechen, sich als Phönix zu verbrennen, um aus dieser Äußerlichkeit verjüngt als Geist hervorzutreten"[15].

Diese Thesen Hegels weisen, wie in der Forschung festgestellt wurde, auf eine "spekulative Verklärung der Notwendigkeit des individuellen Sterbens"[16] hin. Daß Hegel diese Konsequenz seines Systems so nicht deutlich wurde, gehört zu seinen Merkwürdigkeiten. Bei aller abgehobenen logischen Vernunft war es ihm um das Leben, um Geschichte zu tun, und dennoch war für ihn bei Todes- und Unsterblichkeitsüberlegungen überwiegend programmatische Enthaltsamkeit typisch (wie auch in privaten Kondolenzen, Beileidsbekundungen usw.[17]). In seinem etwas glücklosen Verteidigungsartikel gegen die Angriffe Karl Ernst Schubarths von 1829 hatte er dann auch erhebliche Mühe, mit aussagekräftigen Belegstellen für seinen Unsterblichkeitsglauben aufzuwarten[18]. Denn wie schon Spinoza sprach er eher von Unendlichkeit statt Ewigkeit und Unsterblichkeit. Die Fortexistenz im Sinne des Aufgehens in die unendliche Geistsubstanz galt ihm als selbstverständlich und entsprach der Logik seiner Philosophie. Weitere Aufmerksamkeit für das Unsterblichkeitsproblem war nicht erforderlich, weil die panlogische Verklammerung von Substanz und Unendlichkeit ihm ein ausreichenes Ideengerüst dafür abgab, "den Tod als vernünftig zu rechtfertigen" (Rosenkranz[19]).

Diese Tendenz Hegels rückte der frühe Feuerbach, wie wir oben sahen, Anfang der dreißiger Jahre uneingeschränkt in den Vordergrund und baute sie aus. Auch andere Hegelianer wie David Friedrich Strauß oder Karl Ludwig Michelet folgten

---

14 Hegel, Vorlesungen über die Ästhetik, in: Jubiläumsausgabe, Bd. 13, S. 129

15 G. W. F. Hegel, Enzyklopädie der philosophischen Wissenschaften, nach der Ausgabe 1830, mit mündlichen Zusätzen, in: Theorie-Werkausgabe, Frankfurt/M. 1979ff., Bd. 8-10, Bd. 9, S. 538

16 Macho, Todesmetaphern, S. 89

17 Vgl.: Cornehl, Die Zukunft der Versöhnung, S. 266.

18 Vgl.: Hegel, [Rez.], Ueber die Hegel'sche Lehre, in: a.a.O., S. 391ff.

19 K. Rosenkranz, Die Verklärung der Natur, in: ders., Studien, Bd. 1, Berlin 1839, S. 171

dieser Linie, gaben aber dem pantheistisch substanzhaften Programm Hegels voneinander abweichende Konturen. Trotz dieser unterschiedlichen Auslegungen hielten die Hegel-Schüler in der Regel jedoch an einer substanzorientierten Unsterblichkeitsauffassung fest[20]. Das konnte dazu führen, daß Karl Rosenkranz, ein recht unvoreingenommener Hegelianer, die Leerstelle Individuum bei Hegel und den meisten seiner Schüler kritisch anmerkte und darauf hinwies, daß "die Richtung Hegel's auf das Ansichseiende, auf das Allgemeine, Objective (...) gegen die Individualität, gegen die particulaire Subjectivität gleichgültig"[21] mache. Daher auch Rosenkranz' Verständnis dafür, daß sich die "positiven" Philosophen und auch das Junge Deutschland in besonderem Maße an dieser Substanzphilosophie rieben und ihr bestimmte Entwürfe individueller subjekthafter Unsterblichkeit entgegensetzten, ohne Hegel als hauptsächlichen Bezugspunkt aufzugeben.

Für einen anderen Kreis von Denkern - zu denen auch Gutzkow gehörte - wurden ähnliche substanzhafte Auffassungen auch über ein anderes Medium vermittelt: Über die mit den Hegel-Kontroversen verbundene Diskussion über die Vorlagen des jüdischen Philosophen Spinoza.

2.2. Substanzhafte Unsterblichkeitsauffassung: Spinoza

Bekanntlich steht Spinoza im Schnittpunkt verschiedener religiöser Traditionen. Einerseits entwickelte er seine Neuansätze im Spannungsfeld katholischer und protestantischer Theologie, aber andererseits gründeten, und das wird in philosophiegeschichtlicher Hinsicht oft vernachlässigt, gerade auch seine Ansichten über Unsterblichkeit in der spezifischen, für ihn problemreichen jüdischen Tradition des Alten Testaments, einem Kanon, dem bis auf gelegentliche Ausnahmen Unsterblichkeitslehren fremd blieben[22]. Vor allem dieser Wurzel entstammen Spinozas neuartige Unsterblichkeitsvorstellungen. Seine historische Kritik des Alten Testaments im "Tractatus theologico-politicus" von 1670 aktualisierte unausgesprochen die betreffenden alttestamentliche Positionen, wodurch er in Widerspruch zu den mit dem Talmud etwa im 5. Jahrhundert und mit der Kabbala im 11./12. Jahrhundert in der jüdischen Lehre immer stärker vordringenden Dogmen individueller Unsterblichkeit geriet. Kurz vor Spinoza hatte Uriel da Costa mit Rekurs auf das Alte Testament diese neuen jüdischen

---

20 Vgl.: Moog, Hegel und die Hegelsche Schule; Cornehl, Die Zukunft der Versöhnung; Macho, Todesmetaphern.

21 K. Rosenkranz, Kritische Erläuterungen des Hegel'schen Systems, Königsberg 1840, S. 354

22 Vgl.: J. Schreiner, Alttestamentliche Vorstellungen von Tod und Unsterblichkeit, in: Stichwort: Tod, hrsg. v. G. Gebhardt, Frankfurt/M. 1979, S. 117ff.

Unsterblichkeitsdogmen vehement bekämpft. Wie er, so stellte sich auch Spinoza gegen die durch Talmud und Kabbala hervorgerufenen orthodoxen jüdischen Modifikationen. Sein substanzhaftes, pantheistisches Unsterblichkeitsmodell richtete sich zugleich gegen katholische, protestantische und jüdische Orthodoxie, und es mag gerade diese komplexe Polemik gewesen sein, die das Interesse eines Jungdeutschen wie Gutzkow hervorrufen sollte.

Spinoza, von dem das viel zitierte Diktum kommt, "der freie Mensch (...) denkt über nichts weniger als den Tod; und seine Weisheit ist nicht das Nachdenken über den Tod, vielmehr ist seine Weisheit das Nachdenken über das Leben"[23], hatte sich dennoch dem Problem des Todes recht ausführlich gewidmet. Daher konnte seine Todes- und Unsterblichkeitstheorie auch Gegenstand kontroverser Debatten in der Forschung werden[24], in denen mitunter von Spinozas Todesfurcht und seinen Todesgedanken die Rede war[25]. Tatsächlich stimmt der programmatische Nachdruck, der in diesem zitierten spinozischen Diktum liegt, skeptisch. Bei genauerer Hinsicht lassen sich Züge von Todesfurcht bei Spinoza durchaus erkennen, und um diese Furcht abzuwenden, bejahte er Unsterblichkeit nicht nur, sondern begründete sie systematisch. Deshalb kann man ihn durchaus als Repräsentanten barocken, krisenhaften Denkens ansehen (Gebhardt, Bloch[26]) und seine Philosophie von den beiden Polen Schauder und Unendlichkeit her bestimmen. Spinoza leugnete keineswegs, wie in Vormärzdiskussionen verschiedentlich unterstellt wurde, die menschliche Unsterblichkeit, sondern er brach nur mit einer bestimmten Auffassung von ihr.

Ein christlicher Liberaler wie Friedrich Rohmer traf 1836 nicht den Kern der Unsterblichkeitsauffassung Spinozas, als er diese in den Satz faßte: "Ihr werdet ins Nichts zurückkehren und andere Geschlechter werden statt Eurer auftauchen - Nothwendigkeit alles, Tod überall und nur Scheinleben"[27]. Spinozas Affektlehre,

---

23 B. Spinoza, Ethik, Leipzig 1982, S. 278f.

24 Vgl.: J. Choron, Der Tod im abendländischen Denken, Stuttgart 1967, S. 128ff.; H. A. Wolfson, Spinoza und die Religion der Vergangenheit, in: Texte zur Geschichte des Spinozismus, hrsg. v. N. Altwicker, Darmstadt 1971, S. 278ff., bes. 292ff.; M. Walther, Metaphysik als Anti-Theologie. Die Philosophie Spinozas im Kontext religionsphilosopischer Problemstellungen, Hamburg 1971, bes. S. 126ff.; K. Hammacher, Spinoza und die Frage nach der Unsterblichkeit, Leiden 1981; A. Engstler, Spinozas Unsterblichkeitslehre und ihr ethischer Kontext, in: prima philosophia, Bd. 7, Jg. 1994, S. 235ff.

25 Vgl. den Beleg in: Choron, Der Tod, S. 129.

26 Vgl.: C. Gebhardt, Spinoza, Leipzig 1932, S. 94ff. E. Bloch, Leipziger Vorlesungen zur Geschichte der Philosophie, Bd. 3, Frankfurt/M. 1985, S. 61

27 F. Rohmer, An die moderne Belletristik und ihre Söhne und die Herren Gutzkow und Wienbarg insbesondere, in: Politische Avantgarde 1830 - 1840. Eine Dokumentation zum "Jungen Deutschland", hrsg. v. A. Estermann, 2 Bde., Frankfurt/M. 1972, Bd. 1, S. 129

d.h. seine Ethik im engeren Sinne, leitet dazu an, sich im Leben möglichst wenig von störenden Affekten bedrängen zu lassen. Auch den Tod brauche man nicht zu fürchten[28], hält Spinozas Metaphysik doch Entwürfe für die Fortdauer nach dem Leben bereit. Diese Fortexistenz wird durch eine einheitliche und unteilbare Geistsubstanz gewährleistet. Ein ewiger unendlicher übergreifender Kosmos bietet nach dem Tod den Individuen Erfüllung; sie gehen in ihn ein und damit in eine neue Geistigkeit über. Das Spezifische an Spinozas Unsterblichkeitsphilosophie ist damit, daß sie sich sowohl von Vorstellungen individueller leiblicher als auch individueller seelischer Fortexistenz löst[29].

Diese pantheistische Grundlage bedurfte weiterer Konkretisierungen, als Spinoza seinen schlüssigen Entwurf an den Unschlüssigkeiten des menschlichen Lebens maß. Er konstatierte Unvollkommenheiten und Widrigkeiten, wo später Leibniz Vollkommenheiten erkennen wollte. Weil Spinoza die Mißhelligkeiten z.B. individueller Lebensführung in Rechnung stellte, war er gezwungen, sein harmonisches Substanzmodell aufzugeben und Denken und Ausdehnung bzw. Körper als eigenständige und gegeneinander agierende Seinssphären zu fassen. Der erbsündige Einbruch des Materiellen, Gestalthaften und dessen Überwindung im Prozeß intellektueller Selbstreinigung ist deshalb - so könnte man es verknappt ausdrücken - sein Ziel. Das Triebhafte, Materielle ist eine lockende Versuchung, ist ein unberechenbares Residuum, das kulturell bezähmt werden muß. Daher sind die menschlichen Handlungen beständig zu intellektualisieren. Über verschiedene Erkenntnisstufen hinweg kann sich der Mensch der präexistenten Vollkommenheit nähern. Der Aufstieg von inadäquaten zu adäquaten Ideen ermöglicht es dem Einzelnen, sich Wege zu eigener Unsterblichkeit durch Reinigung vom Kreatürlichen zu eröffnen. Die im ersten Buch der "Ethik" deduzierte Unsterblichkeit erweist sich also als eine latent substanzhaft vorgegebene Chance, die sich jeder Mensch nutzbar zu machen hat. Unsterblichkeit ist eine ontische, substanzhafte Vorgabe, die im persönlichen Lebensvollzug erst erfüllt werden muß. Sie ist potentiell gegeben, realisiert sich aber nur durch das aktive Subjekt. Unsterblichkeit ist dem Individuum überantwortet, aber nur insofern, als es seine Individualität aktiv aufgeben kann. Von dieser Aktivität handelt das immer wieder unterschätzte Buch V der Ethik. Unsterblichkeit ist das ideale Zusammentreffen von ontischen und individuellen Qualitäten. Sie ist ein pantheistisches, kosmisch-personales Amalgam.

Philosophiegeschichtlich wurzeln diese Vorstellungen in Spielarten des Platonismus. Es ist darauf verwiesen worden, daß Spinoza einer mittelalterlichen

---

28 Spinoza, Ethik, S. 325

29 Vgl. die relativ ausführliche Darstellung in: B. de Spinoza, Kurze Abhandlung von Gott, dem Menschen und seinem Glück, Hamburg 1965, S. 116.

Abwandlung von Platos Unsterblichkeitslehre folgte[30]. Spinoza war also kein Unsterblichkeitsleugner, sondern er vertrat eine substanzorientierte Unsterblichkeitskonzeption - eine pantheistische. Das individuelle Seelensubstrat geht auf in überindividueller Geist- oder Ideensubstanz, stößt sich von seinem Körper ab durch einen unerklärbaren qualitativen Sprung in die Region harmonischer Unendlichkeit und findet dort seine Ruhe. Mit Unsterblichkeit zielte Spinoza nicht auf Dynamik, sondern auf Stabilität im Medium des Allgemeinen.

Der im Pantheismusstreit Ende des 18. Jahrhunderts gegen ihn erhobene Vorwurf des Akosmismus - also der der Weltlosigkeit, der Vernichtung des Menschlichen - oder das Urteil Hegels, Spinoza habe zu viel Substanz und zu wenig Subjekt, alles schwinde bei ihm in den "Abgrund der Vernichtung"[31], sind insofern nicht grundlos. Nicht zu Unrecht stützen sich auch postmoderne Auffassungen vom "Verschwinden des Subjektes" auf Spinoza[32]. Vorwürfe hingegen, Spinoza sei ein verkappter Gottesleugner oder gar ein nihilistischer Atheist - wie durch Gutzkow in seinem "Sadducäer von Amsterdam" suggeriert wird - entsprangen stets aktualisierenden Parteinahmen.

Spinozas Unsterblichkeitsvorstellungen standen mit seiner Stellung zu den sich herausbildenden Fortschrittauffassungen in Zusammenhang. Er operierte weder mit einem geschichtsphilosophischen noch mit einem anderen Fortschrittsbegriff. Für ihn existierte nur die Möglichkeit individueller Vervollkommnung, die auf der strukturell schon präsenten göttlichen Weltvollkommenheit basierte. Das heißt nicht, daß Spinoza nicht in den Kreis der Aufklärer gehöre (man denke nur an seinen vernunftrechtlichen Staatsbegriff). Aber er kannte keinen Zukunftsbegriff, da alle harmonischen Strukturen bereits präexistieren und der Mensch sie lediglich für sich erschließt. In geschichtsphilosophischer Hinsicht unterscheidet sich Spinozas Denken - z.B. im Vergleich mit Bacons Utopien - also deutlich von dem anderer Aufklärer. Herder sollte bald beklagen: "Spinoza hat keinen Begriff vom Werden, vom Nichtgewordenseyn, Entstehen und Nichtentstandensein (...). Sein ist bei ihm das Erste und Letzte"[33]. Auch in naturphilosophischer Hinsicht kannte Spinoza keine Entwicklungskategorien; seine Unterscheidung einer "natura naturans" von einer "natura naturata" grenzte sich gegen einen Schöpfergott und eine göttliche Urzeugung ab, sprach aber nicht für eine evolutionäre Dynamik.

---

30 Vgl.: Wolfson, Spinoza und die Religion, in: a.a.O., S. 299.

31 Hegel, Vorlesungen über die Geschichte der Philosophie, in: Jubiläumsausgabe, Bd. 19, S. 377

32 Vgl.: G. Deleuze, Spinoza und wir, in: ders., Kleine Schriften, Berlin 1980, S. 75ff.; ders., Spinoza - Praktische Philosophie, Berlin 1988.

33 Herder an F. H. Jacobi, 6. Juni 1785, in: Aus Herders Nachlaß, hrsg. v. H. Düntzer u. F.G. v. Herder, Bd. 2, Frankfurt/M. 1857, S. 273f.

Fortschritt, Unsterblichkeit und Pantheismus standen somit bei Spinoza in einem komplizierten Vermittlungsgefüge. Individuelle Läuterung, individuelles Fortschreiten führten in eine überindividuelle Sphäre des pantheistischen Allgemeinen, in der dann Unsterblichkeit im Sinne der Negation individueller Qualitäten gewährt war. Weder schlug Spinoza eine Brücke von individuellem Fortschritt zu individueller Unsterblichkeit - der neuzeitliche christliche Weg - noch schloß er - der für viele Aufklärer typische Weg - von geschichtsphilosophischem Fortschritt auf Unsterblichkeit. Spinoza stand zwischen den Fronten, er schuf gewissermaßen eine philosophische Zwischenwelt. Das konnte Gutzkow dazu verleiten, in dieser Art von pantheistischer Unsterblichkeit nicht nur die Kritik an *bestimmten*, sondern an *allen* Unsterblichkeitsvorstellungen zu sehen, während andere Jungdeutsche, z.B. Theodor Mundt und Gustav Kühne, die hegelschen und spinozischen Unsterblichkeitspantheismen gerade deshalb kritisierten, weil sie den Anspruch des Subjekts auf individuelle Unsterblichkeit im Grunde ausschlossen.

2.3. Subjektorientierte Unsterblichkeitsauffassung: die "positive" Philosophie

Die das Subjekt und das "Concrete" betonenden philosophischen Richtungen des Vormärz betrachteten Subjektivität in jedem Fall - in deutlicher Abweichung von den Auffassungen Hegels - als ein Synonym für Individualität, weshalb sie den pantheistischen bzw. panlogistischen Systemen Spinozas und Hegels anlasteten, die Rechte und Bedürfnisse der Individuen zu übergehen. Zugleich unterließen sie, selbst wenn sie sich aufeinander bezogen, gegenseitige Polemik nicht. Das Verständnis von "subjektiv" wich, und das war auch eine für das Unsterblichkeitsverständnis folgenreiche Differenz, in diesen Strömungen stark voneinander ab[34]. So stellten die sogenannten positiven Philosophen wie Christian Hermann Weiße und Immanuel Hermann Fichte vor allem moralische und religiöse Bedürfnisse in den Vordergrund. Die von ihnen eingeforderte Subjektivität war eine Subjektivität vor Gott, war die eines moralisch-religiösen Bewußtseins und Handelns im Direktionsbereich eines "subjektiven", persönlichen Schöpfers. Ihr Vorwurf lautete daher, daß Hegel beide Pole, die menschliche Subjektivität und den persönlichen Gott, in seiner Substanz zusammengschmolzen und auf diese Weise zunichte gemacht habe. Die innerhalb solcher Auffassungen angenommene subjektive individuelle Unsterblichkeit blieb eine religiös fundierte Unsterblichkeit

---

34 Zu diesen facettenreichen Ansätzen in der Subjektfrage vgl.: Springer-Liepert, Erbe, S. 43ff., 70ff.

um Gottes, weniger um der Menschen willen. Insofern boten die "positiven" Philosophen all jenen Autoren die Hand, die, wie Ferdinand August Rintgen in seiner 1835 veröffentlichten Schrift "Die höchsten Angelegenheiten der Seele nach den Gesetzen des Fortschritts betrachtet", die Verklammerung von Fortschritt und Unsterblichkeit auf überkommener theologischer Ebene reproduzierten. Durch diesen Ausgangspunkt war, obgleich die "Positiven" stets die Rechte der Subjektivität einforderten, menschlicher Subjektivität im Grunde wieder ein begrenzender Rahmen gesteckt.

Noch komplizierter wurden die damaligen Debatten, weil auch bestimmte Vertreter einer subjektorientierten Richtung, etwa der Hegelianer Karl Friedrich Göschel, bewußt und direkt an Hegel oder an einen modifizierten Hegel anknüpfen wollten, ein Phänomen, das z.B. Kühne zu der sarkastischen Frage veranlaßte, "was denn nunmehr noch Hegelianismus sei"[35]. Hegel konnte entgegen der dominierenden Interpretationslinie von Göschel durchaus subjekthaft gewendet werden, wobei er damit einer der Interpretationslinien folgte, die in den kontroversen Debatten über Hegels Philosophie und Unsterblichkeitslehre noch zu dessen Lebzeiten - und mit dessen Billigung - hervorgetreten war. Bekanntlich hatten sich Hülsemann sowie Schubarth und Carganico - wahrscheinlich eine Kunstfigur - Ende der zwanziger Jahre kritisch mit dem "modernen Pantheismus" Hegels auseinandergesetzt und seine angeblich unchristliche Übertragung der persönlichen Unsterblichkeit in einen allgemeinen substanzhaften Geist gerügt[36]. Bereits 1829 war Göschel solchen Einwänden mit einer Hegelverteidigung entgegengetreten, die Hegel stärker in den Bereich traditioneller christlicher Subjektivität rückte: Nach Hegel sei der Tod die Bedingung für das Aufsteigen vom Abstrakten zum Konkreten, nach Hegel, der keinesfalls die Segnungen einer christlichen Vollendung leugne[37], würde es also sehr wohl eine individuelle, persönliche Unsterblichkeit geben. Damit waren zwei allgemeine Interpretationsmuster - Hegel als Substanzphilosoph oder als Subjektphilosoph - entstanden, die in den dreißiger Jahren fortwirkten und jene sehr verschlungenen Debatten auslösten, die in der Literatur, zumindest für die akademisch-philosophischen Hegel-Schulen, bereits

35 G. Kühne, Bücherschau, in: ZO, Juni 1835, S. 472

36 Vgl.: [K. F. Hülsemann], Über die Hegel'sche Lehre oder: absolutes Wissen und moderner Pantheismus, Leipzig 1829, S. 163ff.; K. G. Schubarth/ D. A. Carganico, Über Philososophie überhaupt, und Hegel's Encyclopädie der philosophischen Wissenschaften insbesondere, Berlin 1829, S. 146ff. Vgl. dazu: H. Lübbe, Politische Philosophie in Deutschland, München 1974, S. 60, 62. D. Losurdo, Hegel und das deutsche Erbe, Köln 1989, S. 94, 327, 381, 398, 402f.

37 Vgl.:C. F. G...l [d.i. Göschel], Aphorismen über Nichtwissen und absolutes Wissen im Verhältnisse zum christlichen Glaubenserkenntniß, Berlin 1829, S. 108.

weitgehend aufgearbeitet sind[38].

Göschel einerseits bemühte sich in weiteren Arbeiten, die dem Subjekt gerecht werdenden Horizonte individueller Unsterblichkeit bei Hegel in den Vordergrund zu rücken, und er betonte Hegels christlichen Hintergrund, andererseits wurde, vor allem vom frühen Feuerbach und von Michelet, der Wert der Substanzauffassung für Hegels Philosophie und für seine Unsterblichkeitslehre hervorgehoben. Daneben traten jene schon genannten Hegel-Kritiker auf, die an Hegels substanzhafter Ansicht von Unsterblichkeit die Vernachlässigung individueller, subjektwirksamer Unsterblichkeit rügten. Zu dieser Gruppe gehörten so verschiedenartige Denker wie Weiße von den "Positiven", der Jungdeutsche Mundt und der Hegelrenegat Heinrich Leo. Dazu kam schließlich noch eine vierte Tendenz, nämlich die Hegel-Kritik solcher Junghegelianer wie Bruno Bauer, Karl Marx und Ludwig Feuerbach - Feuerbachs während seines gesamten Schaffens stets wechselnde Positionen in der Unsterblichkeitsfrage lohnten eine eigene Untersuchung -, die in Reaktion auf Hegels Panlogismus und auch auf seine substanzhaft orientierte Unsterblichkeit 1841 vielmehr die Gründung eines "Journal(s) für den Atheismus und die Sterblichkeit der endlichen Subjecte"[39] beabsichtigten, eines Organs, in dem wohl die Rechte der Individualität eingefordert, die Forderung nach Unsterblichkeit jedoch aufgegeben werden sollte.

Da die für Jungdeutsche wie Mundt und Kühne folgenreichste Konzeption aus dem Kreis jenes "positiven" Philosophen kam, von dem Mundt 1833 angab, "Vieles gelernt zu haben"[40], ist ein vorbereitender Blick auf diese ursprünglichen Vorlagen erforderlich. Diese "positiven", an Schelling angelehnten philosophischen Entwürfe Weißes und Fichtes standen schon zu Lebzeiten unter dem von Bruno Bauer geäußerten Verdacht, es "ausdrücklich zur Aufgabe der Philosophie gemacht" zu haben, nicht nur die Persönlichkeit Gottes, sondern auch die Unsterblichkeit der Seele anzuerkennen. Er hielt ihnen jedoch zugute, mit alledem nur "den Beweis geliefert (zu haben), daß alle Philosophie, auch wenn sie auf das Minimum reducirt und ihrer specifischen Wildheit beraubt wird, der christlichen Wahrheit schaden

38 Vgl. die Darstellung dieser Debatten bei Zeitzeugen und in der Forschung: Rosenkranz, Kritische Erläuterungen; Michelet, Geschichte der letzten Systeme, Bd. 2, S. 638ff.; H. Leo, Die Hegelingen. Actenstücke und Belege zu der s.g. Denunciation der ewigen Wahrheit, Halle 1838, S. 6ff.; Erdmann, Grundriss der Geschichte, S. 687ff.; Moog, Hegel und die Hegelsche Schule, S. 414ff.; Cornehl, Die Zukunft der Versöhnung; Macho, Todesmetaphern, S. 116ff.

39 A. Ruge an M. Fleischer, 16. Okt. 1841, in: Briefwechsel und Tagebuchblätter, hrsg. v. P. Nerrlich, Bd. 1, Berlin 1886, S. 243.

40 Th. Mundt, Zur Kritik der Hegel'schen Philosophie, in: BL, Nr. 57 - 59, 26. - 28. Febr. 1833, S. 242

muß"[41]. Dieser philosophische Ertrag der Positiven ist bisher unterschätzt worden[42], verlangt aber Beachtung schon deshalb, weil ihre "Zeitschrift für Philosophie und spekulative Theologie" (ab 1837 in Bonn, die Reihenfolge im Titel war durchaus Programm) eine anregende geistige Instanz in Deutschland war und weil die Positiven - sehr bedingt allerdings - der Hegel-Schule zugerechnet werden können[43]. Hinzu kommt, daß von ihnen der bis heute folgenreiche Vorwurf ausging, daß Hegels Philosophie die Elemente der "Individualität" und der "Zukunft" fehlten. Gerade letzteres ist für die hier zu erörternde Problematik von Interesse.

Bereits 1829 hatte Weiße in einem Brief an Hegel auf ihre Differenzen hinsichtlich der Unsterblichkeitsfrage hingedeutet und damit das Programm seiner späteren Kritik umrissen: Hegels Philosophie sei in der schließlichen Identität des absoluten Geistes mit sich selbst zum Abschluß gekommen, er hingegen bestünde gegenüber Hegel auf "Forderung eines unbegrenzten Fortschritts des Weltgeistes und des geschichtlichen Menschengeistes insbesondere". Weiße sprach in merkwürdiger Verklausulierung "von der Notwendigkeit eines unbegrenzten dialektischen

41 [B. Bauer], Die Posaune des jüngsten Gerichts über Hegel den Atheisten und Antichristen. Ein Ultimatum, Leipzig 1841, S. 15

42 Die "positive" Philosophie ist durch die Vormachtstellung des Hegelianismus in allen Lagern der deutschen philosophischen Diskussion in ein schlechtes Licht gerückt. Auch Löwiths Studie "Von Hegel zu Nietzsche" übergeht diese wichtige Gruppierung. Das diese Strömung bei allen religions-philosophischen Implikationen stets den Anspruch auf Philosophie wahrte, geriet allzuleicht in Vergessenheit. Als einzige erwähnenswerte Nachkriegsstudien sind zu nennen: G. Lehmann, Kant im Spätidealismus und die Anfänge der neukantianischen Bewegung, in: Zeitschrift für philosophische Forschung, Bd. 17, Jg. 1963, S. 438ff.; B. Burkhardt, Der spekulative Begriff und das "positive Mehr", in: Philosophisches Jahrbuch, Bd. 101, Jg. 1994, S. 277ff. K. Ch. Köhnke widmet in seiner Studie zum Neukantianismus den "Positiven" einen interessanten Abschnitt (Entstehung und Aufstieg des Neukantianismus. Die deutsche Universitätsphilosophie zwischen Idealismus und Positivismus, Frankfurt/M. 1986, S. 88ff. Dort auch die Angabe der Vorkriegsliteratur (S. 458f.).

43 H. M. Chalybäus, der den "Positiven" in mancher Hinsicht nahesteht, sieht bei Hegel - womit er dem Herausgeber I. H. Fichte sicher nicht gravierend widersprochen haben dürfte - den "Reichtum größter geistiger Erbschaft unseres Zeitalters" (Philosophie der Geschichte und Geschichte der Philosophie, in: ZE, Bd. 1, Jg. 1837, S. 314). Gutzkow rechnete 1838 Weiße bedingt zur Hegel-Schule (K. Gutzkow, Vergangenheit und Gegenwart, in: Gutzkows Werke, hrsg. v. P. Müller, Leipzig, Wien o.J. [1911], Bd. 3, S. 210). Auch in der Hegel-Forschung wird vereinzelt auf die Zugehörigkeit z.B. Weißes zur Hegel-Schule hingewiesen (Sass, Untersuchungen, S. 185ff., 271f.). Weiße stand mit Ruge seit der Gründung von dessen "Jahrbüchern" in brieflicher Verbindung, die weiter aufrechterhalten blieb, als Weiße schon Ende 1838 bestimmte Kritik an Ruges Radikalität äußerte. Erst mit einem Brief vom 6. März 1840 erklärte er seine Mitarbeit für beendet und wies darauf hin, daß Ruge es "auf ein Publicum abgesehen" habe, welches ich nicht für das meinige halten kann" (Ch. H. Weiße an A. Ruge, 6. März 1840, in: Sächsische Landesbibliothek Dresden, Nachlaß Ruge, Nr. h 46, II, Nr. 113).

Fortschritts der Steigerung und der Vertiefung in sich alles Seienden"[44]. Gleichzeitig forderte er von Hegel mehr "Zukunft" und insistierte auf eine ausgewogenere Handhabung des philosophischen Zeitbegriffs; Hegel kenne nur das "ewig Wiederkehrende"[45]. Weißes Umformung der Hegelschen Philosophie gipfelte dann in den Vorschlag, nicht den Staat und den absoluten Geist als unumstößliche Endzwecke der Geschichte zu fassen, sondern Kunst und Religion. Damit griff er unausgesprochen auf die Jenaer Kontroverse zwischen Hegel und Schelling zurück, in der Schelling eine ähnliche Position eingenommen hatte. Bei Weiße schloß dieses Vorhaben ein, die eingeforderte Fortschrittsbewegung unter bestimmte, religiös motivierte Vorgaben zu stellen. Fortschritt sei - hierin konnte er sich mit vielen Zeitgenossen einig wissen - nicht nur eine geschichtliche, sondern auch eine individualgeschichtliche Kategorie. Weiße ging es um eine geschichtliche Entwicklung im Einklang mit religiöser individueller menschlicher Selbstvervollkommnung über den Tod hinaus bis in die Unsterblichkeit. Beide Fortschrittsebenen sah er, wie er in seiner Schrift "Ueber den gegenwärtigen Standpunkt der Philosophie ..." darlegte, bei Hegel destruiert: "Von jeher und in allen Religionen und Philosophien sind die Vorstellungen von der außerirdischen Zukunft des Individuums auf das engste verbunden, ja verschmolzen gewesen mit den Vorstellungen von der geschichtlichen Zukunft des menschlichen Geschlechts; und so sehen wir denn auch hier, wie die traurige Öde, welche durch diese Ansicht des neuesten Systems aufgeschlossen wird, eine und dieselbe für beide ist"[46].

Hegel hat sein Vorhaben, dieses Buch Weißes in den "Jahrbüchern für wissenschaftliche Kritik" zu besprechen[47], leider nicht ausgeführt. So wissen wir nicht, wie er zu diesen Vorwürfen stand, ob er sie mit Verweisen auf seine eigene Arbeit entkräftet oder ob er Weißes Ansinnen als Ganzes von sich gewiesen hätte. Weiße jedenfalls baute die Verklammerung von Fortschritts- und Unsterblichkeitstheoremen in weiteren Publikationen gezielt aus und rückte sie in den Mittelpunkt seiner Hegel-Kritik. Dabei nahm er - nach dem geschichtlichen Krisenjahr 1830 - Ausgang von zivilisationskritischen Erwägungen. Die modernen Unentschiedenheiten in der Unsterblichkeitsfrage seien Ausdruck der "Entnervung und Entsittlichung" der neuen Zeit, entsprächen einem "geheime(n) Gefühl innerer Leerheit und Nichtigkeit"[48], das nichts als ethische Selbstverleugnung im Leben wie im Tode pro-

---

44 Briefe von und an Hegel, hrsg. v. J. Hoffmeister, Bd. 3, Berlin 1970, S. 259f. (Ch. H. Weiße an Hegel, 11. Juli 1829)

45 Ch. H. Weiße, Ueber den gegenwärtigen Standpunkt der philosophischen Wissenschaft. In besonderer Beziehung auf das System Hegel's, Leipzig 1829, S. 215, 130

46 Ebenda, S. 208

47 Vgl.: Hegel, Ueber die Hegel'sche Lehre, in: a.a.O., S. 314.

48 Ch. H. Weiße, [Rez.], Die Lehre von den letzten Dingen ..., in: JB, Nr. 41 u. 42, Sept. 1833,

pagiere. Der modernen Philosophie, die hegelsche eingeschlossen, fehle eine zeitgemäße Subjektkonzeption. Wie sie den Individuen im Leben nicht genügend Entfaltungsraum geben würde, so auch im Tode. Das Fortschreiten der modernen Philosophie von der Substanz zum Subjekt, so Weiße, sei von der Hegel-Schule noch nicht begriffen worden[49]. Es war also nicht das Fehlen eines Unsterblichkeitskonzeptes, das Weiße an Hegel, dem "Sterblichkeitspropheten"[50], wie er ihn mitunter bezeichnete, kritisierte, sondern dessen Absehen von individueller, subjektiver Unsterblichkeit. Genau diesen Einwand erhob er auch gegen Spinoza[51].

In "Die philosophische Geheimlehre von der Unsterblichkeit des menschlichen Individuums" entwickelte Weiße dann 1834 seine eigenen Unsterblichkeitsvorstellungen systematisch. Der Titel des Werkes war insofern programmatisch, als er den Anspruch auf *individuelle* Fortdauer ohne Umschweife bekundete[52]. Von "Geheimlehre" aber sprach Weiße, um sich deutlich von Göschel und von anderen aus dem "rechten" Flügel der Hegelianer abzusetzen, welche die Unsterblichkeit, auch die individuelle, durchaus zu einer Sache philosophischer Spekulation und Deduktion, also der Exoterik statt der Esoterik, machten. Weiße ging dahinter zurück, wollte solche weitgehenden philosophischen Ansprüche nicht zulassen. Das religiöse Ideal der Unsterblichkeit vollends in *Wissen* aufzulösen, galt ihm als ein Irrweg. Unsterblichkeitsglaube und Philosophie waren ihm zwei durchaus verschiedene Angelegenheiten: "Nicht vermöge einer logischen Categorie ist der Mensch unsterblich, sondern allein vermöge der Thatsache der Menschwerdung Gottes und der in dieser Menschwerdung jedem Einzelnen dargebotenen Erlösung"[53]. Die Gewißheit individueller Unsterblichkeit könne nicht über logische und spekulative Deduktionen erlangt werden, da sie ein ethisch-religiöses Postulat und ein Ergebnis der steten individuellen Aneignung, der Anstrengung ethisch-ästhetischer Selbstanschauung sei. Die persönliche Unsterblichkeit des Menschen ist also kein Automatismus, sie ist höchstens "ererbt" und muß dennoch "erworben" werden. "Daß er unsterblich von Natur/ Ist eine baare Thorheit nur./ Was wär es denn für eine Ehr',/ Wenn jeder Lump unsterblich wär?" - das ist sein

---

Sp. 332, 321

49 Ebenda, S. 325ff.

50 Weiße, Die Idee der Gottheit, S. 332

51 Vgl.: ebenda, S. 122ff., 136.

52 Bezeichnend auch der Buchtitel von I. H. Fichte: Idee der Persönlichkeit und individuellen Fortdauer, Eberfeld 1834.

53 Ch. H. Weiße, Die philosophische Geheimlehre von der Unsterblichkeit des menschlichen Individuums, Dresden 1834, S. 90

ethisch mobilisierendes Menschenbild[54].

Insofern kann für Weiße tatsächlich von einer "mittleren Stellung" zwischen traditioneller christlicher Prägung und Neuerungstendenzen gesprochen werden[55]. Unsterblichkeit ist kein Werk des Wissens, sondern des Glaubens, sie ergibt sich aber auch nicht automatisch, sondern ist ein ethisches Postulat, das die Perfektibilisierung und die Aktivität des Subjekts beinhaltet. Individuelle Unsterblichkeit in Hinsicht auf Gott, vernetzt mit individuellen und unscharf umrissenen geschichtlichen Fortschritten, - so lassen sich die Bestrebungen der "Positiven" am Beispiel Weißes zusammenfassen.

2.4. Jungdeutscher Standort

Fragt man, wie sich die Jungdeutschen in diese Polarisierung von substanzorientierten und subjektorientierten Unsterblichkeitsvorstellungen einordneten, so kann man ganz allgemein sagen, daß sie sich auf der Linie einer Favorisierung des Individuellen, des Subjekts bewegten und einen wichtigen Anteil an jener Wiederbelebung der aufklärerischen Anthropozentrismen hatten, die - natürlich in verändertem historischen Kontext - in den dreißiger Jahren auch in anderen Strömungen erfolgte. Für die Begründung ihres Anthropozentrismus fanden sie unterschiedliche theoretische Verbündete. Auffallend sind dabei Bezüge sowohl auf philosophische als auch auf naturwissenschaftlich geleitete Debatten.

Heine, dessen Bindung an deutsche aufklärerische Vorlagen des 18. Jahrhunderts zu betonen ist[56], nahm viele Gedankengänge Lessings und Herders auf, insbesondere ihre pantheistischen Vorstellungen vom Geschichtssubjekt und ebenso saint-simonistische Ideen; Mundt und Kühne knüpften an die Hegel-Kritik der "positiven" Philosophen an; Gutzkow schließlich, der Hegels Philosophie bei aller Kritik stets noch positive Momente abgewinnen konnte, eröffnete in

54 [Ch. H. Weiße], Theodicee. In deutschen Versen von Nikodemus, Leipzig 1834, S. 14

55 W. Staehler, Zur Unsterblichkeitsproblematik in Hegels Nachfolge, Münster 1925, S. 42f. I. H. Fichte scheint mehr rationalen Unsterblichkeitsmodellen verpflichtet zu sein, wogegen Weiße seine, wenn auch wohlwollenden, Einwände vorbringt (Weiße, Geheimlehre, S. 34f.). Fichte geht es neben Postulaten auch um die *Beweise* für die individuelle Unsterblichkeit; er trägt, anknüpfend an Leib- Seele-Spekulationen, einen "physiologischen Unsterblichkeitsbeweis" vor. Leibniz steht ihm Pate bei den Gedanken von Entelechie und Teleologie, von geistiger Wertsteigerung nach dem körperlichen Tod.

56 Vgl.: M. Bollacher, "Aufgeklärter Pantheismus". Die Deutung der Geschichte in Heines Schaffen, in: Deutsche Vierteljahrsschrift für Literaturwissenschaft und Geistesgeschichte, Bd. 49, Jg. 1975, S. 270. Bollachers Hinweis auf Heines Bindung an die deutsche Aufklärung wendet sich gegen eine "am 19. Jahrhundert orientierten Heine-Deutung", will also offenbar den Einfluß Hegels relativieren.

Auseinandersetzung mit ihr Spielräume für Subjektivität und Handeln. Ungeachtet dieser Unterschiede war den Jungdeutschen aber eine bestimmte Grundposition gemeinsam. Sie wandten sich gegen subjektferne Pantheismen, sie distanzierten sich von einem Pantheismustyp, der - wie Heine mit Blick auf Goethe schrieb - "die Menschen zu Indifferentisten" mache und sich "statt mit den höchsten Menschheitsinteressen (...) nur mit Kunstspielsachen, Anatomie, Farbenlehre, Pflanzenkunde und Wolkenbeobachtung beschäftigte"[57].

Entgegen dieser Einbindung der Subjekte in übergreifende *natürliche* Zusammenhänge stellten die Jungdeutschen sich auf einen *geschichtlichen* Standpunkt, der die göttlichen Belange in die Geschichte band. Für ihren Typ von Geschichtspantheismus galt als bestimmend, "daß Gott sich in der Geschichte offenbart" habe[58], daß er ein "Held der Weltgeschichte"[59] sei. Wienbarg setzte die "eigentümliche positive Entfaltung des Göttlichen in der Geschichte"[60] voraus, Kühne faßte die Geschichte als "Offenbarung eines Göttlichen in irdischer Gestalt"[61]. Mundt nahm an, daß "Gott (...) die Entwickelungsfähigkeit in der Geschichte"[62] sei, und Gutzkow schließlich glaubte an den "Gott in der Geschichte, an die Perfektibilität uns'res Geschlechtes"[63]. All das richtete sich auch gegen den Hegelschen Panlogismus, gegen dessen Hypertrophierung eines substanzhaft Allgemeinen. Gott so vehement in die Geschichte zu setzen, ihn in den menschlichen Belangen Gestalt annehmen zu lassen, entsprang damit bei den Jungdeutschen nicht nur einer philosophischen Spezialisierung, bei der bestimmte Seinsbezirke eben natürlicherweise vernachlässigt werden mußten, sondern war durchaus programmatischer Natur, denn sie hegten Auffassungen, "die den Menschen als den exponiertesten Teil des Kosmos"[64] voraussetzten.

Mit ihrem Anthropozentrismus verwarfen sie die Hegelsche Vorgabe einer Gesetz-, Substanz- und Fortschritts*metaphysik*. Sie suchten die Geschichte von allen von außen an sie herangetragenen Konstruktionen zu befreien. Geschichte dürfe nicht zu einer Folge von Ereignissen herabsinken, die substanzhaft *mit* den

---

57 H. Heine, Die Romantische Schule, in: Säkularausgabe (HSA), Berlin, Paris 1970ff., Bd. 8, S. 35

58 L. Wienbarg, Ästhetische Feldzüge, hrsg. v. W. Dietze, Berlin 1964, S. 115

59 H. Heine, Zur Geschichte der Religion und Philosophie in Deutschland, in: Düsseldorfer Heine-Ausgabe (DHA), Hamburg 1973ff., Bd. 8.1/8.2, Bd. 8.1, S. 60

60 L. Wienbarg, Die Kunst und ihre Ausstellung, in: ders., Quadriga. Vermischte Schriften, Bd. 1, Hamburg 1840, S. 321

61 G. Kühne, Zur Charakteristik der neueren englischen Romanliteratur, in: BL, Nr. 7 u. 8, 7. u. 8. Jan. 1833, S. 25

62 Th. Mundt, Madonna, Unterhaltungen mit einer Heiligen, Leipzig 1835, S. 399

63 K. Gutzkow, Zur Philosophie der Geschichte, Hamburg 1836, S. 64

64 Köster, Literarischer Radikalismus, S. 79

Menschen geschehen, die sich mit Menschen ereignen, sondern müsse als etwas erfaßt werden, was sich *zwischen den Menschen selbst* zuträgt.

Es kam bei den Jungdeutschen insofern zu einer endgültigen "anthropologische(n) Reduktion Gottes" (Köster[65]), bei der Gott nicht mehr als eine ominöse substantielle Macht die Geschichte leitet, sondern sich in deren individuelle Subjekte transformiert. Nicht mehr der Geschichte, der Gesellschaft und dem Staat "an sich" kamen die göttlichen Qualitäten zu, sondern den einzelnen empirischen Menschen. Es ging, wie Mundt einmal feststellte, um die "Geltendmachung der Individualitäten" in der Geschichte[66]. Individualität war vor allem Gutzkows großes Ziel in seiner Schrift "Zur Philosophie der Geschichte", die er im Rahmen seiner ersten Werkausgabe treffender mit "Philosophie der Tat und des Ereignisses" betitelte. Er wollte "die Geschichte in ihre subjectiven Faktoren auflösen" und erklärte daher: "die Geschichte ist allgemein genug; es käme jetzt darauf an, sie zu individualisiren"[67]. Der Zweck der Geschichte und - in anthropozentrischer Zuspitzung - der "Zweck der Erde sei kein historisch-metaphysicher Gesammtzweck, sondern der einzelne Mensch"[68]. Die Menschen tragen - wie auch Wienbarg es formulierte - "den elementarischen Gott in ihren Busen"[69]. Insofern könne man nach Gutzkow "Gott (...) mit Händen greifen"[70]. Zwar hypertrophierten selbst die Jungdeutschen mitunter bestimmte geschichtliche Kategorien, was z.B. in der zeitweisen substanzhaften Verselbständigung von "Geschichte" und "Fortschritt" zum Ausdruck kommt[71]. Aber insgesamt vertraten sie doch die anthropozentrische Ansicht, daß Geschichte nichts anderes sein könne als das Wechselwirken der Taten und Unterlassungen der Individuen, bei denen letztere den göttlichen Funken in ihrer eigenen Brust tragen - die "Menschen werden Götter"[72], schrieb Heine in diesem subjektbezogenen Sinn.

Begreift man dieses Götterwerden der Menschen im Kontext einer dezidiert subjektbetonten Geschichtsauffassung, so kann es nicht verwundern, daß die Jungdeutschen auch in jene Debatten eingriffen, in welchen über die verschiedenen

---

65 Ebenda

66 Th. Mundt, Bücherschau, in: ZO, Mai 1835, S. 411

67 Gutzkow, Zur Philosophie der Geschichte, S. 16, 63

68 Ebenda, S. 146

69 Wienbarg, Ästhetische Feldzüge, S. 116. Nach Mundt hat der Mensch "sich selbst gefunden, er hat die unbekannte Größe, die er suchte, nach vielem Denken in sich selbst entdeckt". Vgl.: Th. Mundt, Moderne Lebenswirren. Briefe und Zeitabenteuer eines Salzschreibers, Leipzig 1834, S. 222f.

70 K. Gutzkow, Goethe im Wendepunkt zweier Jahrhunderte, Berlin 1836, S. 224

71 Vgl.: P. Bürgel, Die Briefe des frühen Gutzkow 1830 bis 1848. Pathographie einer Epoche, Frankfurt/M. 1975, S. 191f.

72 Heine, Die Stadt Lukka, in: HSA, Bd. 6, S. 139

Arten von Unsterblichkeit gestritten wurde. Die zeitgenössische philosophische Polemik war eine der Hauptquellen, aus denen sich ihr Interesse an dieser Frage speiste. Dabei gingen sie durchaus nicht einheitlich vor. Es wird im folgenden zu prüfen sein, was den Auffassungen jener drei Jungdeutschen, die sich am intensivsten mit der Unsterblichkeitsfrage beschäftigten, nämlich Heine, Mundt und Gutzkow, gemeinsam ist und was sie voneinander unterscheidet.

Wichtig dabei wird sein, die mit den jeweiligen Unsterblichkeitsansätzen in Zusammenhang stehenden entscheidenden Bezugskategorien herauszuarbeiten: Was bestimmt, was motiviert - so könnte man dieses Problem formulieren - Mundt, Heine und Gutzkow, ein Thema aufzugreifen, das andere, z.B. Laube, wenig beschäftigt? Welchem übergreifenden Anliegen ist die Unsterblichkeitsfrage zugeordnet, und woraus erklärt es sich, daß es einerseits zu quasi-religiösen Hoffnungen auf Unsterblichkeit und andererseits zu profanierendem Zweifel kommen konnte? Erfragt man diesen Kontext, läßt sich vorwegnehmend sagen, daß Mundt, Heine und Gutzkow drei verschiedene Typen von jungdeutschem Denken über Unsterblichkeit repräsentieren:

Für Heine, den die Debatten der dreißiger Jahre in Deutschland wenig beeinflußten, war vor allem das Perfektibilitätsdenken von Lessing und Herder prägend, welches - und das unterstreicht nur dessen Relevanz für das Denken Heines - in den für ihn wichtigen Kreisen der französischen Saint-Simonisten ebenfalls rezipiert wurde. Ausgehend von der Frage der "Emanzipation" und im Rückgriff auf die Pantheismusdiskussionen des späten 18. Jahrhunderts in Deutschland, setzte Heine sich vor allem mit der Frage nach dem Geschichtssubjekt, mit dem Problem der Teilhabe der realen Subjekte an zukünftigen Fortschritten auseinander und kam innerhalb seines Geschichtspantheismus zu einer metaphorisch umschriebenen irdischen Unendlichkeit. Mundt dagegen, deutlich von den Hegel-Debatten der dreißiger Jahre beeinflußt, konzentrierte sich in Auseinandersetzung mit der Hegel-Kritik der "positiven" Philosophie auf die Rechte der Subjektivität, der Individualität. Die jeweils einzelnen Individuen standen nicht nur im Zentrum seiner Geschichtsauffassung, sondern seines philosophischen Denkens überhaupt. Er rang mit den Problemen individueller Endlichkeit und individueller Zukunft und kam von dieser Warte aus zu Unsterblichkeitsüberlegungen. Mundt diagnostizierte für die bisherige Geschichte die - in ihrer Bedeutung nicht deckungsgleichen - Trennungen von Geist und Fleisch, Licht und Finsternis, Diesseits und Jenseits, Leben und Tod und gab seinem gedanklichen Ringen um Überbrückung dieser Risse auch in Unsterblichkeitsthesen Ausdruck.

Gutzkow schließlich war derjenige, den philosophische Zweifel an der

Unsterblichkeit am ehesten vorantrieben. Seine keinesfalls geradlinige Entwicklung führte ihn von traditionellen und pietistischen Unsterblichkeitsauffassungen zu einer in vielem skeptischen Polemik gegen gleichsam von heiligen Zwecken der Geschichte gestützte Unsterblichkeitsvorstellungen. Er wandte sich jedoch nicht völlig von ihnen ab, sondern bettete sie in ein anderes Erwartungsgefüge ein.

Es wäre jedoch einseitig, diese Typen jungdeutschen Unsterblichkeitsdenkens allein auf philosophische Debatten zu beziehen. Neben der Philosophie gab es, was hier zumindest erwähnt werden muß, im direkten Umfeld der Jungdeutschen die teilweise naturwissenschaftlich fundierten Erörterungen existentieller Themen wie Leben, Jugend, Alter, Tod, durch welche sich auch das mit Unsterblichkeitsvorstellungen korrespondierende Problem der Lebensverlängerung als eine wichtige Zeitfrage stellte. Diese Debatten waren den Jungdeutschen bekannt. Allerdings schlossen sie sich diesen rein diesseitsbetonten utopischen Vorstellungen nicht an, sondern es hat den Anschein, daß sich auch in Reaktion darauf ihre Unsterblichkeitsansprüche bekundeten.

Darauf, daß die Idee der Lebensverlängerung vom aufklärerischen Fortschrittsdenken untrennbar ist, wurde in der Literatur bereits verwiesen[73]. Sie war überdies die konsequent weltliche Variante der aufklärerischen Unsterblichkeitsidee, und beide fußten auf der Prämisse des Selbst- und Eigenwertes des Lebens in allen Sphären. Zwar war der Wunsch nach langem Leben wohl durchaus eine Art übergeschichtliche anthropologische Grundkonstante, aber er ist zweifellos von spezifisch neuzeitlichen Motiven bestimmt und geprägt worden[74]. Auch im Vormärz gab es einen breiten Strom von Überlegungen, die darauf zielten, den Tod durch zivilisatorische Praktiken zu bannen oder wenigstens zu erleichtern und so weit wie möglich hinauszuschieben, und es kann gezeigt werden, daß die Jungdeutschen diese Debatten zumindest zur Kenntnis nahmen. Was Christoph Wilhelm Hufeland 1796 mit seiner "Kunst, das menschliche Leben zu verlängern" in der Periode der Klassik begonnen hatte, setzten, wenn auch weniger breitenwirksam, in Preußen Johann Ludwig Casper und in Österreich Ernst v. Feuchtersleben fort[75].

---

73 J. Ritter, Fortschritt, in: Historisches Wörterbuch der Philosophie, hrsg. v. J. Ritter, Basel, Stuttgart 1971ff., Bd. 2, Sp. 1042

74 Vgl.: W. Sünkel, Diätetik, in: Historisches Wörterbuch, Bd. 2, Sp. 231. Vgl. zum Diskussionsstand auch: R. Herrlinger, Makrobiotik, ebenda, Bd. 5, Sp. 638ff.; neu und den engen medizinischen Rahmen sprengend ist: H. Schipperges, Konzepte der Lebenskunst in Aufklärung und Romantik, in: Jahrbuch des Freien Deutschen Hochstifts, Tübigen 1991, S. 90ff.

75 Vgl.: Ch. W. Hufeland, Die Kunst, das menschliche Leben zu verlängern, Jena 1796; E. V. Feuchtersleben, Zur Diätetik der Seele, Wien 1838; Dr. J. L. Casper, Beiträge zur medicinischen Statistik, Bd. 2: Die wahrscheinliche Lebensdauer des Menschen, Berlin 1835.

Hufeland hatte einst in seinem Buch die in Deutschland kursierenden emanzipatorischen Vorstellungen von Lebensverlängerung zusammengefaßt und dabei nicht nur medizinische und sozialhygienische, sondern auch aufklärerische philosophische Überlegungen vorgetragen. Ihm und der gesamten aufklärerischen Linie der Medizin- und Bevölkerungsstatistik verpflichtet, verfaßte Casper 1835 eine Schrift über die wahrscheinliche Lebensdauer des Menschen, in der er die Möglichkeiten auslotete, das Leben durch medizinische und kulturelle Einflüsse zu verlängern. In der Absicht, die reformerischen Kräfte in preußischen Beamten- und Regierungskreisen zu stärken[76], hob er den Einklang seiner Darlegungen mit den aufklärerischen Fortschrittsbestrebungen hervor: "Und wie nun die geistige Entwicklung des Menschen in stetem Fortschreiten begriffen bleibt, so sind auch fast alle Sachkenner jetzt über den Thatbestand der Zunahme der Lebensdauer einig, und nur über das Maß dieser Zunahme verschiedener Meinung"[77]. Auch August Clemens, Mediziner und Sekretär der Frankfurter Museums-Gesellschaft, betrachtete mit Berufung auf Hufeland die fortschreitende Kultur als Mittel der Lebensverlängerung. Gegen die seit Rousseau schwelenden kultur- und zivilisationskritischen Bedenken polemisierte er 1833 mit den Worten: "Wer da glaubt, bei den sogenannten Wilden, im Naturzustand des Menschen, dem beneidenswerthen nach Jean Jaques Roman's Grundsätzen, des Lebens längstes Ziel zu finden, der irrt (...) Die zerstörenden Einflüsse überwiegen die erhaltenden, und so erliegt der wilde Mensch eher als der cultivierte, der sich gegen die verderblichen Einwirkungen der Außenwelt zu schützen versteht". Nicht die "Früheren", sondern die "Jetzigen" lebten lange und glücklich und könnten unter Umständen sogar ein Alter von 260 Jahren erreichen[78]. Im "Komet", einem heute weniger bekannten, von Karl Herloßsohn herausgegebenen liberalen Leipziger Blatt, das fast zwei Jahrzehnte Bestand hatte, trat der Trivialschriftsteller Joseph Nürnberger mit noch entschiedenerer Geste für ein längeres Leben ein, und er sprach den Wunsch nach Unsterblichkeit offen aus. Da auf anderen Planeten, z.B. der Venus, die Umlaufzeit achtzigmal größer sei als auf der Erde, müsse "auch das animalische Leben eben-

76 Casper gehörte zu den bekannten Reformern in Preußen, vgl.: Allgemeine Deutsche Biographie (ADB), Leipzig 1875ff., Bd. 4, S. 58f.

77 Casper, Die wahrscheinliche Lebensdauer, S. 113. Von Caspar offenbar gemeint: W. Petty, Political Arithmetic, London 1690; J.P. Süssmilch, Die göttliche Ordnung in den Veränderungen des menschlichen Geschlechts, aus der Geburt, Tod und Fortpflanzung desselben erwiesen, Berlin 1741, 2. Aufl. 1765; Th. R. Malthus, Essay on the Principle of Population with remarks on the Speculations of Mr. Godwin, Mr. Condorcet, and other Writers, London 1798; A. Quetelet, Sur l'Homme et le Devellopement de ses Facultes, an Essai de Physique Sociale, Paris 1835.

78 A. Clemens, Einige Worte über Dauer und Einteilung des menschlichen Lebens, ZW, Nr. 23 und 24, 1. u. 2. Febr. 1833, S. 89ff.

falls achtzigmal länger sein als das irdische, und ein achtzigjähriger Venusgreis zählt also gegen 7000 unserer Jahre"[79]. Nürnberger wußte aber auch für das endliche Erdenleben Wege ins Unendliche zu finden. Eine dem physischen Tod folgende Neukonstitution des Geistes sollte "unserer Unsterblichkeit gleichsam festen Grund und Boden auf den leuchtenden Inseln an(weisen), die im Aetherocean wogen[80]". Im Jahr 1839 veröffentlichte er dann wirklich einen sentimentalen Unsterblichkeitshymnus[81].

Neben solchen Thesen blieben den Jungdeutschen auch andere damals gängige Ansichten nicht fremd, etwa die romantischen Verbindungen von Medizin und Philosophie oder das wachsende ästhetische Interesse fürs Medizinische[82]. Laube stützte sich in dieser Hinsicht auf Lorenz Oken und Henrik Steffens[83]; Ignaz Troxler, der Schelling nahestand, publizierte ebenso wie Carl Gustav Carus in Mundts "Freihafen"[84]. Troxler nahm mit Gutzkow Kontakt auf[85], dessen Interessenlage nicht zuletzt in dem Hinweis, daß jedes "neue philosophische System (...) auch auf die Medizin reagiert" habe[86], zum Ausdruck kommt. Es kann daher nicht verwundern, daß auch jene bereits angeführten naturwissenschaftlich fundierten Theorien über Lebensverlängerung in den Kreisen der Jungdeutschen auf Interesse stießen. Namentlich in ihren Zeitschriften spiegelt sich das wider. Clemens, der ab 1835 ein enger Vertrauter Gutzkows war, publizierte in Laubes "Zeitung für die elegante Welt" und in Gutzkows "Phönix"[87]. Nürnberger dürfte den Jungdeutschen auch wegen seiner regelmäßigen Mitarbeit an Cottas

---

79 J. Nürnberger, Literarisch-politische Ollapotrida, in: KO, Nr. 50, 31. März 1835, Sp. 400.

80 Ebenda

81 Vgl.: J. Nürnberger, Still-Leben oder über die Unsterblichkeit der Seele, Dresden 1839.

82 O. Marquard (Schwierigkeiten mit der Geschichtsphilosophie, Frankfurt/M. 1982, S. 98, 101) verzeichnet für das erste Drittel des 19. Jahrhunderts eine "Wende der Philosophie zur Medizin und die Wende der Medizin zur Philosophie" und darüber hinaus das "wachsende ästhetische Interesse fürs Medizinische: die - gerade in diesem Zeitraum - zunehmende Aufmerksamkeit in der Dichtung für das Kranke". Diese Wende trugen romantische Schriftsteller und auch romantische Naturphilosophen und Medizinern wie Kielmeyer, Eschenmeyer, Windischmann, Treviranus, Schubert, Carus, Oken, Troxler. Wienbarg allerdings glossierte diese naturphilosophische Tendenz. Vgl.: Die Herbstversammlung der Naturforscher, in: L. Wienbarg, Wanderungen durch den Thierkreis, Hamburg 1835, S. 210ff.

83 Vgl.: K. Möckel, Der Gedanke der Menschheitsentwicklung im Jungen Deutschland, Phil. Diss. Leipzig 1916, S. 68f.

84 Vgl.: V. Troxler, Zeitbewegungen in der Medizin des Prof. Werder in Freiburg, in: FH, H. 1, 1840, S. 176f.; C. Carus, Briefe über das Erdenleben, in: FH, H. 1, 1838, S. 104ff.; ders., Das Element des Wassers, in: FH, H. 1, 1840 , S. 33ff.

85 Vgl. Gutzkows Mitteilung, in: TE, Nr. 52, 1841, S. 207.

86 K. Gutzkow, Säkularbilder, in: Gesammelte Werke, Frankfurt/M. 1845ff., Bd. 10, S. 317

87 Vgl.: A. Clemens, Die Geheimnisse des Lebens, in: PH, Nr. 171 u. 172, 22. u. 23. Juli 1835, S. 682ff.

"Morgenblatt" bekannt gewesen sein, und in den jungdeutschen Journalen "Phönix", der "Mitternachtszeitung für gebildete Stände" und "Zodiacus" finden sich mehrere kritische Noten, seine trivialen Tendenzen und die Nähe zum Kreis um den Dresdener Erfolgsautor Theodor Hell betreffend[88].

Diese Debatten um Lebensverlängerung gaben den Jungdeutschen zweifellos weitere Anstöße dafür, sich den Problemkreisen Gesundheit, Krankheit und Alter besonders intensiv zuzuwenden. Allein schon Buchtitel wie "Anatomische Leiden" (Herloßsohn, 1833), "Die Sterbecassirer" (Gutzkow, 1834) und "Quarantäne im Irrenhause" (Kühne, 1835) wiesen auf die Relevanz dieser Probleme hin, und auch in diesem Kontext bildeten sich die Unsterblichkeitsauffassungen der Jungdeutschen.

Leben, Krankheit und Tod waren bei ihnen zwar auch Begriffe, welche die politische Gegenwartslage beschrieben. Krank war ihnen z.B. die Gegenwart, da sie politische Emanzipationsbestrebungen verwehrte oder weil die Mehrzahl der Jungdeutschen am Entzug des historischen Sinnhorizonts litt. Vor diesem Hintergrund klagte Gutzkow "über dieses innere Kranken und Erbröckeln" als "das charakteristische Merkmal einer ganzen Generation"[89], und Mundt läßt seinen Salzschreiber Seeliger sagen: "Ich spüre eine Krankheit in mir, die ich noch in keiner Pathologie beschrieben gefunden. Ich habe den Zeitpolyp. Seit der Juli-Revolution 1830 hat er sich in meinem Herzen angeschwemmt (...). Es ist das Wehtun der Zeit in meinem innersten Menschen, woran ich hinschmachte"[90]. Die Jungdeutschen beließen es aber nicht bei dieser Ziellosigkeit. Der in ihren Schriften durchaus vorhandene Reflex der bitteren Erfahrungen eines emanzipierten Subjekts, das sich von herkömmlichen geschichtlichen Bindungen befreite, ohne neue finden zu können, wurde durch eine aktivistische, auf die Tat und die Zukunft gerichtete Tendenz konterkariert, die einen historischen Sinn des Handelns verbürgte. Aus diesem Grund avancierte Leben zu einem emotional geladenen Kampfbegriff mit geradezu sinnlastiger Konnotion. Wenn Kühne erklärte, er wolle "leben aus Princip, genießen aus Princip"[91] oder wenn Mundt dazu auffoderte, die "Idee des Lebens (...) rein heraus(zustellen)"[92] und einen "Gott des Lebens"[93] propagierte, werden Begriffsgehalte deutlich, die nicht nur die anthropologischen

---

88 Zu Nürnberger vgl.: ADB, Bd. 24, S. 56.

89 K. Gutzkow, [Rez.], Charlotte Stieglitz. Ein Denkmal ..., in: Literatur-Blatt zum PH, Nr. 40, 10. Okt. 1835, S. 960

90 Mundt, Moderne Lebenswirren, S. 11.

91 G. Kühne, Eine Quarantäne im Irrenhause. Novelle aus den Papieren eines Mondsteiners, Leipzig 1835, S. 148

92 Th. Mundt, Unterhaltungen mit Göschel ..., in: ZO, Aug. 1835, S. 151

93 Th. Mundt, Bücherschau, in: ZO, Okt. 1835, S. 283

oder politischen Ebenen erweiterten, sondern, wie in der Forschung konstatiert wurde, eine bestimmte "Art von Rausch"[94] repräsentierten.

Diese emphatische Bedeutung von Leben wurde durch den ebenfalls häufig verwendeten Begriff "Jugend" noch unterstrichen. Jugend wurde zu einem übersteigerten Wert, welcher in den Rang eines philosophischen oder gar religiös leitenden Prinzips geriet. "Jugend ist Alles"[95] erklärte Laube lapidar, aber programmatisch. Dabei konnten die Jungdeutschen sich natürlich an geschichtliche Vorbilder anlehnen. Erinnert sei nur an die Feste der "Natürlichen Verjüngung" in der Spätphase der Französischen Revolution[96] oder an die Verjüngungsszenen des "Faust". Daß Jugend von ihnen auch mystisch-religiös und nicht nur politisch verwendet wurde, verdeutlicht z.B. ein Kühne-Brief von 1838, in dem von "unendliche(r) Sehnsucht (...) nach himmlischer Jugend, nach neuer Freude des Erkennens und Wissens, nach Annäherung an Gott"[97] die Rede war. Das Schlagwort Jugend überstieg also offenbar den nur anthropologischen oder nur politischen Sinngehalt. Es war in die philosophischen, naturwissenschaftlichen und geschichtsphilosophischen Debatten der dreißiger Jahre verflochten und galt den Jungdeutschen als ein symbolisch geladener Begriff, der möglicherweise partiell auch die Ideale der Lebensverlängerung, vor allem aber der Verjüngung und der individuellen ewigen Jugend umschloß und mit den subjektorientierten Unsterblichkeitsvorstellungen der Jungdeutshen in enger Berührung stand.

94 Wülfing, Schlagworte, in: a.a.O., Bd. 23, S. 57

95 H. Laube, Das Neue Jahrhundert, Bd. 2: Politische Briefe, Leipzig 1833, S. 355

96 Zu diesen Festen der "Natürlichen Verjüngung" vgl.: J. Traeger, Der Tod des Marat: Revolution des Menschenbildes, München 1986, S. 82ff.

97 Gustav Kühne, Sein Lebensbild und Briefwechsel mit Zeitgenossen, hrsg. von E. Pierson, Dresden, Leipzig 1889, S. 73f. (undatierter Brief an Fanny Tarnow, 1838)

3. Heine: Pantheismus und Unsterblichkeit

In der Heine-Literatur gilt als gesichert, daß Heine nicht nur den nicht orthodox-christlichen und den überkommenen heidnischen Formen des Volksglaubens große Aufmerksamkeit widmete, sondern daß im Zentrum seiner poetisch verhüllten Philosophie Spielarten des Pantheismus standen. Offenbar bestand für ihn das Verbindungsglied zwischen beiden Ansätzen in der Frage nach dem persönlichen Glück des Individuums. Der Mensch muß, so schrieb er 1835 in der französischen Ausgabe der "Elementargeister", das Glück auf dieser Erde erstreben, das "süße Glück und nicht das Kreuz ... Ach! er kann warten, bis er auf den Friedhof kommt, dann setzt man ihm dieses Kreuz auf sein Grab"[1].

Im folgenden soll untersucht werden, inwiefern die in den zwanziger und dreißiger Jahren des 19. Jahrhunderts bei Heine deutlich hervortretende Tendenz zu einem auf das Glück orientierten Pantheismus auch seinen Wunsch nach Unendlichkeit, Ewigkeit und Unsterblichkeit beeinflußte. Es wird zu zeigen sein, daß Heines Pantheismus nur bedingt von Spinoza geprägt war und einem Lebens- und Geschichtsgefühl entsprang, das um erlebbare Genüsse für das Individuum, um das Verhältnis von Individuum und Gattung sowie um die Verheißung einer Auflösung des Todes ins Leben kreiste.

Dabei ist zu bedenken, das sich Heine endgültiger Erklärungen und eindeutiger Antworten entzieht. Im eigentlichen Sinne systematische Äußerungen zur Unsterblichkeitsfrage sind nicht überliefert, und nur mit gewisser Vorsicht kann Heines Standort erschlossen werden. Oft genug mit skeptischer Verve gewappnet, ging es ihm nicht so sehr um die Unbedingtheit der Wahrheit, sondern um gewollte Provokationen, um weitere Reibungsflächen für persönliche und künstlerische Entfaltung. Wenn, dann könnte vielleicht seine ironische Skepsis als grundsätzliche Position, als manchmal bis zur Pose getriebenes Grundmuster seines Schaffens betrachtet werden. Eine damals oft kritisierte Mehrdeutigkeit durchzieht seine Äußerungen zu politischen, religiösen und philosophischen Fragen und auch sein Denken über Leben, Tod und Unsterblichkeit, das nicht nur widersprüchliche Traditionslinien aufnimmt, sondern sich mehrfach modifiziert. Auffällig dabei ist, daß er, von deutscher Literatur und Gegenwartsphilosophie - wie Theodor Mundt nach einer persönlichen Begegnung feststellen mußte - "völlig isolirt"[2], stärker als

---

1 H. Heine, Werke und Briefe, hrsg. v. W. Kaufmann, 3. Aufl., Berlin, Weimar 1980, Bd. 5, S. 687 (Französische Ausgabe der "Elemenratgeister")

2 Begegnungen mit Heine. Berichte der Zeitgenossen. In Fortführung von H. H. Houbens Gespräche mit Heine, hrsg. v M. Werner, Hamburg 1973, Bd. 2, S. 342 (Th. Mundt an Varnhagen

andere Jungdeutsche auf aufklärerische Vorgaben des 18. Jahrhunderts und auf aktuelle französische, vor allem saint-simonistische, Vorstellungen zurückgriff und sie in eigenem Sinne verarbeitete.

3.1. Tod und Leben

Von Heine ist in unserer Zeit gesagt worden, er habe in allen seinen Schaffensphasen den Tod "glorifiziert"[3], er habe das "Erlebnis des Sterbens gebraucht, um ein Dichter zu sein"[4], "das frivole Spiel mit Liebe und Tod" sei "Grundmotiv seiner gesamten Dichtung"[5]. Man hat in solchen Urteilen, ob bewußt oder nicht, jene zeitgenössische, nicht zuletzt im Umkreis der "positiven" Philosophie geäußerte Meinung tradiert, bei Heines Philosophie und Poesie handle es sich um eine des "Kirchhofs"[6]. Inwiefern kann diese Meinung wirklich Bestand haben?

In den zwanziger Jahren ist bei Heine tatsächlich ein gewisses, sich romantisch gebendes Kokettieren mit dem Tod unverkennbar. Ganze Gedichtzyklen widmete er Tod und Sterben, häufig einem ersehnten Liebestod. Genannt werden müssen vor allem die "Traumbilder" von 1821, das "Lyrische Intermezzo" von 1823 und die "Wallfahrt nach Kevlaar" von 1824. Im "Almansor" von 1821/22 ging er bis zu schwelgerischer Kolorierung morbider Szenarien ("Ich bin recht müd',/ Und krank, und kranker noch als krank, denn ach!/ Die allerschlimmste Krankheit ist das Leben;/ Und heilen kann sie nur der Tod"[7]). Er spürte, wie er es brieflich einmal formulierte, eine Sehnsucht nach "schönen Lieder(n) von gebrochenen Herzen, unwandelbarer Liebestreue, Sehnsuchtsgluth, Todesseligkeit"[8]. Er entwarf um den Liebestod und die Todeshochzeit, um den Weg ins Grab der Geliebten eine dann Mundt zeitweilig inspirierende Ästhetik des Todes, die - obwohl sie sicher bis an die Regionen einer "schwarzen Romantik"[9] (Windfuhr) heranführte - dennoch von den zumindest für Deutschland typischen romantischen religiösen Modellen nicht

---

v. Ense, 7. April 1837)

3 W. Victor, Tod, Verdammnis und ewiges Leben des Heinrich Heine, in: ders., Der Tag und die Ewigkeit, Berlin, Weimar 1976, S. 387

4 K. Kraus, Heine und die Folgen, in: ders., Ausgewählte Werke in drei Bänden, hrsg. v. D. Simon, Berlin 1977, Bd. 1, S. 307

5 M. Windfuhr, Der schwarze Romantiker, in: Merian, H. 7/1974, S. 69

6 Ch. H. Weiße, Zur Geschichte der neuern schönen Litteratur ..., in: JB, Nr. 97, 98, 99, Mai 1833, Sp. 774

7 Heine, Almansor, in: HSA, Bd. 4, S. 51

8 Heine, HSA, Bd. 20, S. 89 (Heine an F. de la Motte Fouquè, 10. Juni 1823)

9 Vgl.: Windfuhr, Der schwarze Romantiker.

unerheblich abwich. Diese Todesphantasien waren kaum von der christlichen Gewißheit eines Fortlebens geprägt, sondern bezeugen eher eine sich übersteigernde Subjektivität, die im fiktiven künstlerischen Entwurf auch nach dem Tod ihr Recht auf Liebe, Versöhnung und Verwirklichung geltend macht. Heine spielte ironisch mit seinen überhöhten Ansprüchen an das Leben und mit der Tatsache, daß sie sich nicht grenzenlos verwirklichen lassen. Er umkreiste das Spannungsfeld von Ideal und Wirklichkeit und ließ es provokativ im Unwirklichen, im fiktiven Jenseits zur Harmonie kommen. Das Börne-Zitat, das Heine seiner "Harzreise" als Motto voranstellte, kann gewiß als symptomatisch für die Befindlichkeit dieser Jahre gelten: "Nichts ist dauernd, als der Wechsel, nichts beständig als der Tod. Jeder Schlag des Herzens schlägt uns eine Wunde, und das Leben wäre ein ewiges Verbluten, wenn nicht die Dichtkunst wäre. Sie gewährt uns, was uns die Natur versagt: eine goldene Zeit, die nicht rostet, einen Frühling, der nicht abblüht, wolkenloses Glück und ewige Jugend"[10]. Die Kunst gewährt Linderungsmittel gegen das "ewige Verbluten" im Leben, sie eröffnet Perspektiven für das Glück persönlicher Verwirklichung. Wo Heine bestimmte Todes- und Jenseitssituationen anklingen läßt, finden sich keine Indizien dafür, daß sie von traditionellen Unsterblichkeitsvorstellungen beeinflußt waren, ja im Grunde glaubte er in dieser Phase, wie durch einen Zeitzeugen überliefert ist, an eine Unsterblichkeit der Seele ebensowenig wie alle großen Helden der Weltgeschichte[11].

Dieser spielerische Umgang mit dem Tod geriet mit Heines Wendung von der Lyrik zur Reisenovellistik Ende der zwanziger Jahre stark in den Hintergrund. Die Verherrlichung und die Wertsteigerung des Lebens wurden ausschließlich diesseitig begründet. "Gleichviel! ich lebe. Bin ich auch nur das Schattenbild in einem Traum, so ist auch dieses besser als das kalte, schwarze leere Nichtseyn des Todes. Das Leben ist der Güter höchstes, und das schlimmste Uebel ist der Tod (...) alle kräftige Menschen lieben das Leben"[12]. Das klingt nach kritischer Revision des bisherigen Schaffens, wie Heine sie 1827 in den ersten vier Kapiteln von "Ideen. Das Buch Le Grand" tatsächlich unternahm. Er distanzierte sich ironisch von seinen einstigen negativen Höllenbildern, von Grabmalspoesie und Selbstmordversuchung und malte kraftvoll das neue Gefühl: "Und ich lebe! Der große Pulsschlag der Natur bebt auch in meiner Brust, und wenn ich jauchze, antwortet mir ein tausendfältiges Echo"[13]. Das Diesseits, das Leben in seiner Pracht fesselte ihn völlig, und

10 L. Börne, Denkrede auf Jean Paul, in: Sämtliche Schriften, hrsg. von I. u. P. Rippmann, Düsseldorf, 1964ff., Bd. 1, S. 789ff., S. 791

11 Vgl.: Werner, Begegnungen mit Heine, a.a.O., Bd. 1, S. 112 (E. Wedekind, Juli 1824).

12 Heine, Ideen. Das Buch Le Grand, in: HSA, Bd. 5, S. 91

13 Ebenda

unübersehbar hängt dies damit zusammen, daß er die "große Aufgabe unserer Zeit" entdeckte, "die Emanzipazion (...) es ist die Emanzipazion der ganzen Welt, absonderlich Europas, das mündig geworden ist". Durch diese Emanzipation "rückt die Menschheit weiter"[14]. Ein solches Weiterrücken übersteigt die ausschließlich individuelle Dimension, es wird, worauf Vokabeln wie "tausendfältiges Echo" und "Menschheit" hindeuten, zu einem kollektiv erlebbaren Phänomen.

Zugleich aber, und trotz dieser gattungsgeschichtlichen Dimension, wurde Heines Lebensgefühl durch den betont individuellen, subjektiven Lebensbegriff geformt. Die Einzelpersönlichkeit, gar das eigene Ich - "Niemand bleibt mir übrig als *ich selbst*"[15] - rückte in das Zentrum seiner Philosophie, aber auch seines poetischen Schaffens. Im "subjektiven Gedichte"[16] hatte er anfangs das Feld zeitgemäßer Literatur gesehen, die Lyrik als das Gebiet betrachtet, auf dem er sich selbst, seine Sehnsüchte und Wünsche stimmungshaft ausdrücken konnte. Dieses "beständige Constatiren meiner Persönlichkeit"[17], wie Heine es später einmal nannte, steigerte er in der zweiten Hälfte der zwanziger Jahre zu programmatischen Äußerungen vom "Herz des Dichters" als "Mittelpunkt der Welt"[18], ja, er verkündete sogar den Vorsatz, "das civilisirte Goethenthum über den Haufen zu werfen und an dessen Stelle das Reich der wildesten Subjektivität (zu) begründen"[19].

Gerade eine solche diesseitige "selbsttrunkenste Subjektivität"[20] rückte die Frage nach dem Tod in ein anderes Licht. Selbst wenn Heine das Leben verherrlichte, trat der Gedanke an den Tod nicht völlig an den Rand. Er war ein latent präsentes Rätsel, das man zwar nicht lösen, aber auf eine bestimmte Art und Weise umgehen konnte: Der Lebenslust und Lebensfreude korrespondieren urplötzlich hervorbrechende Todesmotive. Ein finsteres Intermezzo hebt an, das aber geschickt in den Faden der Phantasien und Reflexionen eingesponnen und so in das Reich des Lebens gezogen werden kann. Zu nennen wären etwa das Motiv der toten Maria, die Heine mit zwanghaftem Gebaren ins Leben zurückküssen will (in "Ideen. Das Buch Le Grand"[21] und "Reise von München nach Genua"[22], auch in den späteren "Florentinische(n) Nächten"[23]), an seine melancholischen Reflexionen

14 Heine, Reise von München nach Genua, in: HSA, Bd. Bd. 6, S. 61f.
15 Heine, HSA, Bd. 20, S. 22 (Heine an Ch. Sethe, 20. Nov. 1816)
16 Heine, [Rez.], Gedichte von Johann Baptist Rousseau, in: HSA, Bd. 4, S. 219
17 Heine, Heinrich Heine über Ludwig Börne, in: HSA, Bd. 9, S. 378
18 Heine, Die Bäder von Lukka, in: HSA, Bd. 6, S. 83
19 Heine, Die deutsche Literatur von Wolfgang Menzel, in: HSA, Bd. 4, S. 49
20 Heine, Französische Maler, in: HSA, Bd. 7, S. 50
21 Vgl.: Heine, Ideen, in: a.a.O., S. 132f.
22 Vgl.: Heine, Reise von München nach Genua, in: a.a.O., S. 52f.
23 Vgl.: Heine, Florentinische Nächte, in: HSA, Bd. 9, S. 10ff. Zum Motiv der toten Maria bei

über Tod und Vergänglichkeit vor den Porträts toter Genueserinnen ("Reise von München nach Genua"[24]) und an die Niedergangsstimmungen in "Die Stadt Lukka" - "das Leben ist eine Krankheit, die ganze Welt ein Lazareth!"[25].

Heine, der solche resignativen Töne mitunter anklingen ließ, schien nach einem Weg zu suchen, der ihn davor bewahrte, die Geschichte wie etwa in den "Nordsee"-Bildern von 1827 romantisch-skeptisch als Verlustgeschichte für das Individuum diagnostizieren zu müssen.

Als einen harten, verlustreichen Kampf hatte er den Lauf der Geschichte auch in seiner "Reise von München nach Genua" von 1828 empfunden, als er seinen in Wirklichkeit fiktiven Gang über die Schlachtfelder von Marengo mit den Worten kommentierte: "Aber ach! jeder Zoll, den die Menschheit weiter rückt, kostet Ströme Blutes; und ist das nicht etwas zu theuer? (...) Denn jeder einzelne Mensch ist schon eine Welt, die mit ihm geboren wird und mit ihm stirbt, unter jedem Grabstein liegt eine Weltgeschichte"[26]. Zwar wurde dieses betroffene Fragen nach dem Sinn des menschlichen Einzellebens von dem optimistischen Verweis auf den weltgeschichtlichen Rang der Schlacht konterkariert. Für Heine, der von Napoleons Rausch - "Consul, Kaiser, Welteroberer"[27] - offenbar angesteckt war, der den Genius dieses Mannes bewunderte, obgleich er ihn "nur bis zum achtzehnten Brumaire" unbedingt lieben wollte[28], hatte in Marengo "die Freyheit auf Blutrosen" getanzt[29]. Dann aber, nach einem Blick auf die neueren politischen Schicksale Europas, auf das Vor und Zurück im "Befreyungskrieg der Menschheit"[30] setzte wieder seine geschichtsphilosophisch motivierte Klage über die eigene Vergänglichkeit ein: "O wir armen Kämpfer! die wir unsre Lebenszeit in solchem Kampfe vergeuden mußten, und müde und bleich sind, wenn der Siegestag hervorstrahlt! Die Glut des Sonnenaufgangs wird unsre Wangen nicht mehr röthen und unsre Herzen nicht mehr wärmen können, wir sterben dahin wie der scheidende Mond - allzu kurz gemessen ist des Menschen Wanderbahn, an deren Ende das unerbittliche Grab"[31].

Heine vgl.: M. Espagne, Die tote Maria: ein Gespenst in Heines Handschriften, in: Deutsche Vierteljahrsschrift für Literaturwissenschaft und Geistesgeschichte, Bd. 57, Jg. 1983, S. 298ff. Zum Motiv der toten versteinerten Venus bei Heine: D. Sternberger, Heinrich Heine und die Abschaffung der Sünde, Frankfurt/M., 1976, S. 181ff.

24 Heine, Reise von München nach Genua, in: a.a.O., S. 70ff.

25 Heine, Die Stadt Lukka, in: a.a.O., S. 149

26 Heine, Reise von München nach Genua, in: a.a.O., S. 63

27 Heine, Reise von München nach Genua, in: a.a.O., S. 60

28 Ebenda

29 Ebenda, S. 63

30 Ebenda, S. 62

31 Ebenda, S. 66

Unsterblichkeit, diese mögliche Zuflucht vor dem unerbittlichen Grab, hatte Heine bisher eher von der Gefühlswelt des Liebestodes her gedanklich gestreift, nicht ohne sie gleichzeitig, wie in der "Harzreise", als Idylle des kleinen Bürgers zu ironisieren: "Unsterblichkeit! schöner Gedanke! wer hat dich zuerst erdacht?". Erdacht habe sie vielleicht ein Nürnberger Spießer mit Nachtmütze und Tonpfeife, aber eigentlich, so fährt er fort, war es ein Jüngling, der sich mit dem emphatischen Ausruf "Liebe! Unsterblichkeit!"[32] in die Arme seiner Geliebten träumte, die eigene Unsterblichkeit also in erfülltem Leben suchte. Obwohl dies mit traditionell religiösen Unsterblichkeitsvorstellungen wenig zu tun hatte, konnten Heine dennoch Phänomene der christlichen Religion interessieren, Erscheinungen des Volksglaubens zum Beispiel oder die Trostfunktion der eigentlich "blutrünstige(n) Delinquentenreligion", die "vielleicht nöthig für die erkrankte und zertretene Menschheit" war[33]. Heine konnte sich - z.B. im VI. Kapitel der "Stadt Lukka" - ähnlich wie dann Mundt der Faszination hingeben, die von der Sinnlichkeit des Katholizismus ausging; "Da liege ich, mit phantasierender Seele, der seltsamen Musik noch seltsamere Texte unterdichtend (...) laßt die Messe von Palestrina erklingen: 'Das ist der Leib!' - ich glaube, ich bin seelig, ich schlafe ein - aber sobald ich des anderen Morgens erwache, reibe ich mir den Schlaf und den Katholizismus aus den Augen, und sehe wieder klar in die Sonne und in die Bibel, und bin wieder protestantisch vernünftig und nüchtern"[34]. Die "positiven" Gehalte der Religionen, die seit der Aufklärung kritisch betrachteten Satzungen, Kulte und Dogmen, überging Heine dabei bewußt oder modifizierte sie im Sinne seiner diesseitsbezogenen Weltsicht. Christus war ihm zum Beispiel sein liebster Gott deshalb, "weil er, obgleich ein geborener Dauphin des Himmels, dennoch, demokratisch gesinnt, (...) kein Gott einer Aristokratie von geschorenen Schriftgelehrten und gallonirten Lanzenknechten"[35] sei.

Gerade weil das nicht der einzige Beleg für Heines - wenn auch ironischen - Umgang mit christlichen Mustern im lyrischen Spiel ist, wird man seiner von ihm später so betonten neuartigen Hinwendung zur traditionellen Religion mit Vorbehalten begegnen. Man wird zu fragen haben, ob nicht einerseits Momente der christlichen Religion bereits seit Ende der zwanziger Jahre für ihn von gewisser Wichtigkeit waren und ob andererseits seine spätere religiöse Neubesinnung nicht zuletzt auch durch die für ihn typische Art des ironischen dichterischen Spiels gekennzeichnet ist.

32 Heine, Die Harzreise, in: HSA, Bd. 5, S. 25
33 Heine, Die Stadt Lukka, in: a.a.O., S. 150
34 Ebenda, S. 151, 153
35 Ebenda, S. 156

3.2. Naturavanzement

Spezifische Vorstellungen von menschlicher Unsterblichkeit äußerte Heine wohl zum erstenmal in "Die Stadt Lukka", und zwar im Kontext einer vor allem an Herder erinnernden Vorstellung von einem "Naturavanzement".

"Nichts in der Welt will rückwärts gehen (...). Alles strebt vorwärts, und am Ende wird ein großes Naturavanzement stattfinden. Die Steine werden Pflanzen, die Pflanzen werden Thiere, die Thiere werden Menschen und die Menschen werden Götter werden"[36]. Fast mit gleichen Worten hatte Herder in den ersten drei Büchern seiner "Ideen zur Philosophie der Geschichte der Menschheit" auf die Frage, ob "der Mensch (...) rückwärts gehen und wieder Stein, Pflanze, Elephant werden" solle, geantwortet: "alles strebt und rückt weiter (...) welche Progreßion fortstrebender Kräfte"[37]. Er hatte damit seine in den "Philosophischen Träumen" zwischen 1764 und 1766 ausgesprochenen Überlegungen über den "Zusammenhang der Geschöpfe" aufgenommen: "Vielleicht empfinden die Pflanzen, wie wir/ Ich bin ein Thier gewesen"[38]. Herders Reihe aufsteigender Formen und Kräfte war jedoch von einem sensualistisch-empiristischen Wirklichkeitsbezug getragen und wurde durch bestimmte naturphilosophische Studien gestützt, die Heine so nicht betrieb. Heines Sätze erinnern eher an Shaftesbury, den Lessing - ob zu Recht oder nicht - einmal den "gefährlichste(n) Feind der Religion"[39] genannt hatte. In seiner "Rhapsody ..." hatte Shaftesbury mit Rückgriff auf den Naturbegriff und den Gottesbegriff Giordano Brunos die Welt als "ungeheure(s) System des einen Ganzen"[40] dargestellt, in deren Ordnung sich der nach künstlerischen Gesetzen bildende Gott entfaltet: "so wie der Zweig mit dem Baum in Verbindung steht, so wieder der Baum unmittelbar mit der Erde, Luft und Wasser", so durchströmt Gott "die feinsten Kanäle der Welt und versiegt nirgends. Alles lebt, kehrt durch beständigen Wechsel immer ins Leben zurück"[41]. Nach Shaftesbury haben "auch die Wälder, die (...) beseelt sind, ohne Zweifel ihre Hamadryaden und die Quellen und Bäche Nymphen in Menge", welche von

---

36 Ebenda, S. 139

37 Herder, Ideen, S. 181, 177

38 Herder, Philosophische Träume, in: Sämmtliche Werke, Bd. 14, S. 665

39 G. E. Lessing, Briefe, die neueste Litteratur betreffend, in: Lessings sämtliche Schriften, hrsg. v. K. Lachmann, 3. Aufl. hrsg. v. F. Muncker, Stuttgart 1886ff., Bd. 8, S. 27

40 Vgl: A. Shaftesbury, Die Moralisten. Eine philosophische Rhapsodie, in: ders., Der gesellige Enthusiast. Philosophische Essays, hrsg. v. K. H. Schwalbe, München, Leipzig, Weimar 1990, S. 110.

41 Ebenda, S. 110, 161

"immaterieller und unsterblicher Substanz" wären[42]. Dieser "ästhetische Pantheismus"[43] ähnelt dem Heineschen Ansatz etwa der "Elementargeister" - die Auffassung, daß Elfen "ihrer Natur nach unsterblich sind"[44], dürfte nur eine der Analogien zu Shaftesbury sein - in vielem.

Heines "Die Stadt Lukka" beginnt mit dunklen Andeutungen einer "andere(n) Naturgeschichte als wie die, welche in Schulen gelehrt wird". Außerordentliche und wunderbare Dinge wären zu berichten, die auf eine göttliche Naturbeseelung wiesen, auf Bäume, die weinen, auf Reden der ansonsten stummen Natur, auf Geheimnisse, die es nur dann gibt, "wenn Gott bereits in alle Thier- und Pflanzenarten sich verwandelt und sie erlöst habe"[45]. In diese, nicht empirisch-sensualistische, sondern träumerisch-phantastische Naturansicht, in der stets eine bestimmte Natur-Mensch-Relation mitschwingt, bettet Heine sein Gespräch mit "Mylady", der an Voltaire geschulten, ironiegeladenen Gottesleugnerin über den christlichen Unsterblichkeitsglauben ein. Des Zweifels an der Unsterblichkeit verdächtigt, ruft er aus: "Ich daran zweifeln? Ich, dessen Herz in die entferntesten Jahrtausende der Vergangenheit und Zukunft immer tiefer und tiefer Wurzeln schlägt, ich, der ich selbst einer der ewigsten Menschen bin, jeder Athemzug ein ewiges Leben, jeder Gedanke ein ewiger Stern - ich sollte nicht an Unsterblichkeit glauben?"[46]. Aber: die dann folgenden erklärenden Hinweise wollen zum Vordersatz nicht passen. Mylady, das schöne Weib, das "mit stechend bitteren Akzenten"[47] redet, hatte vor, die christliche "einstige Genossenschaft im Himmelreich"[48] und den Trost aller himmlischen Genüsse zu verwerfen, und der "Doktor" (Heines inneres Ich) hatte ihr mit den Worten zugestimmt, daß ihn "nicht einmal die Existenz von Himmel und Hölle", erst recht nicht "der Geitz nach himmlischen Belohnungen, oder die Furcht vor höllischen Strafen" kümmere. Uneigennütziges Handeln und Lieben sei für ein erfülltes Leben Leitfaden genug.

Obgleich Heine es z.B. für anmaßend hält, den Aristokraten unter den Tieren hervorzukehren und für die Menschen ein "Ewigkeitsvorrecht"[49] am Throne des christlich gedachten Weltkönigs zu beanspruchen, erhob er dennoch Ansprüche auf

---

42 Ebenda, S. 149

43 Vgl.: G. Irrlitz, Shaftesbury. Die Ethik des ästhetischen Pantheismus, in: Wissenschaftliche Zeitschrift der Friedrich-Schiller-Universität Jena, Gesellschaftswissenschaftliche Reihe, Bd. 29, Jg. 1980, S. 303ff.

44 Heine, Elementargeister, in: HSA, Bd. 9, S. 93

45 Heine, Die Stadt Lukka, in: a.a.O., S. 138

46 Ebenda, S. 159

47 Ebenda

48 Ebenda, S. 158

49 Ebenda, S. 159

Unvergänglichkeit. Diese ihm vorschwebende Verwurzelung in Vergangenheit und Zukunft, sein Anspruch auf Gedankenewigkeit gehören aber dem Umkreis einer Beseelung der natürlichen Welt an, einer Welt, welche die Inkarnation eines anderen als des traditionellen Gottes ist.

Die Gründe für diesen Zug zum Pantheismus - denn um nichts anderes handelt es sich hier -, der, statt daß er die Menschen in den Kreis der Natur stellt, die Natur vermenschlicht, waren vielfältig. Vor allem aber rang Heine mit einem Fortschrittsverständnis, das im Grunde an den Menschen, an den lebenden Subjekten vorbeiführte oder über sie hinwegging. Im Leben, im individuellen Einzeldasein wollte er die Fortschrittsaporien gelöst sehen. Die Vertröstung auf eine schöne Zukunft für andere Generationen genügte ihm nicht, er wollte selbst an den Genüssen der Zukunft - aber auch der Vergangenheit - umfassend teilhaben. Deshalb wandte er sich bestimmten Seelenwanderungslehren zu, und folgte für einige Zeit der Idee, durch Seelenweiterwanderung, in welcher der ganze Raum des Menschlichen und Natürlichen ausgemessen wird, zu akzeptablen Zukunftsperspektiven zu gelangen.

Die "Metempsychose ist oft der Gegenstand meines Nachdenkens"[50], schrieb er 1826 und nahm damit eine besonders in der deutschen Aufklärung verbreitete Hypothese auf. Lessing hatte in der "Erziehung des Menschengeschlechts" eine stetige Seelenwanderung angenommen und das eine der ältesten Hypothesen der Menschheit genannt: "Aber warum könnte jeder einzelne Mensch auch nicht mehr als einmal auf dieser Welt vorhanden gewesen seyn (...) Warum sollte ich nicht so oft wiederkommen, als ich neue Kenntnisse, neue Fertigkeiten zu erlangen geschickt bin? Bringe ich auf Einmal soviel weg, daß es der Mühe wieder zu kommen etwa nicht lohnet?"[51]. Heine könnte an Lessing gerade das gefallen haben, was mit seinem Marengo-Problem korrespondiert. Heines "unter jedem Grabstein liegt eine Weltgeschichte" ist nur die eher resignative Fassung von Lessings "bringe ich auf Einmal so viel weg". Und Heine hatte wohl für sein Interesse an Seelenwanderungslehren dasselbe Motiv wie Lessing, der die Gefahr der Vergeblichkeit menschlichen Einzeldaseins beschwört: "Denn was hat er davon, wenn das, was er für das Bessere erkennt, nicht noch bey seinen Lebzeiten das Bessere wird? Kömmt er wieder? Glaubt er wieder zu kommen? - Sonderbar, daß diese Schwärmerey allein unter den Schwärmern nicht mehr Mode werden

50 Ebenda, Bd. 5, S. 70f. H. Elema (Evelina und die Seelenwanderung. Zu Heines "Ideen. Das Buch Le Grand", in: Heine-Jahrbuch, Bd. 12, Jg. 1973, S. 20ff.) sieht zwar Elemente von Seelenwanderung bei Heine, aber eher dort, wo es sich bei Heine nicht um das philosophische Prinzip der Metempsychose, sondern eher um ein poetisches Modell des "Rollentausches" handelt.

51 Lessing, Die Erziehung des Menschengeschlechts, in: Sämtliche Schriften, Bd. 13, S. 435

will!"[52]. Lessing hatte daher die Akzente auf die individuelle Unsterblichkeit gesetzt, er ging aber von reiner Seelenweiterwanderung, nicht von einer naturphilosophisch fundierten Seelenhöherwanderung aus[53]. Die Menschen, die Menschenseelen haben durch ihre Wanderungen teil an künftigen Ereignissen, entwickeln sich aber selbst in ihrer Qualität dabei nicht weiter. Insofern spricht vieles dafür, daß Heine in dieser Frage Herders Seelenwanderungslehre näher stand, wie jener sie ab 1784 in seinen "Ideen zur Philosophie der Geschichte der Menschheit" vorgetragen hatte.

Auch Herder war auf die Antinomie gestoßen, daß künftige Güter den jetzt Lebenden versagt seien, und er wollte ausdrücklich den "allgemeinen Genuß dieser uns jetzt versagten Reichthümer der bildenden Natur"[54] garantiert sehen. Das Mittel der Teilhabe eines jeden Subjekts an diesen Reichtümern war die Unsterblichkeit. Das persönliche Ende im Tod führe zu einer "himmlischen Jugend"[55], zu einer individuellen Unendlichkeit, in der man aller zukünftigen Errungenschaften teilhaftig sei. Aber nicht nur Überlegungen über das Verhältnis von Individuum und Gattung formten Herders Unsterblichkeitsideen, sondern auch der universelle naturphilosophische Entwicklungsbegriff: Alles Seiende sei in steter Entwicklung, in Höherentwicklung begriffen, bilde sich innerhalb einer Stufenfolge oder einer Kette der Schöpfung weiter bis zur höchsten Vollendung, - nicht derart, daß die jeweils höhere Stufe auf eine abgeschlossene, in sich ruhende niedere Stufe äußerlich folgt, sondern so, daß die jeweiligen Stadien selbst über sich hinaustreiben und neue Qualitäten erlangen. Insofern geht der Mensch nicht rückwärts, sondern vorwärts, wird nicht wieder "Stein, Pflanze, Elephant", wie Herder ausdrücklich betonte[56], sondern, strebt wie alles Vollkommene danach, über seine Art hinauszugehen, zu einem höheren Wesen. Der aufstrebende Prozeß des Universums, zu dem der Mensch als eine wichtige Entwicklungsetappe gehört, bringt noch vollkommenere Wesen in den "Wohnungen, Welten und Räume(n)" der Unsterblichkeit hervor[57] und führt schließlich zum Inbegriff der Vollkommenheit, zu Herders Gott. Diese Annahmen, in denen, wie in der Literatur

52 Ebenda, S. 434

53 Zu Lessing vgl.: Unger, Unsterblichkeitsgedanke, in: a.a.O., S. 14ff.; A. Altmann, Lessings Glaube an die Seelenwanderung, in: ders., Die trostvolle Aufklärung, S. 109ff.; Cornehl, Die Zukunft der Versöhnung, S. 52ff.

54 Herder, Ideen, S. 19.

55 Ebenda, S. 189

56 Ebenda, S. 181

57 Ebenda, S. 200. Zu Herders Entwicklungsbegriff vgl.: H. Stolpe, Herder und die Ansätze einer naturgeschichtlichen Entwicklungslehre im 18. Jahrhundert, in: ders., Aufklärung, Fortschritt, Humanität. Studien und Kritiken, Berlin, Weimar 1989, S. 148ff.

bereits vermerkt, "Theologie und Anthropologie"[58] einander widerstreiten, waren trotz gewisser Differenzen in den einzelnen Begründungen stark von Charles Bonnets Palingenesiegedanken beeinflußt. Jener hatte 1771 ausgehend von einer teleologischen Theorie der präformierten Keime seine Vorstellungen von einer Stufenfolge der Schöpfung von der unorganischen Natur bis zu den Engeln entworfen[59]. Herder schloß sich diesen Auffassungen im Grunde an, auch wenn er die von Leibniz kommende Theorie der "präformierten Keime" durch die von Buffon aufgebrachten eher mechanischen Thesen einer "Epigenesis" ersetzte, Bonnet also auf eher deterministische Weise rezipierte[60]. Seine Unsterblichkeitsgedanken waren von dieser Entwicklungstheorie insofern geprägt, als allen vollkommenen Menschenseelen der Übergang in die nächsten Seinsstufen gelingt, Unsterblichkeit also mit einer Wertsteigerung einhergeht. Auch die Menschenseelen haben am universellen Entwicklungsprozeß teil. Für die "noch unvollendeten Seelen" gibt es, wie Hermann August Korff diese Auffassung Herders beschreibt, "die *ewige Wiederkehr auf derselben Lebensstufe*, für die vollendeten den *Aufstieg zu einer höheren*"[61]. Die menschliche Seele, fähig zur Bildung und zur Vollendung, kann sich aus dem Leben heraus zur Unsterblichkeit aufschwingen. Berücksichtigt man, daß auch Goethe bekundete, er "zweifle nicht an unserer Fortdauer, denn die Natur kann die Entelechie nicht entbehren. Aber wir sind nicht in der gleichen Weise unsterblich, und um sich künftig als große

58 Krauss, Zur Anthropologie, S. 113

59 Vgl.: Ch. Bonnet, La Palingenesie philosophique, Genf 1769/70. Die Schrift wurde bereits ab 1769 durch Lavater übersetzt. Vgl. zu Bonnet: F. Pamp, Palingenesie bei Charles Bonnet, Herder und Jean Paul, Phil. Diss. Münster 1955.

60 Die Differenzen, die Herder in den "Ideen" polemisch ausdrückt, beziehen sich nicht auf das imaginäre Ziel, sondern auf die Art und Weise des Weges dahin. Statt Bonnets an Leibniz gebildeter idealistischer Theorie der "präformierten Keime" neigt Herder Buffons mechanischer Theorie der Epigenesis zu, vgl.: Ideen zur Philosophie der Geschichte der Menschheit, hrsg. v. H. Stolpe, Berlin, Weimar 1965, Bd. 1, S. 434ff. (Anm. 86 des Herausgebers); Pamp, Palingenesie bei Bonnet, S. 40ff.

61 H. A. Korff, Geist der Goethezeit, Bd. 2, 4. Aufl. Leipzig 1957, S. 68. Diese Unterscheidung entspricht der Differenzierung, die Unger zwischen Metempsychose und Palingenesie vornimmt (Unger, Der Unsterblichkeitsgedanke, in: a.a.O., S. 16ff.). Zu Herders Unsterblichkeitsdenken vgl. auch: R. Unger, Herder und der Palingenesiegedanke, in: ders., Herder, Novalis und Kleist. Studien über die Entwicklung des Todesproblems im Denken und Dichtung von Sturm und Drang zur Romantik, Frankfurt/M. 1922, S. 1ff.; G. Biedermann, Der Begriff der Religion und das Unsterblichkeitsproblem bei J. G. Herder, in: Philosophie und Religion. Beiträge zur Religionskritik der deutschen Klassik, Weimar 1981 (Collegium Philosophicum Jenense, Bd. 3), S. 162ff. Nachdem Herder anfangs und ausdrücklich gegen Mendelssohn mit dem Topos "Seelenkreislauf" operierte, insistierte er später stets auf eine Seelenwanderung "vorwärts" und "hinaufwärts" ebenda, S. 166f.).

Entelechie zu manifestieren, muß man auch eine sein"[62], und daß Heines Pantheismus sich "philosophisch auf der weltanschaulichen Linie, die vom späten Lessing und Herder zu Goethe führt"[63] befindet, so läßt sich durchaus annehmen, daß von Lessings Metempsychose und von Herders und Goethes spekulativ-naturwissenschaftlich begründeten Palingenesieauffassungen Anregungen für Heines Geschichtspantheismus ausgegangen sind.

Lessings Ansatz, daß der Mensch nicht "auf Einmal soviel weg" bringe, Herders Forderung nach Genuß der "jetzt versagten Reichtümer" und Goethes Vorhaben, "die höchsten Verbindungen dieses Weltalls einzugehen"[64], treffen sich mit Heines pantheistischer Sehnsucht nach Gottwerdung der Menschen durch "Naturavanzement", mit dem Wunsch, die "Glut des Sonnenaufgangs" und den "Siegestag" der Menschheit über alle politischen, geistigen, sozialen und kulturellen Entbehrungen zu erleben. Sein Ausgangspunkt hinsichtlich menschlicher Unsterblichkeit war nicht ein transzendenter Gott oder ein streng reglementierter Kult, sondern das Problem, das er angesichts der fiktiven Visite auf den Schlachtfeldern Marengos aufgeworfen hatte: die das Verhältnis von Einzelindividuum und Gattung berührende Frage nach dem Sinngehalt menschlichen Lebens angesichts des unvermeidlichen Todes.

3.3. Subjektpantheismus

Heine, der in der Marengo-Szene einprägsam seine Empfindungen über das unumstößliche Ende aller Dinge wiedergegeben hatte, kam von dem Problem der dem Emanzipationsprozeß eigenen Defizite nicht mehr los. Ihn bekümmerte das Schicksal der realen Subjekte des Fortschritts, auf die nichts als jenes unerbittliche Grab wartet. Daraus erwachsen die bei Heine stets zu findenden Bekümmernisse über den Gleichlauf des Menschenschicksals, seine in der Literatur konstatierten "Geburt-Tod-Wiedergeburt-Zyklen"[65]: Schon 1828 war das Leben für Heine ein

---

62 J. P. Eckermann, Gespräche mit Goethe in den letzten Jahren seines Lebens, Berlin 1982, S. 320 (Gespräch vom 1. Sept. 1829)

63 W. Heise, Heine und Hegel, in: ders., Realistik und Utopie. Aufsätze zur deutschen Literatur zwischen Lessing und Heine, Berlin 1982, S. 266

64 J. Falk, Goethe aus näherem persönlichen Umgange, Halle 1912, S. 41 (Gespräch mit Falk bei Wielands Beerdigung, 25. Jan. 1813). Zu Goethes Unsterblichkeitsauffassung vgl: Unger, Der Unsterblichkeitsgedanke, in: a.a.O., S. 28ff.; W. Victor, J. W. Goethe - Von seinem Leben und seiner Unsterblichkeit, in: ders., Der Tag und Ewigkeit, S. 108ff.; C. Englert-Faye, Die Idee des wiederholten Erdenlebens bei Goethe, in: ders., Vom unbekannten Goethe, Basel 1984, S. 305ff.

65 S. Zantop, Verschiedenartige Geschichtsauffassung: Heine und Ranke, in: Heine-Jahrbuch Bd. 23, Jg. 1984, S. 59

"trostlos ewiges Wiederholungsspiel" von Geburt und Tod[66]; Anfang der dreißiger Jahre sprach er von der "Geschichte ohne Anfang und ohne Ende, die sich ewig wiederholt"[67]; 1839 ging er davon aus, daß die Geschichte "eine nur maskirte Wiederkehr derselben Naturen und Ereignisse (sei), ein organischer Kreislauf, der immer von vorne wieder anfängt"[68]; 1840 deucht ihn, daß sich die Welt "nicht im starren Stillstand, aber im erfolglosesten Kreislauf" befinde: "Auch die Menschheit bewegt sich nach den Gesetzen von Ebb und Fluth"[69]; 1844 beleuchtet "vergeblich die Sonne" einen sich ewig eintönig drehenden Erdball[70], und 1854 heißt es schließlich: "Der blasirte König von Judäa sagte mit Recht: es giebt nichts Neues unter der Sonne"[71]. In seinem vermutlich Anfang der dreißiger Jahre geschriebenen Fragment "Verschiedenartige Geschichtsauffassung" hat Heine diese poetischen Klagen über den Gleichlauf des Lebens durch eine sachliche Analyse zu ergänzen gesucht. Zwar hielt er nichts von der "Schwärmerey der Zukunftsbeglücker", aber dem historistischen "Es ist nichts Neues unter der Sonne!" wollte er ebensowenig seine Zustimmung geben"[72], obwohl er, wie in der Literatur festgestellt wurde, mitunter in die Nähe der "Historischen Schule" gelangte, die ebenfalls die Einmaligkeit und Einzigartigkeit geschichtlicher Ereignisse und

66 Heine, Reise von München nach Genua, in: a.a.O., S. 71

67 Heine, Französische Maler, in: a.a.O., S. 46

68 Heine, Shakespeares Mädchen und Frauen, , in: HSA, Bd. 9, S. 188

69 Heine, Heinrich Heine über Ludwig Börne, in: a.a.O., S. 314

70 Heine, Deutschland. Ein Wintermärchen, in: HSA, Bd. 2, S. 321f.

71 Heine, Geständnisse, in: HSA, Bd. 12, S. 86. Zu Heines Verwendung von Kreislaufmodellen vgl.: H. Koopmann, Heines Geschichtsauffassung, in: Jahrbuch der Deutschen Schillergesellschaft, Bd. 16, Jg. 1972, S. 453ff.; Zantop, Verschiedenartige Geschichtsauffassung, in: a.a.O., S. 58ff.; G. Höhn, Heine. Zeit, Person, Werk. Handbuch, Stuttgart 1987, S. 194ff., 206ff., 304f., ders., "Blutrosen" der Freiheit. Heinrich Heines Geschichtsdenken, in: Heinrich Heine. Ästhetisch-politische Profile, hrsg. v. G. Höhn, Frankfurt/M. 1991, S. 176ff.

72 Heine, Verschiedenartige Geschichtsauffassung, in: HSA, Bd. 8, S. 233f. Zu diesem Fragment vgl.: Zantop, Verschiedenartige Geschichtsauffassung, in: a.a.O. Das Verhältnis von Fortschritts- und Kreislaufdenken wird in der Heine-Literatur seit längerem diskutiert, und es zeigen sich verschiedene Standpunkte: Fingerhut sieht eine situativ wechselnde Verwendung (K.-H. Fingerhut, Fortschritt oder Spiel des göttlichen Aristophanes. Zu Heinrich Heines Geschichtsauffassung, in: ders., Standortbestimmungen. Vier Untersuchungen zu Heinrich Heine, Heidenheim 1971, S. 53ff., bes. S. 58ff., 90f.). Koopmann sieht einen bewußten Vermittlungsversuch zwischen diesen verschiedenen Modellen (Koopmann, Heines Geschichtsauffassung, in: a.a.O., bes. S. 453ff.). Höhn sieht in "postrevolutionären Phasen wie 1830 sowie nach 1848 spürbar Zuflucht zum Kreislaufmodell" (Höhn, Blutrosen, in: a.a.O., S. 180). Am treffendsten hat wohl Zantop dieses Verhältnis charakterisiert, wenn sie schreibt, das diese beiden Modelle "in einem Spannungsverhältnis stehen und sowohl individuelle als auch globale Erfahrungen und Erkenntnisse metaphorisch umschreiben" (Zantop, Verschiedenartige Geschichtsauffassung, in: a.a.O., S. 59).

Epochen thematisierte[73].

Heine blieb bei allem Engagement, bei allem Fortschrittsglauben immer auch ein Realist, der sich gerade deshalb nicht von allen aufklärerischen Illusionen mitreißen ließ, weil er den Zweck-Mittel-Dualismus, der Fortschrittsvorstellungen in der Regel eigen ist, nämlich den zwischen Gegenwartsopfern und Zukunftsglück, wachsam registrierte. Das Hegelsche Diktum, "die Individuen überhaupt unter der Kategorie der Mittel" zu betrachten[74], konnte er nicht akzeptieren: "Heine (...) was unwilling to relegate this golden age into the far-distant future; he wished to establish it here and now"[75]. "Unterwerfung unter das Allgemeine und Behauptung individuellen Glücks" wurde ihm, wie unlängst betont wurde, Ende der zwanziger und in den dreißiger Jahren zu einem Kernproblem[76].

Heine hielt ein Fortschrittsverständnis für problematisch, das in Theorie wie in Praxis in die Gefahr gerät, das menschliche Individuum zum Mittel unendlich ferner Zwecke zu degradieren. Gattungsfortschritt hat nur dann einen Sinn, wenn jeder Mensch positiv erfahrbaren Anteil daran hat - ein für die deutschen geschichtsphilosophischen Diskussionen gar nicht neues Problem. Schon Herder hatte gefragt, ob es nur auf dem "krümmenden Schlangenwege der Vorsehung" und nur "über Millionen Leichname zum Ziel" gehe[77]. Hegel hatte das Motiv von der Geschichte als Schlachtbank aufgenommen und höhere Zwecke reklamiert, welche die Opfer der Individuen legitimieren sollten[78]. Auch manche der Hegelianer hielten einen solchen Preis für nicht zu hoch, so Ludwig Buhl, als er 1837 schrieb: "Die Geschichte ist freilich eine große Elegie, aber auf den mit Blut und Verwesung gedüngten Schlachtfeldern gedeiht die Saat desto üppiger"[79]. Heine und Börne hingegen hielten das für eine zynische Ansicht, zumindest für eine kalte, metaphysische Manier, über den Menschen zu denken. Börne verglich es in den "Briefen aus Paris" mit "Menschenfresserei", "wenn die ganze Gegenwart, mit Leib und Seele,

---

73 H. Kind, Das Zeitalter der Reformation im historischen Roman der Jungdeutschen, Göttingen 1969, S. 20, geht, ohne Belege dafür zu präsentieren, von einer Ranke-Rezeption in "Zur Philosophie der Geschichte aus", und er sieht auch bei Laube ab 1837 eine Hinwendung zu Ranke (ebenda). Vgl. zu bestimmten Gemeinsamkeiten und vor allem zu Unterschieden weiterhin: Dietze, Junges Deutschland, S. 163ff.

74 Hegel, Vorlesungen über die Philosophie der Geschichte, Bd. 11, S. 63f.

75 Vgl.: E. M. Butler, The Saint-Simonian Religion in Germany. A study of the Young German Movement, Cambridge 1926, S. 142

76 Vgl.: Höhn, Heine. Zeit, Person, Werk, S. 62, vgl. auch S. 194f., 267.

77 Herder, Auch eine Philosophie der Geschichte zur Bildung der Menschheit. Beytrag zu vielen Beyträgen des Jahrhunderts, in: Sämmtliche Werke, Bd. 5, S. 575f.

78 Vgl.. Hegel, Vorlesungen über die Philosophie der Geschichte, Bd. 11, S. 47ff.

79 [L. Buhl], Hegel's Lehre vom Staat und seine Philosophie der Geschichte in ihren Hauptresultaten, Berlin 1837, S. 34

mit Freude und Glück, mit allen ihren Wünschen und Hoffnungen gemartert, geschlachtet und zerfetzt wird, um damit die Zukunft zu mästen[80]; Heine sprach Mitte der zwanziger Jahre von dem "große(n) Kampf" zwischen seiner "klaren Vernünftigkeit, die den Lebensgenuß billigt und alle aufopfrende Begeistrung als etwas Thörigtes ablehnt" und seiner "schwärmerischen Neigung", das Leben ganz einer Idee hinzugeben[81]. Gerade die Szene von Marengo bündelte diesen inneren Widerstreit, und es wechseln in seiner Darstellung "heroische Bejahung des Selbstopfers mit skeptischer Frage nach dessen Sinn"[82]. Heine rang mit dem Skandalon, menschliche Individuen zu Werkzeugen geschichtlicher Zwecke herabgesetzt zu sehen. Er wollte sich nicht für ein imaginäres Später aufopfern lassen und suchte nach glücklicher Verwirklichung im Jetzt[83]. Letztlich muß es für ihn aber bei der unbeantworteten Frage bleiben, ob "das Leben des Individuums nicht vielleicht eben so viel werth" sei "wie das des ganzen Geschlechtes"[84].

Seine Sehnsucht, den Selbstwert des Individuums der Geschichte gegenüber zu sichern, ohne zwischen Individuum und Gattung eine Kluft zu errichten, fand durch die Übersiedlung nach Paris im Mai 1831 neue geistige Nahrung. Von besonderer Bedeutung war die genauere Bekanntschaft mit dem Saint-Simonismus, wobei es Heine weniger um die wirtschaftlichen und politischen Seiten dieser Lehre ging, denen er nicht dauerhaft Aufmerksamkeit schenkte, sondern hauptsächlich um die ihn packende menschlich-individuelle Seite[85] oder um die "ethisch-religiösen

80 Börne, Briefe aus Paris, in: Sämtliche Schriften, Bd. 3, S. 214

81 Heine, HSA, Bd. 20, S. 205 (Heine an M. Moser, 1. Juli 1825)

82 Höhn, Heine. Zeit, Person, Werk, S. 267

83 Es ist darauf hingewiesen worden, daß Fortschrittsdenken mit einem geschichtsphilosophischen "Opferschema" zwangsläufig einhergehen müsse (E. G. Sledziewski, Fortschritt, in: Europäische Enzyklopädie zu Philosophie und Wissenschaften, hrsg. v. J. Sandkühler, Hamburg 1990, Bd. 2, S. 102). Heines Anspruch auf individuelle erfahrbare Verwirklichung ging mit Zurückweisungen solcher Opferschemata und mit Ironisierungen von Heroismus, Opfer- und Heldenmut einher. N. Altenhofer betont, daß Heine schon Ende der zwanziger Jahre geschichtlichem Pathos "abgeschworen" und Opfervorgänge als "allenfalls parodierbar" betrachtete (N. Altenhofer, Die Bilder der Revolution. Literarische Totenbeschwörung 1789 - 1848, in: ders., Die verlorene Augensprache. Über Heinrich Heine, Frankfurt/M. 1993, S. 89). Der Artikel korrigiert bestimmte Positionen B. Lindners, der Heines Hinwendung zu Opfervorgängen betont (Revolutionäre Totenbeschwörung. Notizen zu einem Motiv bei Heine und Marx, in: Text und Kritik, H. 18/19, 4. überarb. Aufl. 1982, S. 36ff.). Vgl. auch: O. Briese. Von der Unmöglichkeit, Held zu sein. Das Lucretia-Motiv im Vormärz, in: Weimarer Beiträge, Bd. 38, Jg. 1992, S. 407ff. Als klassische Vorlage, die die Antinomie zwischen Opfern für den Fortschritt und individueller Erfüllung thematisiert, kann Herders "Auch eine Philosophie der Geschichte zur Bildung der Menschheit" genannt werden.

84 Heine, Reise von München nach Genua, in: a.a.O., S. 63.

85 Vgl.: Heine, Die Bäder von Lukka, in: a.a.O., S. 83f. und: Reise von München anch Genua, in: a.a.O., S. 58f. Auch Butler betont, daß Heine den wirtschaftlichen, politischen und sozialen

Aspekte"[86]. Obgleich für ihn keine Lektüre der Schriften Saint-Simons belegbar ist, er sich "selbst in den fraglichen Jahren niemals als Saint-Simonist bekannt hat"[87] und in vielem kritische Distanz bewahrte[88], haben ihn, wie er 1832 an Varnhagen berichtete, vor allem die mit der Doktrin verbundenen "religiösen Ideen" interessiert[89]. Im April 1831 schrieb er mit Blick auf den Saint-Simonismus emphatisch von seinem "neuen Evangelium"[90], und wenig später träumte er "jede Nacht, ich packe meinen Koffer und reise nach Paris, um frische Luft zu schöpfen, ganz den heiligen Gefühlen meiner neuen Religion mich hinzugeben und vielleicht als Priester derselben die letzten Weihen zu empfangen"[91]. Eine intensivere Aufnahme saint-simonistischen Gedankenguts erfolgte bei Heine jedoch erst ab 1833, also zu einer Zeit, als der einflußreichste Saint-Simonist, Prosper Enfantin, mit der verbliebenen Schar von Getreuen nach Ägypten ausgezogen war, um für einen Suezkanal zu werben.

Im Hinblick auf die Unsterblichkeitsproblematik erwies sich dabei Heines Aufnahme jener Gedanken als wichtig, die von der ursprünglichen Lehre Saint-Simons nicht unwesentlich abwichen[92] und die Dolf Sternberger als "saint-simonistisch(en) (...) Pantheismus"[93] bezeichnet. Saint-Simons Idee von einem "Neuen

---

Betrebungen der Saint-Simonisten wenig Aufmerksamkeit zuwandte. In Briefen aus der Zeit äußert er sich weder über die Auseinandersetzungen innerhalb der Schule - etwa über den Bruch zwischen Bazard und Enfantin - noch über die Kollisionen mit der Staatsmacht, den Prozeß gegen Enfantin und seine Schüler von 1832 und die verhängten Haftstrafen (Butler, The Saint-Simonion Religion, S. 98ff.). Auch die von Houben und Werner herausgegebenen Gespräche mit Heine spiegeln seine Zurückhaltung wieder.

86 Bollacher, "Aufgeklärter Pantheismus", in: a.a.O., S. 301

87 Heine, DHA, Bd. 8.2, S. 531f. (Kommentar v. M. Windfuhr). Strodtmann geht davon aus, daß Heine "sich mehr an den Geist als an den Buchstaben der saint-simonistischen Ideen" hielt (A. Strodtmann, Heines Leben und Werk, 3. Aufl. Hamburg 1884, Bd. 2, S. 82f.); M. Espagne hingegen spricht davon, daß Heines Beziehungen zum Saint-Simonismus überhaupt "überbewertet worden" sind (M. Espagne, Federstriche. Die Konstruktion des Pantheismus in Heines Arbeitshandschriften, Hamburg 1991, S. 114).

88 Vgl.: Butler, The Saint-Simonion Religion, S. 90f., 94ff., 98ff. Die Gründe für diese Reserve mögen verschieden gewesen sein - ausschlaggebend waren möglicherweise die geforderte Unterordnung der Poesie unter die Ziele der Doktrin, der Kult von Industrie und Wissenschaften, die von Heine im Nachhinein bespottete asketische Tugendhaftigkeit oder der Anspruch der Saint-Simonisten auf praktisch politische statt auf nur geistige Revolution.

89 Heine, HSA, Bd. 22, S. 37 (Heine an Varnhagen v. Ense, Mitte Mai 1832)

90 Heine, HSA, Bd. 20, S. 432 (Heine an H. Hesse, 10. Febr. 1831).

91 Heine, HSA, Bd. 20, S. 435 (Heine an Varnhagen v. Ense, 1. April 1831)

92 Vgl: R. P. Fehlbaum, St. Simon und die St. Simonisten, Basel, Tübingen 1971, S. 93ff. Zum Saint-Simonismus vgl.: R. Garaudy, Die französischen Quellen des wissenschaftlichen Sozialismus, Berlin 1954, S.100ff., 137ff.; M. Hahn, "Präsozialismus". Claude-Henri de Saint-Simon, Stuttgart 1970.

93 Sternberger, Heinrich Heine, S. 150

Christentum", die ja durchaus nicht auf eine Perfektibilisierung des positiven, historischen Christentums hinauslief, sondern das ursprüngliche moralisch-sittliche Pathos gerade der "verschiedenen ketzerischen Sekten Europas und Amerikas" bewahren sollte, war ausdrücklich aus "sinnlich faßbaren Ideen" erwachsen, z.B. aus der, daß die Menschen "sich als Brüder zueinander verhalten"[94] sollen. Dieses hauptsächlich moralisch mobilisierende neue Christentum[95] erfuhr bei seinen Schülern bestimmte pantheistische Modifizierungen. Von Enfantin[96] rührte das 1833 in Heines "Seraphine" und mehrfach in "Zur Geschichte der Religion und Philosophie in Deutschland" wiederkehrende "Gott ist alles, was da ist"[97]. Und die Saint-Simonisten bezogen diese These auch auf die geschichtliche Welt, indem sie dem aus Spätmittelalter und Renaissance tradierten dreigliedrigen Geschichtsschema in ihrer nachweislichen Lessing-Rezeption[98] einen anderen Inhalt gaben: das erste Zeitalter sei das des Fleisches gewesen, das zweite das christliche des Geistes, das dritte, noch ausstehende sei als das einer Vereinigung dieser beiden menschlichen Sphären zu denken[99]. Pantheistisch waren diese Vorstellungen insofern, als es dabei eben nicht nur um die anthropologische Einheit von Körper und Geist ging, sondern - wie Bazard es 1830 ausdrückte - um die Vereinigung zweier göttlicher Prinzipien: "Gott, das unendliche und universale Wesen, das sich in seiner lebenden und tätigen Einheit ausdrückt, ist die unendliche und universale Liebe, die sich uns unter zwei Haupt-Aspekten darstellt, nämlich als Geist und als Stoff"[100].

Den saint-simonistischen Pantheismus zeichnete der für Heine wichtige Versuch aus, die angeführten zwei Aspekte im Menschlichen als vereint zu denken: Im

---

94 C.-H. de Saint-Simon, Neues Christentum. Dialoge zwischen einem Konservativen und einem Neuerer, in: Saint-Simon, Ausgewählte Werke, hrsg. v. L. Zahn, Berlin 1977, S. 408, 428, 403

95 Vgl.: F. Muckle, Henri de Saint-Simon. Die Persönlichkeit und ihr Werk, Stuttgart 1908, S. 232.

96 Zit. nach Sternberger, Heinrich Heine, S. 86

97 Heine, Seraphine, in: HSA, Bd. 2, S. 29; Heine, Zur Geschichte, in: a.a.O., Bd. 8.1, S. 57, 87

98 Vgl.: Noveau Christianisme. Lettres d' Eugène Rodrigues sur la religion et la politique. L' Éeducation du genre humain, de Lessing; traduit, pour la premiére fois, par Eugène Rodrigues, Paris 1832. In Frankreich wurde Heine mit dieser Übersetzung bekannt (vgl.: Heine, Die Romantische Schule, in: a.a.O., S. 17), und seine Lessing-Verehrung erhielt dadurch neuen Aufschwung ("der Prophet, der aus dem zweiten Testament in's dritte hinüberdeutete", vgl.: Heine, Zur Geschichte, in: a.a.O., Bd. 8.1, S. 76). Sternberger führt die saint-simonistische Geschichtstriade ohne Belege auf den mittelalterlichen Ketzer Joachim von Fiore zurück, übersieht aber die Lessing-Rezeption der Saint-Simonisten völlig und auch die Tatsache, daß vor allem Lessing die Ideen Fiores in die geschichtsphilosophische Diskussion brachte (vgl.: Sternberger, Heinrich Heine, S. 79f.; A. Chilson, Geschichte im Horizont der Vorsehung. G. E. Lessings Beitrag zu einer Theologie der Geschichte, Mainz 1974, S. 229ff.).

99 Vgl.: Sternberger, Heinrich Heine, S. 81f.

100 Zit. nach: ebenda, S. 87f.

Menschen als Einheit von Geist und Fleisch wird ein imaginäres "unendliche(s) Wesen im Endlichen repräsentiert"[101], der Mensch hat teil an diesem und macht sich die unendlichen Attribute zu eigen. Züge dieses Pantheismus lassen sich nicht nur im Seraphine-Gedicht finden, sondern auch in den nach 1833 veröffentlichten Arbeiten über Geschichte der deutschen Literatur, Religion und Philosophie, die Heine 1835 in seiner Schrift "De l'Allemagne" bündelte, die dann jene bekannte Widmung an den mittlerweile weit entfernten Enfantin enthielt.

In diesen essayhaften Werken - zu erinnern wäre auch an die "Elementargeister" - entfaltete sich Heines pantheistische Weltanschauung, deren Konturen durchaus nicht feststehend waren und in der Literatur kontrovers diskutiert werden. In miteinander konkurrierenden Bezeichnungen wie "aufgeklärter", "enttäuschter" oder "deutsch-idealistisch(er)" Pantheismus[102] findet diese Vielschichtigkeit ihren Ausdruck. Heines Pantheismus, dem man umstandslos noch weitere Attribute wie heidnisch oder utopisch beistellen könnte, war aufklärerisch insofern, als er die gegen den französischen Materialismus skeptische Annahme einschloß, die "Prinzipien" der allgemeinen Revolution müßten aus einer "volksthümlicheren (...), religiöseren und deutscheren Philosophie"[103] deduziert werden, die sich gerade deshalb als stärkste Triebkraft politischer und sozialer Veränderungen erweist, weil sie die Menschen nicht nur auf die zwar äußerst wichtigen, aber im Grunde vergänglichen äußeren Güter hinlenkt, sondern sie aus einer "tieferen Quelle, aus einer religiösen Synthese"[104] speist, die ihrerseits zur "Rehabilitazion der Materie", zur "Wiedereinsetzung derselben in ihre Würde, ihre moralische Anerkennung, ihre religiöse Heiligung"[105] hinführt. Dies war nichts anderes als die Rehabilitation und religiöse Heiligung der Menschen selbst. Es ging Heine um eine "Religion der Freude", eine Bestimmung zur "Glückseligkeit", welche die "Auferstehung der Menschheit (...) im politisch-moralischen" Sinn[106] beförderte. Daher war er fasziniert von allen religiösen Formen von Pantheismus, von "altgermanischen", "heidnischen" sogar von rudimentären "katholischen"[107] Pantheismen. Er war dies aber stets im Sinne der Aufwertung des Menschen, nicht seiner metaphysischen

---

101 Ebenda

102 "Aufgeklärter" Pantheismus: Bollacher, "Aufgeklärter Pantheismus", in: a.a.O., S. 264ff.; "enttäuschter" Pantheismus: W. Weiss, Enttäuschter Pantheismus. Zur Weltgestaltung der Dichtung in der Restaurationszeit, Dornbirn 1962, S. 57ff.; "deutsch-idealistisch(er)" Pantheismus: Sternberger, Heinrich Heine, S. 150.

103 Heine, Zur Geschichte, in: a.a.O., Bd. 8.2, S. 703

104 Heine, Zur Geschichte, in: a.a.O., Bd. 8.1, S. 61

105 Ebenda, S. 60

106 Ebenda, S. 17

107 Ebenda, S. 101, 100, 101

oder naturalistischen Nivellierung, wie sie nicht nur eine idealistische oder materialistische Weltsicht nahelegen könnte, sondern selbst substanzbetonte pantheistische Systeme. Spinoza "läugne den Menschen"[108], wie Heine schrieb, man müsse diesen Pantheismus seiner "mathematischen Hülle" entkleiden, nicht sein "System", sondern seine "Anschauungsweise" annehmen[109].

Auch Goethes naturalistischer Pantheismus sei unbefriedigend, da die Geschichte - und nicht die Natur - das "eigentliche Buch Gottes"[110] sei. Die "Göttlichkeit"[111] des Menschen umfaßt gerade "das innigste Selbstbewußtseyn, das Gefühl der Persönlichkeit"[112]. Göttlich ist der Mensch, weil in ihm, "der zugleich fühlt und denkt, der sich selbst individuell zu unterscheiden weiß von der objektiven Natur (...) die Gottheit zum Selbstbewußtseyn"[113] kommt. Auch die Natur ist Heine nicht *substanzhaft* durchgöttert, sondern voll *einzelner* "verborgene(r) Wesen, die in den verschiedenen Elementen hausen"[114].

Mit so einem Pantheismus rief Heine bei verschiedenen philosophischen Gruppierungen kritische Repliken hervor, wobei sich die Aufmerksamkeit der Rezensenten insbesondere auf die Verquickung von Geist und Leib und auf die Entwicklungsfrage richtete. Die Hegelianer mußte darüber hinaus verletzen, daß Hegel in "Zur Geschichte der Religion und Philosophie ..." auf nur einer halben Seite lediglich als derjenige vorkam, der "die Naturphilosophie (Schellings, - O.B.) zu einem vollendeten System ausbildet"[115]. Hermann Friedrich Wilhelm Hinrichs hielt z.B. 1835 Heine ausdrücklich entgegen, daß die "wahre Gottähnlichkeit (...) nicht die leibliche Erscheinung, unmittelbar, nicht leiblicher Geist, sondern geistiger Leib, sowohl nach der christlichen Lehren als nach der Hegelschen Philosophie" sei[116]. Heine stieß aber nicht nur bei Hegelianern und bei Vertretern der "positiven Philosophie" - zu erwähnen wäre insbesondere Weiße[117] -, sondern auch bei einigen Jungdeutschen auf Ablehnung. So wandte sich Alexander Jung, der damals noch Mundt und nicht Gutzkow nahestand, 1835 ausdrücklich gegen Heine. Namentlich störte ihn "dieß Einseitige seiner Weltbetrachtung, diese grobe,

108 Ebenda, S. 56
109 Ebenda, S. 102, 57
110 Heine, Die Romantische Schule, in: a.a.O., S. 35
111 Heine, Zur Geschichte, in: a.a.O., Bd. 8.1, S. 61
112 Ebenda, S. 45
113 Ebenda, S. 60
114 Ebenda, S. 64
115 Heine, Zur Geschichte, in: a.a.O., Bd. 8.1, S. 113
116 H. F. W. Hinrichs, Die Genesis des Wissens ..., Heidelberg 1835, S. XXVIf., in: Heinrich Heines Werk im Urteil seiner Zeitgenossen, hrsg. v. F. Galley u. A. Estermann, Bd. 3: 1835 und 1836, Hamburg 1987, S. 6. Zu Hinrichs vgl.: Lübbe, Politische Philosophie, S. 63ff.
117 Vgl.: Weiße, Zur Geschichte der neuern schönen Litteratur ..., in: a.a.O.

pantheistische Ineinsbildung"[118] - offenbar die von Geist und Materie -, die Jung im Christentum überwunden sah, dem eine viel subtilere Vereinigung von Geist und Materie eigne, nämlich die "des Fleisch gewordenen Geistes". Bereits das Christentum enthalte die "Einheit des Göttlichen und Menschlichen" als "ein realisirtes Ideal, eine als Gegenwart sich bewährende Vergangenheit und Zukunft"[119]. Ebenfalls 1835 wies Theodor Mundt in seinem "Madonna"-Roman, in dem er selbst eine bestimmte Art von Geschichtspantheismus darlegte, den "heidnische(n) Pantheismus" der Saint-Simonisten zurück und hielt ihn gar für "verdammenswürdig"[120]. Daß er namentlich Heine meinte, zeigt sich in seiner Rezension von "Zur Geschichte der Religion und Philosophie ...", in welcher er Heine ausdrücklich "einen ganz materiellen Pantheismus"[121] anlastete, während er selbst die "Idee des Christentums" für "eine entwickelbare"[122] hielt.

Dieser von so verschiedenen Richtungen kritisierte Pantheismus Heines war nicht mehr der einer organischen Entwicklung des Seienden, der Entwicklung von Stein, Pflanze, Mensch zu Gott, war keiner einer allmählichen Entfaltung göttlicher Qualitäten. Entwicklungsdenken fehlt sowohl in Heines Arbeiten zur deutschen Philosophie und Literatur als auch in den "Elementargeistern", wofür das Ausbleiben selbst kleinster Verweise auf Herder symptomatisch ist. Der nun vertretene Pantheismus hat nur noch wenig mit den an Herder gebildeten, naturalistisch geprägten Entwicklungsgedanken zu tun, wie Heine sie in "Die Stadt Lukka" zumindest erprobte. Er war nun - und Heines seit 1830 sprunghaft gestiegene politische und soziale Interessen haben daran wohl nicht unwesentlich Anteil - mit der Erwartung eines nahenden plötzlichen Eintritts in einen weltimmanenten Raum der Vollkommenheit verbunden, mit dem in mancher Hinsicht messianischen Hoffen auf einen abschließenden geschichtlichen Sprung. Pantheismus bedeutete innerhalb der subjektorientierten Anschauungen Heines mannigfaltige Beseelung der natürlichen

118 A. Jung, Ausstellungen über H. Heine, in: ZO, Aug. 1835, S. 139

119 Ebenda, S. 140. Daß Jung damit kein Bekenntnis zur christlichen Orthodoxie darlegt, unterstreicht er mit seinen verbalen Wendungen gegen theologischen "Rationalismus" oder gegen pietistische "Sentimentalität", gegen die Vorstellung der Unsterblichkeit "als sich von selbst verstehende Fortdauer der Seele nach dem Tode, als frei von jeder Körper-Hülle und -Fessel" - leider gibt es dazu keine weiteren Ausführungen von ihm - und durch sein Bekenntnis zum "Geist der Aufklärung" (ebenda, S. 139). Aufklärung begreift er als einen Prozeß im und durch das Christentum. Sein Credo: "Wir glauben an eine Erziehung des Menschengeschlechts im Lessingschen Sinne, und glauben und wissen es, daß das Christenthum allein sie vollbringt, und daß diese Erziehung weiter nichts ist, als die immer weitere Verbreitung des Christentums selbst" (ebenda, S. 141) hat sich von Heines Ansprüchen dieser Zeit deutlich unterschieden.

120 Mundt, Madonna, S. 397

121 Th. Mundt, Bücherschau, in: ZO, April 1835, S. 321

122 Ebenda, S. 322

Welt, nicht die evolutionäre Vervollkommnung von Geist- und Bewußtseinsformen - ob christlich idealistisch oder naturalistisch. Entwicklungsgedanken, gar noch die Ideen eines organischen, kontinuierlichen Fortschritts, lehnte er als Verbrämung des Gegebenen ab. Insofern war es in bestimmter Hinsicht Spinozas Pantheismus, an den Heine sich unter Ausmerzung der substanzhaften Prämissen, offenbar gerade trotz Herders und Hegels Kritik wegen Spinozas fehlendem Entwicklungskonzept, anschloß. Wie die natürliche Welt von Seelen und Geistern bevölkert *ist*, nicht *wird*, ist auch für die Menschengattung die latent vorhandene Region der Vollendung durch Innewerden und Verkündung der Wahrheit sprunghaft durchaus erreichbar.

Diese Heinesche neue Religion - denn Heine betrachtete seinen Pantheismus als "Religion"[123], die er aber "immer durch die Vernunft beweisen"[124] wollte - steht mit der in Marengo gestellten Frage nach dem Sinn geschichtlichen Handelns für den einzelnen Menschen im Zusammenhang. In der Literatur wurde bereits hervorgehoben, daß dieses neue Konzept "das problematische Verhältnis von Individuum und Gattung, (...) (das) Nebeneinander von Fortschritts- und Kreislauftheorie" aufgehoben habe[125]. Ob und wie das geschah, wird im folgenden zu zeigen sein. Insbesondere ist zu fragen, wie das problematische Verhältnis von Individuum und Gattung, wie der ewige Zyklus von Geburt und Tod mit dieser Art von Geschichtspantheismus eine andere Ausprägung erfuhr und welche Anregungen Heine aufnahm.

3.4. Unsterblichkeitsträume

Wie Heines Pantheismus Anregungen durch die Saint-Simonisten empfing, so auch sein Unsterblichkeitsdenken. Die These, die Saint-Simonisten ignorierten das Problem des Todes[126], bedürfte sicher einer genaueren Überprüfung. Saint-Simon hatte sich 1825 in seiner letzten Schrift über Unsterblichkeit in einem verweltlichten Sinne geäußert. Er zeigte Verständnis für das Hoffen auf Unsterblichkeit - "Sicher streben alle Christen nach dem ewigen Leben" -, aber zugleich verwies er auf den weltimmanenten Charakter und die soziale Einbindung dieser Hoffnung und hielt es für "das einzige Mittel", das ewige Leben zu erlangen, "in diesem Leben für die Mehrung des Wohlergehens der Menschheit zu arbeiten"[127]. Seine

123 Heine, Zur Geschichte, in.: a.a.O., bd. 8.1., S. 17, 35, 62

124 Ebenda, S. 35

125 Höhn, Heine. Zeit, Person, Werk, S. 195

126 Vgl.: Butler, The Saint-Simonion Religion, S. 416.

127 Saint-Simon, Neues Christentum, S. 431

Schüler hielten sich offenbar nicht durchgängig an diese Tendenz, denn Heine mokierte sich ebenso wie Börne über manche saint-simonistische Auslassungen. Sie wollten - so Börne - "gar den Menschen unsterblich machen! Es ist zum Erbarmen, was sie in ihrer Verzweiflung nicht alles reden!"[128]. Sie hofften - so Heine - "daß kein Saint-Simonist an der herrschenden Krankheit (Cholera von 1832, - O.B.) sterben könne, da der Fortschritt ein Naturgesetz sey, und der soziale Fortschritt im Saint-Simonismus liege"[129]. Trotzdem könnten Heine, man denke an die "attractiveness of palingenesis"[130] bei den Saint-Simonisten, die mit dem Pantheismus verkoppelten geschichtsimmanenten Unsterblichkeitsvorstellungen angeregt haben. Sein neues Zeitalter ist jedenfalls eines, in dem unter der Bedingung realer, pantheistischer Gleichheit aller Menschen der Tod zivilisatorisch besiegt werden kann, eines, in dem die Subjekte sich ihrer ursprünglich göttlichen Qualitäten innewerden und geistig mit Vergangenheit und Zukunft verschmelzen. Es gibt in diesem Sinne, wie er in einer nicht näher datierbaren und fragmentarischen Notiz über das Verhältnis von Jugend und Alter aus dem Umfeld der Börne-Schrift festhielt, "die unsterbliche Seele, welcher die Ewigkeit zu Geboth steht"[131].

Heines "Himmelreich" auf Erden[132] war "ein warmes Himmelreich des Lichtes und der Freude"[133], eine "Demokrazie gleichherrlicher, gleichheiliger, gleichbeseligter Götter"[134], ein sozialer und politischer Zustand, in dem die irdischen materiellen und geistigen Genüsse allen Menschen ungetrübt zukommen. Diese Forderung nach Freude und Glück war mit ihrer Ablehnung des "Spiritualismus" - als einer asketischen, leibesfeindlichen Denk- und Lebensweise - ein sensualistisches Programm, das sich gegen eine Geist- und Lebenspraxis richtete, die sinnliche, soziale und politische Ansprüche gleichermaßen unterdrückte. Jedoch hatte Heine nicht nur soziale Umverteilungen oder denkbare politische Machtwechsel im Auge, sondern eine ungeahnte menschliche Wertsteigerung, eine Vollendung der menschlichen Genußfähigkeit: "Wir kämpfen nicht für die Menschenrechte des Volks, sondern für die Gottesrechte des Menschen"[135]. Niemandem von den Gegenwärtigen oder Kommenden sollte sinnliche, humane Vollendung versagt

---

128 Börne, Menzel, der Franzosenfresser, in: Sämtliche Schriften, Bd. 3, S. 945

129 Heine, Französische Zustände, in: a.a.O., S. 138. Der Saint-Simonist Michel Chevalier als Quelle ist nachgewiesen in: HSA, Bd, 7/K, S. 233.

130 J.B. Bury, The Idea of Progress, London 1920, S. 320

131 Heine, Liebe im Jugend und im Alter, in: DHA, Bd. 11, S. 194

132 Heine, Deutschland. Ein Wintermärchen, in: a.a.O., S. 198

133 Heine, Werke und Briefe, Bd. 5, S. 708 (Französische Ausgabe der "Elementargeister").

134 Heine, Zur Geschichte, in: a.a.O., Bd. 8.1, S. 61

135 Ebenda

sein, niemandem mehr soll nur der Trost auf eine ferne geschichtliche Zukunft oder gar auf "alle sieben Himmel"[136] verbleiben. Niemand sollte leiden müssen im unendlich langen Befreiungskampf der Menschheit. Eine neue Religion, eine pantheistische Philosophie könne, weil der "Tag des Sieges"[137] schon dämmere, die unmittelbaren "Nachkommen"[138] sprungartig in das erlösende Zeitalter führen. "Die Erde ist der Himmel, und die Menschen sind heilig durchgöttert" hieß es darüber mit direkter Anleihe beim Saint-Simonisten Rodrigues[139].

In der "Romantischen Schule" ging Heine davon aus, daß in der "Brust der Schriftsteller eines Volkes (...) schon das Abbild von dessen Zukunft" liegt. Hatte er hier noch einschränkend gefragt, ob das Aufkommen gewisser Ideen nicht den jeweils aktuellen Bedürfnissen der Menschen entsprechen würde[140], erschien ihm nur kurze Zeit später die gesamte Welt als eine "Signatur des Wortes"[141]. Daher ging ihm der Gedanke der Revolution so unmittelbar dieser selbst voraus "wie der Blitz dem Donner"[142]. Im Börne-Buch kam Heine auf diesen Gedanken des sprunghaften Eintritts in ein erlösendes Zeitalter zurück: "Die merkwürdigsten Worte des neuen Testaments sind für mich die Stelle im Evangelium Johannis, Cap. 16, V.12.13. 'Ich habe euch noch viel zu sagen, aber ihr könnet es jetzt nicht tragen. Wenn aber jener, der Geist der Wahrheit, kommen wird, der wird euch in alle Wahrheit leiten (...) und was zukünftig ist, wird er euch verkündigen'".

Das letzte erlösende Wort ist also noch nicht gesagt worden, und hier liegt für Heine "vielleicht der Ring, woran sich eine neue Offenbarung knüpfen läßt. Sie beginnt mit der Erlösung vom Worte, macht dem Märthyrtum ein Ende und stiftet das Reich der ewigen Freude: das Millennium. Alle Verheißungen finden zuletzt die reichste Erfüllung"[143]. Dieses Millennium, eigentlich ein Bestandteil christlicher Eschatologie, bei Heine aber eine merkwürdige "Verschränkung von Theogonie und Anthropogonie"[144], war für ihn die dichterisch erträumte Region eines gottgleichen Zustandes.

Mag Heine sich manchmal selbst in einer Verkünderrolle gesehen und den

---

136 Ebenda, S. 17

137 Ebenda, S. 70

138 Ebenda, S. 17

139 Heine, Französische Maler, in: a.a.O., S. 35. Als Replik auf Rodrigues nachgewiesen: ebenda, Bd. 7/K, S. 69.

140 Heine, Die Romantische Schule, in: a.a.O., S. 93

141 Heine, Zur Geschichte, in: a.a.O., Bd. 8.1, S. 80

142 Ebenda, S. 118

143 Heine, Heinrich Heine über Ludwig Börne, in: a.a.O., S. 310

144 K.-H. Käfer, Versöhnt ohne Opfer. Zum geschichtstheologischen Rahmen der Schriften Heines 1824 - 1844, Meisenheim a.G. 1978 (Hochschulschriften Literaturwissenschaft, Bd. 36), S. 198

"Odem des göttlichen Wortes"[145], wie er es später einmal nannte, in sich gespürt haben, mögen seine Äußerungen, daß er als Priester der saint-simonistischen Religion "die letzten Weihen" empfangen wolle[146], daß er "der erste Kirchenvater der Deutschen" sei[147], eher Ausdruck einer lyrischen Apostel-Attitüde sein - auf jeden Fall griff er zu einer Verheißung, die das Problem ewigen Mangels im ewigen Fortschreiten löste. Niemand mehr bringt Opfer, alle Genüsse stehen jedem offen, die fernen geschichtlichen oder himmlischen Genüsse sind in ein utopisches Diesseits transformiert. Das war ein atemberaubendes emanzipatorisches Vorhaben, war der Vorsatz, das Jenseits im Diesseits Wirklichkeit werden zu lassen. Irdisches Paradies, paradiesische Erde, göttergleiche Menschen, menschliche Götter, - mit solchen Umschreibungen umkreist Heine seine Wunschträume, in denen eine begeisterte Verquickung von Diesseits und Jenseits in Hinsicht auf sprunghafte menschliche Wertsteigerung statthat. Das Jenseits erscheint als ein ins Unendliche verlängertes Diesseits, das Diesseits als ein vorgreifendes Jenseits. Diesseits und Jenseits bilden sich ineinander. Sie geben sich gegenseitig von ihren Vorzügen. Die trennende Grenze wird aufgehoben. Heines Gottmenschen, im Genuß von "Nektar und Ambrosia" und daher unsterblich, wie er es mehrfach metaphorisch beschrieb[148], können den Tod besiegen: "sie wird doch endlich kommen, diese Zeit, wir werden, versöhnt und allgleich, um denselben Tisch sitzen; wir sind dann vereinigt und kämpfen vereinigt gegen andere Weltübel, vielleicht am Ende gar gegen den Tod"[149]. Der Mensch in sinnlicher, kultureller, sozialer Entfaltung kann, wie alle anderen Weltübel so auch den Tod besiegen: "Die Sterbeglocken schweigen"[150].

Ähnliche Spielarten einer neuen pantheistischen Unsterblichkeitshoffnung sind verallgemeinernd als nachmetaphysische, antidualistische "Auflösung des Todes ins Leben"[151] gekennzeichnet worden, als eine damals dominierende Zeittendenz, die gerade durch die im Zuge der Aufklärung aufkommenden individuellen Lebensansprüche bewirkt wurde. Diese Ideen einer "Annäherung von Lebenden und Toten (...) entwickelte(n) sich abseits der Kirchen, in positivistischen und so-

145 Heine, Vorrede zur 2. Aufl. von "Zur Geschichte ...", in: DHA, Bd. 8.1, S. 499
146 Heine, HSA, Bd. 20, S. 435 (Heine an Varnhagen v. Ense, 1. April 1831)
147 Heine, HSA, Bd. 21, S. 126 (Heine an H. Laube, 23. Nov. 1835)
148 Heine, Zur Geschichte, in: a.a.O., Bd. 8.1, S. 61, 120
149 Heine, Reise von München nach Genua, in: a.a.O., S. 62
150 Heine, Deutschland. Ein Wintermärchen, in: a.a.O., S. 298
151 M. Theunissen, Die Gegenwart des Todes im Leben, in: Tod und Sterben, hrsg. v. R. Winau u. H. P. Rosemeister,Berlin, New York 1984, S. 103f. Vgl. dazu auch Rehms Analyse der Goetheschen Grenzverwischung ("wird zum Leben der Tod", Rehm, Der Todesgedanke, S. 328f.).

gar antiklerikalen Kreisen". Selbst wenn das Weiterleben nach dem Tode nicht wissenschaftlich bewiesen werden sollte, konnte es bewußt imaginiert werden[152]. In dieser imaginären Sphäre beläßt auch Heine seine Träume; sie helfen, die Grenze zwischen Leben und Tod metaphorisch zu überschreiten.

Einem rationalen wissenschaftlichen Diskurs hat er sie nie anvertraut. Er, der seinen Realitätsbezug hauptsächlich vermittels der Kunst und nicht der Theorie gewann, der seine poetische Subjektivität nie aufgab, verschrieb sich poetischen Unsterblichkeitsansprüchen. Auch wenn er im Umfeld von "De l'Allemagne" notierte, daß "Veredlung, Recht und Unsterblichkeit (...) Realität in der Natur" hätten[153], haben seine utopischen Visionen offenbar bewußten "Traum- und Verheißungscharakter"[154]. Sie sind bewußte poetische Fiktion und utopische Zielweisung gleichermaßen. Sie verweisen auf ein selbstbestimmtes Leben ohne Angst vor dem Tode. In einer Welt, die Signatur des Wortes ist, wird mittels künstlerischer Entwürfe die Grenze zwischen Leben und Tod schwankend. Unsterblichkeit wird Menschenwerk, so wie in den Visionen Shelleys - die Heine bei seinen vielfältigen Prometheus-Variationen natürlich gekannt haben wird[155] -, der seinen gegen Gott aufbegehrenden "entfesselten Prometheus" "den Tod besiegen" und "Zufall, Tod und Unbeständigkeit" ausmerzen läßt[156]. Der in der Literatur erhobene Vorwurf, daß Heine das Diesseits pantheistisch religiös verhimmele[157], übersieht offenbar diese Momente, - wobei fraglich bleiben wird, inwieweit Heine zumindest partiell an die Verwirklichung dieser Träume gedacht haben könnte.

---

152 Ph. Ariès, Bilder zur Geschichte des Todes, München, Wien 1984, S. 183

153 Heine, DHA, Bd. 8.1, S. 449

154 Heise, Heine und Hegel, in: a.a.O., S. 284

155 Vgl.: R. Drux, Dichter und Titan. Der poetologische Bezug auf den Prometheus-Mythos in der Lyrik von Goethe bis Heine, in: Heine-Jahrbuch, Bd. 25, Jg. 1986, S. 11ff.

156 P. B. Shelley, Der entfesselte Prometheus, in: Ausgewählte Werke, Leipzig 1985, S. 425, 413

157 G. Lukàcs, Heinrich Heine als nationaler Dichter, in: Deutsche Realisten des 19. Jahrhunderts, Berlin 1951, S. 116

3.5. Theologische Wende?

Auch Heine sollte dahin kommen, seine pantheistischen Auffassungen zu problematisieren. Seine späte Abkehr vom "Gott der Pantheisten" ist heute wie damals immer noch umstritten. Kürzlich konnte festgestellt werden, daß seit den letzten zwei Jahrzehnten das Interesse an Heines später Dichtung zugenommen hat[158]. Dadurch ist die noch 1982 konstatierte "*relative* Leerstelle"[159] des Heinebildes ansatzweise geschlossen worden, ohne daß alle Fragen seiner künstlerischen und geistigen Entwicklung beantwortet worden wären. So wird die Hinwendung zu einem traditionellen Gott aus dem Zerbrechen an der "Unversöhnlichkeit der Widersprüche der sozialen Wirklichkeit"[160], aus der "bewußte(n) Reaktion auf die atheistisch-kommunistische Tendenz der Zeit"[161] oder aus "Totenbett" und "Krankheit"[162] erklärt. Immerhin zeichnet sich als gemeinsamer Standpunkt die Ansicht ab, daß man Heines neue Religiosität auf "zwei Prinzipien reduzieren" könne, auf die "Absolutheit eines persönlichen Gottes und die individuelle Unsterblichkeit"[163].

Hier kann es nicht darum gehen, Heines vorgeblich neue Religiosität in umfassender Weise zu untersuchen. Anknüpfend an die bisherige Darstellung soll nur gefragt werden, welche Änderungen sich in seinem Denken über Unsterblichkeit ergaben.

Als Heine die ihn bereits seit 1846 bewegenden neuen Überlegungen über Unsterblichkeit[164] in seinem Nachwort zum Romanzero von 1851 bündelte, wollte er offenbar ein vorläufiges Fazit ziehen. Für dieses Nachwort war, wie Heine es in einem Brief an Immanuel Hermann Fichte bekundete, ein Gespräch mit diesem, das Ende August 1851 stattfand, von nicht unerheblicher Bedeutung; Heine dankte Mitte Oktober brieflich nicht nur dafür, sondern ausdrücklich auch für philosophische Aufschlüsse und Informationen, die in dieses Romanzero-

---

158 R. Berbig, "Ich habe mit keiner Symbolik gespielt". Zu Heines "Lazarus"-Gedichten, in: Zeitschrift für Germanistik, NF, Bd. 1, Jg. 1992, S. 64

159 J. A. Kruse, Der späte Heine. Thema und Forschungsstand, in: Der späte Heine 1848 - 1856. Literatur - Politik - Religion, hrsg. v. W. Gössmann u. J. A. Kruse,Hamburg 1982, S. 15

160 Heise, Heine und Hegel, in: a.a.O., S. 267f. Analog argumentiert auch: Kaufmann, Heinrich Heine. Geistige Entwicklung und künstlerisches Werk, Berlin, Weimar 1970, S. 38ff.

161 W. Wadepuhl, Heinrich Heine. Sein Leben, seine Werke, München 1977, S. 371

162 Marcuse, Heinrich Heine in Selbstzeugnissen, S. 150

163 W. Gössmann, Die theologische Revision Heines in der Spätzeit, in: Internationaler Heine-Kongreß, S. 328; ebenso: DHK, Bd. 3.2, S. 962 (Kommentar v. A. Destro).

164 Vgl.: HSA, Bd. 22, S. 224: "Der Tod ist vielleicht der letzte Aberglaube" (Heine an J. Campe, 1. Sept. 1846).

Nachwort eingegangen seien[165]. Wenn man berücksichtigt, daß er noch bis Mitte September nur ein Vorwort geplant hatte, wird man den in der letzten Septemberwoche getroffenen Entschluß zu einem abschließenden Nachwort auch auf die Begegnung mit Fichte zurückführen müssen[166]. Mit Fichte, den die kursierenden Nachrichten über Heines neue Religiosität offenbar erreicht hatten - schon Mitte 1850 klagte Heine über die in Deutschland "umlaufenden Gerüchte", er sei ein "frommes Lämmlein" geworden[167] -, sprach Heine über das Unsterblichkeitsproblem, und insbesondere erkundigte er sich nach Emanuel Swedenborg[168]. Offenbar schienen Heine die Darstellungen, die Kant in "Träume eines Geistersehers ..." oder Schiller in "Der Geisterseher" gegeben hatten, hinterfragbar. Studierte er 1849 Schillers "Geisterseher" zusammen mit theologischen Werken Johann Joachim Spaldings und August Tholucks - es ist durchaus denkbar, daß es sich um Spaldings "Bestimmung des Menschen" (1748) und Tholucks "Die Lehre von der Sünde und vom Versöhner" (1823) handelte, worin die Unsterblichkeits- bzw. Erlösungsfrage jeweils im Mittelpunkt standen -, dann ging es Heine wahrscheinlich um gesicherte Nachrichten über eine menschliche Fortexistenz. Da Fichte, der durch sein Tübinger Umfeld als Swedenborg-Kenner gelten kann[169], ihm sein positives Bild von diesem widersprüchlichen Denker bestätigt, kann Heine in seinem "Nachwort" von Swedenborg als dem "großen skandinavische(n) Seher" sprechen, dessen "Nachrichten ebenso bedeutsam wie scharfsinnig" seien[170].

Dieses Urteil mag nur den überraschen, der Swedenborg für den Vertreter der Gegenaufklärung hält, als der er seit Kants berühmter Schrift in Deutschland galt. Swedenborg wirkte jedoch zumindest mit seiner Unsterblichkeitsauffassung als "Repräsentant der Aufklärung"[171], was auch Heines Urteil in einem anderen Licht erscheinen läßt. War Swedenborg doch derjenige, der mit seiner Schrift "Himmel

---

165 Vgl.: Heine, HSA, Bd. 23, S. 142f. (Heine an I. H. Fichte, 24. Okt. 1851)

166 Vgl. zur Geschichte des "Nachwortes": DHA, Bd. 3.2, S. 950.

167 Heine, HSA, Bd. 23, S. 43 (Heine an J. Campe, 1. Juni 1850)

168 Vgl.: E. Fichte, Erinnerung an Heinrich Heine, in: Werner, Begegnungen mit Heine, a.a.O., Bd. 2, S. 284f.

169 Vgl.: M. Heinrichs, Swedenborg in Deutschland. Eine kritische Darstellung der Rezeption des schwedischen Visionärs im 18. und 19. Jahrhundert, Frankfurt/M., Bern 1979, S. 224.

170 Heine, Nachwort zum Romanzero, in: HSA, Bd. 3, S. 158

171 Lang/ McDannell, Der Himmel, S. 303. Die in mancher Hinsicht verzerrende Darstellung Swedenborgs in Kants Abhandlung von 1766 ist aus der ihm bewußt werdenden "peinlich(en) (...) Verwandtschaft" mit Swedenborg erklärt worden, so daß er mit dieser Schrift "eine Art Selbstheilung" unternahm. Vgl.: H. Böhme/ G. Böhme, Das Andere der Vernunft. Zur Entwicklung von Rationalitätsstrukturen am Beispiel Kants, Frankfurt/M. 1985, S. 250ff.

und Hölle" von 1758 eine "moderne Auffassung des Himmels" begründete[172], deren Merkmale unter anderem eine "schwache Trennung von Diesseits und Jenseits", "die Möglichkeit von ewiger Tätigkeit und ständigem Fortschritt", eine "dingliche und materielle Wirklichkeit" des Himmels, die "Erhaltung der menschlichen Persönlichkeit" und der "Genuß einer dinglichen paradiesischen Existenz" waren[173]. Besonders auffällig war, daß Swedenborg auch Vorstellungen von "Sexualität" in den Himmel einführte[174] und zu schwärmerischen Bildern von Erotik, Liebesverlangen, Vereinigung im Geschlechtsakt und erfüllter Ehe gelangte. Seine ausdrückliche Betonung sinnlicher Genüsse und des "Wert(s) des Materiellen"[175] verlor sich aber nicht in einer materialistischen "epikureische(n) Traumwelt", sondern wurde durch Streben nach inneren Werten wie Schönheit, Weisheit, und Liebe erhöht[176], - eine Tendenz, die Heine ja schon in den dreißiger Jahren beschäftigt hatte. Das Sensualistische dieser jenseitigen Liebesvorstellungen Swedenborgs äußerte sich in der Abkehr von der mystischen Liebesvereinigung mit Christus oder Maria und der Hinwendung zu realen Beziehungen von verjüngten und unsterblichen Menschen. Genau das mußte Heine an Swedenborg fasziniert haben, als er der Öffentlichkeit berichtete, er "möchte Frieden machen" mit Gott und der Welt[177], er wende sich von dem "Gott der Pantheisten" und von seinen "alten Heidengöttern" ab, "aber scheidend in Liebe und Freundschaft"[178]. Sein Hoffen auf eine "bessere Welt", in der wir "unsere Individualität unverändert bewahren", in der die "unveräußerlichen Individualitätsrechte des Menschen" anerkannt sind[179], lehnte sich an das ursprünglich Swedenborg ironisch nachgezeichnende Bild der lustigen Pariser Toten an, die ein Totenkaffeehaus gründen, Zeitungen herausgeben und Soireen veranstalten[180], ohne daß Heine seine ironische Distanz aber auch zu dieser Zeit völlig aufgegeben hätte.

Diese bewußt hypothetischen und in vieler Hinsicht freizügigen neuen Unsterblichkeitsauffassungen, die den Menschen nicht vor Gott herabsetzen, sondern ihn im Gegenteil anthropozentrisch über den Tod hinaus aufwerten, stießen manche Zeitgenossen ab, so auch Fichte, der sie, nachdem er selbst Anfang der fünfziger Jahre eine "völlige Verschiebung seiner methodischen Basis" vorgenom-

---

172 Ebenda, S. 249

173 Ebenda, S. 249, 284, 249, 284, 284

174 Ebenda, S. 292

175 Lang/ McDannell, Der Himmel, S. 261

176 Vgl.: ebenda, S. 261f.

177 Heine, Nachwort, in: a.a.O., S. 154

178 Ebenda, S. 155f.

179 Ebenda, S. 157, 158

180 Vgl.. Heine, Die Romantische Schule, in: a.a.O., S. 91

men hatte und nun in kritischer Auseinandersetzung mit Karl Vogt und Ludwig Büchner naturphilosophischen, psycho-physischen Unsterblichkeitsauffassungen zuneigte[181], "roh und unausgebildet"[182] fand. Auch andere bemerkten das Besondere an Heines Unsterblichkeitsvorstellung. Zustimmend äußerte sich Moritz Carriére über Heines "Hoffnung auf ein neues selbstbewußtes Dasein, wo das hier Genossene und Geliebte zu höherem Wachstume dient"[183], ablehnend jener Rezensent, möglicherweise Gustav Kühne, der anläßlich des "Romanzero" bemängelte, Heine wolle "im Lande Jenseits sein eigenes Bißchen Persönlichkeit" bewahren[184].

Heine, der seit Mitte der vierziger Jahre immer wieder unter dem Vorzeichen einer für ihn wohl stets hypothetisch bleibenden ungetrübten Fortexistenz über das Problem menschlicher Unsterblichkeit nachgedacht hatte, war im Herbst 1851 offenbar zu einem akzeptablen Ergebnis gelangt. Am 5. November 1851 äußerte er gegenüber Georg Weerth, er sterbe als ein Dichter, der weder Religion noch Philosophie brauche, er könne der positiven Glaubensdogmen entbehren[185]. Was folgte, war das dritte, letzte Testament vom 13. November 1851, in dem Heine sich des göttlichen Erbarmens für seine "unsterbliche Seele" gewiß war und versicherte, daß er "aus dieser Erniedrigung auferstehe, gerechtfertigt, geheiligt und gefeiert"[186]. Fortan war von der Sorge um Unsterblichkeit nicht mehr die Rede, und nur noch in den Gedichten "Leib und Seele", "Zum Lazarus" und "Himmelfahrt" kam er auf diesen Gegenstand zurück, nun aber ohne den grüblerischen Zug der "Romanzero"-Gedichte, sondern mit dem für ihn typischen Spott. Heine hatte seine "Privatmythologie", wie Manfred Windfuhr die neue Religion treffend bezeichnete[187], endgültig gefunden. Sein Denken über Unsterblichkeit zeigte sich nicht weniger entschieden als das über den Schöpfergott, und daß er in den "Geständnissen" von 1854 nicht auf dieses Problem zurückkam, hatte wohl weniger damit zu tun, daß ihm die Vorstellung von Unsterblichkeit der Seele nicht

181 Vgl.: H. Herrmann, Die Philosophie Immanuel Hermann Fichtes, Berlin 1928, S. 106, 105ff.

182 I. H. Fichte, Tagebuchnotiz, 31. Aug. 1851, in: Werner, Begegnungen mit Heine, a.a.O., Bd. 2, S. 277. Fichte, dem positiven Philosophen, war Heine seit seiner Berliner Zeit freundlich verbunden und bewahrte ihm auch in den dreißiger Jahren seine Sympathie, nicht zuletzt wohl auch deshalb, weil Fichte als ehemaliger Burschenschafter auf Betreiben Hegels Berlin verlassen mußte (vgl.: DHA, Bd. 8.2, S. 1006).

183 Begegnungen mit Heine, a.a.O., Bd. 2, S. 289f. (M. Carriére an Varnhagen v. Ense, Ende Sept. 1851)

184 Zit. nach: DHA, Bd. 3.2, S. 952.

185 Vgl.: Heine, HSA, Bd. 23, S. 147 (Heine an G. Weerth, 5. Nov. 1851).

186 Heine, Testament vom 13. November 1851, in: Werke und Briefe, Bd. 7, S. 450, 458

187 Windfuhr, Heinrich Heine, S. 279

mehr glaubhaft erschien[188], vielmehr damit, daß er ungezwungen mit ihr umgehen konnte.

Dieser neue metaphorische Unsterblichkeitsglaube Heines erschöpfte sich keineswegs in der simplen Hoffnung auf dereinstige ungetrübte Fortexistenz in Wonne und Glück. In Momenten, in denen ihn die Leiden seiner Krankheiten bis an den Rand des geistig und körperlich Ertragbaren brachten - man lese die Schilderungen seines Siechtums, wie sie durch Besucher gegeben sind -, mochte er in solchen Anschauungen Trost gefunden haben, er selbst hat jedenfalls ihre Trostfunktion betont[189]; aber im Grunde war sein Unsterblichkeitsbekenntnis komplizierter, als es auf den ersten Blick scheint. Zumeist folgte den gewollt naiven und von Fichte als "roh" empfundenen Versprechungen - "Wie sträubt sich unsere Seele gegen den Gedanken des Aufhörens unserer Persönlichkeit, der ewigen Vernichtung! Der horror vacui, den man der Natur zuschreibt, ist vielmehr dem menschlichen Gemüthe angeboren. Sei getrost, theurer Leser, es giebt eine Fortdauer nach dem Tode" - die ironische Pointe: "und in der anderen Welt werden wir auch unsere Seehunde wiederfinden"[190].

Auch wenn man sich den schon genannten Gedichten "Leib und Seele" und "Himmelfahrt" zuwendet, fällt sofort ins Auge, daß Heine seine Unsterblichkeitsvisionen mit Ironie durchsetzte, und es drängt sich der Gedanke an eine innere Zusammengehörigkeit von Pathos und Distanz auf. Heine, dem durch seine Leiden schmerzhaft bewußt wurde, daß er es mit seiner "Wissenschaft nicht weiter gebracht" habe und daß seine Religion, das pantheistische Konzept einer Vergöttlichung der Menschen, nicht zu realisieren sei, trennte sich von Illusionen, gab aber zu verstehen, daß doch in seinem Geiste "die ewige Vernunft" blitzt, daß er seiner "Vernunft nicht ganz entsagt", daß er "nichts abgeschworen" habe, nicht einmal seine "alten Heidengötter"[191]. Nur sonderte er Vernunft stärker von Religion, betonte ihre Verschiedenheit und schuf so ein Spannungsfeld von religiösem Pathos und distanzierender Ironie, das nicht zuletzt der Poesie der letzten Jahre so große Spielräume gewährte. Vernunft und Religion - wobei Religion hier das zwanglose Experimentieren mit Glaubensmustern bedeutet - gehen weniger ineinander auf als bisher. Eher verweisen sie aufeinander. Es bleibt ein Freiraum, der sich als Ort ironischer Poesie erweist, in dem die beiden Alternativen auf ihren Gehalt geprüft werden. Warum sonst sollte Heine davon reden, daß ein

188 J. Chick, Eine Untersuchung zu Heines Geständnissen, Bern, Frankfurt/M., New York, Paris 1987, S. 60
189 Vgl.: Werner, Begegnungen mit Heine, a.a.O., Bd. 2, S. 138, 204f.
190 Heine, Nachwort, in: a.a.O., S. 158
191 Ebenda, S. 156

"wunderbarer Widerstreit" in ihm sei. "All mein Verstand, all mein Wissen sagt mir: der Glaube an persönliche Fortdauer nach dem Tode ist Wahnsinn (...), aber mit dem Gefühl fasse ich es nicht"[192]. So wie seiner Versicherung, er habe in dieser Sache "mit keiner Symbolik gespielt"[193], zu Recht entgegengehalten wurde, daß Gott ihm in der Einsamkeit der Matratzengruft wie ein geeigneter "Spielkamerad"[194] erscheine, erweist sich auch Unsterblichkeit als poetischer Spielraum.

Diese Teilung von Heines pantheistischer Religion in die beiden Sphären der Vernunft und Religion wirft die Frage nach beständigen Linien in seinem Unsterblichkeitsdenken auf. Seine neue Weltanschauung ist offenbar von einer "Kontinuität in (...) theologischer Betrachtungsweise" gekennzeichnet, da sich "nur das Blickfeld" geändert hat[195]. Ähnliches läßt sich auch über seine Unsterblichkeitsbilder sagen. Es ist nicht schlichtweg so, daß "die Jenseits-Süchte, die immer in Heine gekeimt hatten und nur zeitweilig unterdrückt worden waren"[196], nun zur Blüte kamen, daß die neue "Hoffnung auf eine Fortdauer nach dem Tode durchaus plausibel als Konsequenz der naturphilosophisch-sensualistischen Position des 'ganzen Menschen'"[197] hervortrat. Denn bereits Heines pantheistische Phase schloß bestimmte Vorstellungen von Ewigkeit und Unendlichkeit ein; sein pantheistisches Konzept des ganzen Menschen enthielt Verweise auf die Unsterblichkeit. Heines eigenartige Religion bewegte sich, wie bereits der von den bekannten gegenseitigen Animositäten durchaus nicht freie, aber nicht unbegründete Verdacht Börnes lautete, "fortwährend von der einen Meinung zur andern" und war "in fortwährendem Ueberlaufen vom Deismus zum Atheismus" begriffen[198]. In der neueren Literatur wird diesem Umstand mehr Aufmerksamkeit gezollt, indem auf die "fließenden Übergänge" im Heineschen Gottesbild hingewiesen und "eine nicht zu starre Abgrenzung des pantheistischen, deistischen und persönlichen Gottes"[199] ihm zugeschrieben wird, eine "Affinität zwischen Deismus und Pantheismus" seit den dreißiger Jahren, die als signifikantes

192 Werner, Begegnungen mit Heine, a.a.O., Bd. 2, S. 204
193 Heine, Nachwort, in: a.a.O., S. 156
194 Marcuse, Heinrich Heine in Selbstzeugnissen, S. 153
195 Heine, DHA, Bd. 3.2, S. 964 (Kommentar v. A. Destro)
196 Marcuse, Heinrich Heine in Selbstzeugnissen, S. 155
197 Käfer, Versöhnt ohne Opfer, S. 168
198 Börne, [Rez.], De l'Allemagne, in: Heinrich Heines Werk im Urteil, a.a.O., Bd. 3, S. 275
199 J. A. Kruse, "Die wichtigste Frage der Menschheit": Heine als Theologe, in: Heinrich Heine im Spannungsfeld von Literatur und Wissenschaft, hrsg. v. W. Gössmann/ M. Windfuhr, Düsseldorf 1990, S. 87

Vorzeichen von Heines späterer Entwicklung namhaft gemacht wird[200].

Als sich Heine von seiner nie scharf konturierten pantheistischen Weltanschauung verabschiedete, gab er das mit ihr verbundene Programm, menschliches Lebensglück zu befördern, keineswegs auf. Insofern ist der Bruch in seinem Denken nicht so tiefgreifend, wie er selbst es in der für ihn typischen Doppelrolle von Persönlichkeit und Öffentlichkeitsgestalt[201] mitunter erscheinen lassen mochte. Er stellte sich - wie der bisher überzeugendste Erklärungsansatz Wilhelm Gössmanns darlegt - in den kontinuierlichen "Rahmen eines aufgeklärten, säkularisierten" Christentums, und er griff auf die Aufklärungstradition[202], etwa auf Lessings Vorhaben zurück, Vernunftansprüche durch Glaubensartikel zu stützen. Obgleich er seine Hoffnungen auf glückliches sinnliches Leben in Freiheit und Schönheit nicht mehr mit der dem 18. Jahrhundert eigenen naiven Zutraulichkeit äußern konnte, ließ er von seinen euphorischen Ansprüchen nicht ab, vermochte seine Erwartungen jedoch nur noch in einem geistigen Spannungsfeld zu legitimieren, das auch Momente positiver Religion stärker umschloß.

---

200 Bollacher, "Aufgeklärter Pantheismus", in: a.a.O., S. 312

201 Zu dieser Unterscheidung vgl.: Heise, Heine und Hegel, in: a.a.O., S. 284.

202 Gössmann, Die theologische Revision Heines, in: a.a.O., S. 320, 329

4. Mundt: Unsterblichkeit und "Bild"

In der Literatur wurde darauf hingewiesen, daß Mundt zu jenen Jungdeutschen gehört, die die Philosophie nicht nur wegen ihrer vermeintlich unpraktischen Tendenz, ihrer "mumienhaft von den Systemen umwickelte(n) Wahrheit"[1] (Gutzkow) kritisierten, sondern zu einer grundsätzlichen Verwerfung systematischer Philosophie gelangten. Mundt sprach von der "sich selbst bewachende(n) Selbstreflexion, an der heut alles Leben untergeht, siech und unproductiv wird"[2]. Er gab vor, daß man von der spekulativen Philosophie lassen müsse und statt dessen "mitten ins Leben hinein" zu fliegen habe[3]. Diese gerade um Mitte der dreißiger Jahre stark hervortretende Denkattitüde hatte sich seit etwa 1829 in der zunehmenden Polemik gegen den Hegelschen Systemgedanken und daher in der Aufnahme von Weißes Kritik am "faulen Fleck" der Hegelschen Philosophie - dem Übergang von der Metaphysik zur Realphilosophie[4] - angekündigt. Sie hatte eine bewußt mit anschaulich-symbolhaften Elementen operierende Unsterblichkeitsauffassung zum Ergebnis, die in der Metapher von der "Wiedereinsetzung des Bildes" ihren typischen Ausdruck fand.

Es wird im folgenden zu zeigen sein, daß sich in Mundts Erörterung des Unsterblichkeitsproblems drei Problemkreise überschneiden, für deren Klärung er sehr unterschiedliche geistige Quellen benutzte, stets jedoch solche, die nicht dem Rational-Verstandesmäßigen, sondern dem Sinnlich-Gefühlsmäßigen entgegenkamen: Erstens die Kritik der christlichen Mentalität der Askese, der sowohl die romantischen Formen der Religion wie die gnostische Sehnsucht nach Einheit von Himmel und Erde entgegengestellt werden; zweitens die Kritik der Hegelschen Philosophie als einer "Philosophie des Todes", die der Menschengeschichte einen Schlußpunkt setzt und auch in ihren Nachfolgegestalten die Unsterblichkeit noch nicht in Hinsicht auf das Leben zu vertreten vermag, und drittens schließlich die sowohl auf bestimmte Ideen des klassischen Idealismus - "Bild" und "intellektuelle Anschauung" - wie auch auf Züge des saint-simonistischen Neuen Christentums gestützte identitätsphilosophisch fundierte Versöhnung von Diesseits und Jenseits, bei der die Ansprüche des Subjekts den Vorrang haben und daher das Jenseits in das Diesseits aufgenommen wird.

1 Gutzkow, Zur Philosophie der Geschichte, S. 57
2 Mundt, Moderne Lebenswirren, S. 195
3 Mundt, Madonna, S. 189
4 Ch. H. Weiße, Die drei Grundfragen der gegenwärtigen Philosophie, in: ZE, Bd. 1, Jg. 1837, S. 97

4.1. Harmonie von Diesseits und Jenseits

Angesichts der ihm bekannten zwanzig Publikationen zum Unsterblichkeitsthema äußerte Mundt 1835 die Absicht, "alle diese Schriften (zu) lesen, selbst die unbedeutendsten"[5]. Fragt man, unter welchen Vorzeichen er diese Studien betrieb, stößt man auf seinen Sinn für Eigenheiten mittelalterlicher Lebenswelt, für Phänomene wie sinnliches Entzücken, barockes Körpergefühl, harmonische Einheit von Geist und Leib, die bei ihm nicht nur eine zeitweise Affinität für quasi-religiöse Erlebnisse hervorriefen, sondern ebenso mit einer Aufnahmebereitschaft für bestimmte, von Gnostikern des ersten und zweiten Jahrhunderts herrührende Deutungsmuster des Gott-Mensch-Dualismus einhergingen.

Mundt kennzeichnet - und das hat er etwa mit den liberalen französischen Romantikern, mit dem Nikolaus Lenau der "Savonarola"-Phase und dem lange Zeit mit Feuerbach verbundenen deutschen Philosophen und Religionskritiker Georg Friedrich Daumer gemeinsam - ein überraschendes Interesse für traditionelle, vorrationalistische, gar vorprotestantische Glaubensmuster, wobei er die sehr späte Periode barocken Katholizismus mit dem Katholizismus und sogar mit dem Mittelalter überhaupt gleichsetzte. Er griff auf Elemente des die Poesie und die Kunst stärker inspirierenden Katholizismus zurück und suchte sie, da sie in seinen prosaischen Zeitläuften verloren zu gehen drohten, in einem neuen, zeitgemäßen Gewand zu erhalten. In seinem Roman "Madonna", dem Roman einer Reise durch Böhmen und Österreich, zeigte er sich fasziniert von barocker Architektur und Kunst, von katholischer Volksfrömmigkeit und Marienverehrung. Er beschrieb immer wieder schwärmerisch seine Begegnungen mit Madonnen, er fand sie auf Kunstwerken, bei Prozessionen oder in Mädchen aus dem Volke. Er pries die Vorzüge des katholischen Kultus, die Pracht der barocken Klöster und die sich ihm darbietende Sinnlichkeit katholischen Glaubens, die ihm zum Medium einer Suche nach einem weltlichen heiligen Gral wurde. Religiöse Symbolik konnte Mundt bei seiner Suche nach geschichtlichen Perspektiven durchaus inspirieren. Der Untertitel seines Romans, "Unterhaltungen mit einer Heiligen", ist geradezu programmatisch. Seiner Feststellung, der "Katholizismus ist die Religion der schönen Lebensart vor Gott, die Religion der glänzenden Formen in der Andacht"[6], folgt daher eine Kritik protestantischer Mentalität, welche die sinnlichen, "die romantischen Formen der Religion zertrümmert" hätte, ohne sie durch die "größere Hoheit des *Geistes* zu

5 Th. Mundt, Windrosen. Zur Orientirung in Zeit, Literatur und Leben, in: ZO, März 1835, S. 182

6 Mundt, Madonna, S. 357

ersetzen"[7]. In seinem protestantisch geprägten Umfeld sah er kulturelle Defizite, und er hatte nicht zufällig Kontakt zu österreichischen Reformkatholiken wie Anton Günther, Johann Heinrich Pabst, Carl Friedrich Hock[8], wobei er jedoch das Verdienst der "Bewegungsmänner im Katholizismus", insbesondere Günthers, weil der Reformation nur nachfolgend, als "unhistorisch" bezeichnete[9].

Doch war Mundts Zugang zum Katholizismus weder ausgesprochen christlich noch theologisch bestimmt. Religiös war Mundt wohl nur insoweit, wie etwa die bei Moses Heß und Wilhelm Weitling zu findenden Verquickungen von Fortschrittserwartungen und Glaubensartikeln als religiös zu bezeichnen sind. Ohnehin wäre zu fragen, ob Mundts in "Madonna" in Ich-Form vorgetragene Bekenntnisse nicht auch mißverständliche Posen und Gesten einschließen. Bestimmte, dem barocken Christentum eigene Motive von Demut, Schauder und Wollust prägten zwar nicht nur in "Madonna" Mundts Ansichten vom Menschen und seiner Endlichkeit, weshalb er den Tod nicht zufällig als den "größte(n) Gedanke(n) und das größte Factum zugleich"[10] bezeichnte. Mystische und barocke, auch pietistische und romantische Gefühlslagen waren bis Mitte der dreißiger Jahre in Mundts Berliner Umfeld durchaus präsent, und sie klangen auch bei ihm an, doch hat er nie einen Hehl daraus gemacht, daß er mit der traditionellen christlichen Lehre von der Auferstehung wenig im Sinne hatte.

Als ein wichtiges Indiz dafür ist der Umstand zu nennen, daß er jener auch bei anderen Jungdeutschen zu findenden Ästhetisierung des Todes zuneigte, wie sie zwar auch in deutschen Romantikerkreisen weit verbreitet war, am einflußreichsten und folgenreichsten wohl in Novalis' "Hymnen an die Nacht", aber auch als eines der bestimmenden Motive der französischen liberalen Romantiker der dreißiger Jahre sowie Byrons und Shelleys hervortrat. Der schöne Tod ist in diesen Vorstellungen eine Weihe des Individuums; die himmlischen Attribute kommen ihm nicht ohne sein eigenes Verdienst zu, sondern es erwirbt sie sich durch die poetische Art seines Todes selbst. "Ein Sterbender ist poetisch"[11] schwärmte auch

7 Ebenda, S. 359

8 Vgl. Mundt über seine ergiebigen Kontakte zu diesem Kreis: Madonna, S. 361f.; ders., Heine, Börne und das sogenannte Junge Deutschland, in: FH, H. 4, 1840, S. 216ff.; auch: Möckel, Der Gedanke der Menschheitsentwicklung, S. 108ff. Anknüpfungen für Mundt dürften auch die Hegel-Kritiken Günthers und Pabsts gegeben haben. Vgl. dazu: Rosenkranz, Kritische Erläuterungen, S. 286ff. Zu A. Günther vgl.: E. Winter, Anton Günther und sein Kreis, Paderborn 1931; Ch. Kronabel, Die Aufhebung der Begriffsphilosophie. Anton Günther und der Pantheismus, München 1989.

9 Mundt, Madonna, S. 362

10 Mundt, Moderne Lebenswirren, S. 74

11 Th. Mundt, Th. G. von Hippel's Lebensläufe nach aufsteigender Linie. Eine biographisch-literarische Skizze, in: ders., Kritische Wälder. Blätter zur Beurtheilung der Literatur, Kunst und

Mundt, und Haupthelden seiner Entwürfe - Madelon (1832) und Charlotte Stieglitz (1835) - sterben eines verklärten, "ästhetischen" Todes, wobei Mundt in seinen Schilderungen selbst nicht immer ästhetische Vollendung erreicht: "Madelon aber athmete noch laut und stark wie ein sterbender Schwan, dem die entfliehende Melodie des Lebens aus der zuckenden Brust sich herauswindet, und aus der Wunde des schneeweißen Busens, in dessen Heiligthum der mörderische Dolch gedrungen, rieselt still und zögernd der Tod in langsamen Purpurtropfen des theuersten Blutes hervor"[12]. Oder: "Wunderbar anzuschauen war ihr edles, züchtiges, in kräftiger Ordnung daliegendes Todesbild (...). Die schönen, schneeweißen Glieder lagen in sanfter Eintracht hingestreckt. Die Wange war nocht roth, die Hände leise heruntergezogen, nur einige Finger wenig gekrampft. Sie hatte geistig vollendet"[13]. Solche "poetischen" Beschreibungen des Sterbens erscheinen aber in einem anderen Licht, wenn man sie mit der rationalistischen theologischen Überlieferung des Höllenstrafendogmas vergleicht.

Man muß sich vergegenwärtigen, daß etwa Heinrich Eberhard Gottlob Paulus, ein Hauptvertreter des theologischen Rationalismus und als solcher einer der lebenslangen Widersacher des für Mundt so wichtigen Schelling, noch 1831 mit Matt. 8,25 auf Höllenvisionen verwies ("Da wird seyn Heulen und Zähneklappern") und erwartete, daß die "Dauer der Verdammniß (...) so ewig" sei, wie die Dauer der Seligkeit, "und so wie der Zustand der Seligkeit immer vollkommener und herrlicher wird, so wird der Zustand der Verdammniß immer unseliger und trauriger"[14]. Wenn mentalitätsgeschichtliche Studien vom 19. Jahrhundert als von einer "Zeit des schönen Todes", als der Zeit einer schwärmerischen Sublimierung von Sterben und Tod sprechen[15], so sind solche Ästhetisierungen des Todes offenbar aus einer Kontraposition selbst zu aufgeklärten theologisch-christlichen Überlieferungen zu verstehen - Gegenpositionen, die übrigens auch bei Heinrich Laube, Karl Immermann und Fürst Pückler-Muskau und natürlich auch bei Heine zu finden sind. Bei Mundt sind sie ein Beleg dafür, daß Unsterblichkeit im Sinne der christlichen Religion für ihn ein überlebtes Dogma ist.

Wissenschaft unserer Zeit, Leipzig 1833, S. 241

12 Th. Mundt, Madelon, oder die Romantiker in Paris, Leipzig 1832, S. 242

13 Th. Mundt, Charlotte Stieglitz. Ein Denkmal, Berlin 1835, S. 309

14 H. E. G. Paulus, Ueber die Unsterblichkeit des Menschen und den Zustand nach dem Tode, auf Grund der Vernunft und der göttlichen Offenbarung, 2. verb. Aufl. Reutlingen 1831, S. 73

15 Vgl.: Ariès, Geschichte des Todes, S. 820ff. Vgl. auch: Ariès, Studien, S.107ff. und: R. Volp, Der Tod im Leben. Todesanschauungen um 1800, in: Wie die Alten den Tod gebildet. Wandlungen der Sepulkralkultur 1750 - 1850, hrsg. v. H.-K. Boehlke, Mainz 1979 (Kasseler Studien zur Sepulkralkultur Bd. 1), S. 7: "Die Epoche um 1800 steht (...) an der Schwelle, an der man das Friedhofswesen zu rationalisieren und den Sterbekult zu sentimentalisieren begann".

Als weitere Indizien für die Profanierung der Unsterblichkeit können Mundts Transformation bestimmter theologisch-gnostischer Annahmen in die philosophische Ideenwelt, seine Spekulationen über das Verhältnis von Diesseits und Jenseits angesehen werden. Auch wenn die 1962 von Walter Weiss aufgestellte These, daß, wie für die klassische Periode Hegels und Goethes Pantheismen, so für die nachklassische Periode der dreißiger Jahre gnostische Elemente bestimmend seien, zu stark verallgemeinernd ist, macht sie doch auf eine bestimmte Tendenz aufmerksam[16]. Tatsächlich mehrten sich in den dreißiger Jahren die Klagen über Zerrissenheit. Klüfte, Spaltungen und Brüche wurden in dieser krisenhaften geschichtlichen Umbruchsituation nach 1830, die für manchen mit Mangel an glaubhaften geschichtlichen Perspektiven einherging, schmerzhaft registriert. Das führte auch zum Rückgriff auf gnostische Motive. Karl Lebrecht Immermann und Nikolaus Lenau beschäftigten sich mit gnostischer Literatur und lassen in "Merlin" (1832) und "Faust" (1836) starke Anleihen erkennen. August Neander, der Gewährsmann Immermanns, hatte bereits 1818 eine "Genetische Entwicklung der vornehmsten gnostischen Systeme" publiziert, Ferdinand Christian Baur veröffentlichte 1835 seine "Christliche Gnosis", die das ganze Christentum und als dessen Kulminationspunkt Hegel auf gnostische Grundlagen zurückführte. Franz v. Baader, der Lenau stark anregte, Menzel, der Mentor der Jungdeutschen, und schließlich Schelling verarbeiteten gnostische Motive. Die schon genannten österreichischen Reformkatholiken Günther und Pabst erhoben mit häufigem Rekurs auf Descartes die scharfe ontische Trennung von Geist und Sein zu ihrem philosophischen Zentralproblem. Auch Heine hatte, als er in seiner "Geschichte der Religion und Philosophie ..." die Idee des Christentums zu beschreiben suchte, manichäischem und gnostischem Denken mit nachweislichem Rückgriff auf Neander Aufmerksamkeit gewidmet[17].

Mundt, der mit den positiven Philosophen und namentlich mit dem "genialen Schelling"[18] unter anderem den Sinn für Anschauung und Empirie und die

---

16 Vgl.: Weiss, Enttäuschter Pantheismus, S. 312ff. Bei Weiss fehlen Hinweise auf Schelling, Baur, Menzel, Mundt, und auch J. Taubes Empfehlung, die Entfremdungsdiskussionen Hegels, der Junghegelianer, Kierkegaards und Marx' vor gnostischem Hintergrund zu lesen (J. Taubes, Abendländische Eschatologie, Bern 1947, S. 149ff.), sind nicht berücksichtigt. Nicht uninteressant ist, daß bei dieser Breite "gnostischer" Entwürfe gnostisch beeinflußte Denker aufeinanderprallen konnten - so Mundt und Neander. Neander, mit seiner Nähe zum konservativen Hengstenbergkreis, in welchem den Thesen von "Weltriß" und "Abfall" konservativer Gehalt gegeben werden konnte, unterzeichnete als preußischer Oberkonsistorialrat das Verdikt des Preußischen Zensurcollegiums gegen Mundts "Madonna" vom Frühjahr 1835 (vgl.: L. Geiger, Das Junge Deutschland. Studien und Mitteilungen, Berlin 1907, S. 75ff.).

17 Vgl.: Heine, Zur Geschichte, in: a.a.O., Bd. 8.1, S. 16.

18 Th. Mundt, Heinrich Steffens und das Luthertum, in: BL, Nr. 282 - 285, 9. Okt. - 12. Okt.

Abneigung gegen überzogene philosophische Spekulationen und Abstraktionen teilte, ging von einem Urriß der Schöpfung als einer ontischen Gegebenheit aus. Der Zustand, der eine Identität aller getrennten Sphären gewähre, sei der des "Uranfang(s)", der des "Paradieses"[19]. Alle weitere Entwicklung hatte Zerrissenheiten geschaffen. Selbst die griechische Antike, für Heine das Symbol erstrebter Harmonien, kranke an einer "Spaltung"[20]. In gnostischem Geist beschrieb Mundt immer wieder die ihn quälenden Dualismen: "In der ganzen Welt lag von Uranfang her eine unendliche Zerrissenheit ausgesäet". Im Menschen lägen "zwei Welten (...) auseinander in schreiender Spaltung, von denen die eine Abscheu trug vor der andern, und Gott und Welt, Himmel und Erde, Geist und Fleisch, blickten sich aus unabsehbaren Fernen ohne Liebe und ohne Versöhnung an"[21]. Er stimmte in solchen Ansichten mit Kühne überein, der 1838 anläßlich der Diskussionen um Julius Mosens "Ahasver" anerkannte, daß Mosen in Ahasver und Christus den Gegensatz von Materie und Geist gestaltet habe. "Dieser Gegensatz liegt in der Schöpfung. Er läuft durch die ganze Entwicklung der Menschheit". Er könne aber keine Lösung in der Geschichte finden: "ihr Endziel ist unabsehbar"[22]. Mundt erhofft sich eine Heilung dieses angenommenen Risses zwischen Gott und Welt, Himmel und Erde von einer Sinnlichkeit, die er auch der mittelalterlichen Religiosität entlehnen will, die bestimmte sensualistische wie auch mystische Gehalte umschließt, die im ganzen bei ihm aber keine scharfen Konturen gewinnt.

Diese Sinnlichkeit erhält konstitutive Funktion in Mundts schillernder philosophischer Unsterblichkeitslehre, die von der traditionell-christlichen Unsterblichkeitsdoktrin weit entfernt ist und mit der Idee einer fortschreitenden Wandlung und Veränderung christlicher Gehalte, mit der saint-simonistischen "Perfectibilität des Christenthums" - auch wenn Mundt sich veranlaßt fühlte, betreffende Ähnlichkeiten zu bestreiten - durchaus verkoppelt ist. Mundt schwebte vor, daß "das Christentum in die Geschichte hinein" zu entwickeln sei[23]. In einem bisher unveröffentlichten Brief schreibt er im Mai 1835 an den Kultusminister Altenstein: "Meiner Natur nach sind alle jene verworrenen Irrlehren, die französische und deutsche Saintsimonisten und geistig unfreie Liberale gepredigt haben, tief zuwider". Er möchte alle "in Aufregung gerathenen Fragen der heutigen Welt auf eine ächt *christlichen* Basis, als auf ihr einziges Heil" zurückführen, "denn soll

---

1831, S. 1223

19 Mundt, Madonna, S. 386, 387

20 Ebenda, S. 388

21 Ebenda, S. 386, 387f.

22 G. Kühne, Julius Mosen's Ahasver, in: ZW, Nr. 116, 16. Juni 1838, S. 464

23 Mundt, Madonna, S. 398

z.B. die vielbesprochene Lehre von der Rehabilitation der Materie, mit der soviel Unfug getrieben worden, einen den vernünftigen Grundlagen eines sittlichen Daseins entsprechenden Sinn haben, so kann es nur der christliche Sinn sein, der Gott in die Welt kommen und die Welt dadurch heiligen ließ"[24].

Unsterblichkeit wurde für Mundt und andere Jungdeutsche zu einer Sache des Lebens; Wienbarg, bei dem Unsterblichkeitsvorstellungen eher marginal blieben, versagte zumindest den "neuere(n) philantrophische(n) Unsterblichkeitslehre(n)"[25] seine Anerkennung nicht, und er erklärte sich für die aufklärerischen Umformungen der theologischen Unsterblichkeitsdogmen. Die Menschen hätten durch ihr ewiges Streben einen "Schimmer der Unsterblichkeit" in ihrer Brust. Statt Untergang würde es "Rettung", "Versöhnung" und "Unsterblichkeit"[26] geben. Kühnes "Eine Quarantäne im Irrenhause", der Roman, mit dem er sich auf philosophischer Ebene Mundt stark näherte, entwickelt die Hoffnung auf Unsterblichkeit nicht mehr im Zusammenhang philosophischer Erwägungen, sondern aus dem Schmerz der Existenz, aus dem Schmerz des Lebens heraus. Unsterblichkeit kann über die Fährnisse des Lebens trösten. In lebhaften Farben malt er diese zukünftigen Regionen. Es beginne "eine heilige Sonne ewigen Glanzes. Ich war von der Göttlichkeit der menschlichen Seele nach unserem leiblichen Tod allgewaltig überzeugt (...). Ich glaube an diese schöne Zukunft des Erdenlebens; die Menschheit geht einer großen Frühlingszeit entgegen". Diese Sentenzen sind noch einer Steigerung fähig: "Ein süßes Beben, ein wehender Athem, eine Liebe ohne Rausch, das ist die ewige Seligkeit"[27]. Unsterblichkeit ist nicht eine Sache der Philosophie, sondern des Lebens. (Daß Gutzkow dann in einer distanzierenden Besprechung von Kühnes Roman glauben machen wollte, jener würde "Gott, Freiheit, Unsterblichkeit, Tugend (...) auf ewig verloren" geben[28], war dann wiederum nur eine der gegenseitigen Insinuationen der Jungdeutschen.)

Zwischen Kühnes und Mundts philosophischen Ansichten bestanden zwar mitunter deutliche Divergenzen, die sie auch in ihrer Korrespondenz äußerten. Kühne gelangte gelegentlich sogar bis in frömmelnde Regionen, wenn er in seinem Briefwechsel den Tod als die Region "himmlischer Jugend", die Region der "Annäherung an Gott" bezeichnet und sich "reisefertig (...) zur Heimkehr in das Land meiner Liebe und Jugend, meines Glaubens und meines Hoffens" fühlte[29].

---

24 Nachlaß Mundt, Nr. 35/ 141 (Mundt an K. S. Altenstein, 21. Mai 1835)

25 L. Wienbarg, Tagebuch von Helgoland, Hamburg 1838, S. 144

26 Wienbarg, Wanderungen, S. 96ff.

27 Kühne, Eine Quarantäne, S. 333, 316

28 K. Gutzkow, [Rez.], Eine Quarantäne im Irrenhause ..., in: PH, Nr. 192, 15. Aug. 1835, S. 766

29 Gustav Kühne, Sein Lebensbild, S. 73f. (undatierter Brief an Fanny Tarnow, 1838)

Aber verbindend blieb die Betonung des Lebens, der Sinnlichkeit, des Konkreten und der lebensfrohen Unsterblichkeit. Es nimmt nicht wunder, daß bei einem solchen Interesse an Sinnlichkeit und Leben Mundt, aber auch Kühne, Hegel als ein "Philosoph des Todes" erschien, der in Geschichtsauffassung, Persönlichkeits- und Unsterblichkeitslehre einer unseligen Trennung von Diesseits und Jenseits das Wort redete.

4.2. Gegen Hegels Philosophie des Todes

"Ich erkenne", erklärte Mundt 1834 in "Moderne Lebenswirren", "vier Quellen der neuen Philosophie an, aus denen sie fließen muß, und diese sind: Die Vernunft, der Verstand, das Gefühl und die Phantasie"[30]. Dies war ausdrücklich gegen Hegels Philosophie gerichtet, der die Jungdeutschen zu Recht eine Abwertung der gefühlshaft sinnlichen Erkenntnis- und Erlebnisebenen vorwarfen, wobei gerade Mundt "gleichermaßen als Hegel-Kritiker wie als von Hegel beeinflußter Denker gelten darf"[31]. Der allgemeine Inhalt dieser Auseinandersetzung ist in der Literatur bereits mehrfach dargestellt worden, wobei vielleicht der Kontext dieser Kritik, nämlich die Debatten unter den Hegelianern und die theoretischen Streitigkeiten zwischen Hegelianern und positiven Philosophen, etwas vernachlässigt wurde. Es sei daher noch einmal nachdrücklich darauf verwiesen, daß Mundt und auch Kühne, die Mitte der dreißiger Jahre zu den Mitarbeitern der Berliner "Jahrbücher für wissenschaftliche Kritik", dem Organ der Hegel-Schule gehörten - Kühne gar wirkte durch Protektion Varnhagen von Enses kurze Zeit als 2. Redaktionssekretär -, diejenigen von den Jungdeutschen waren, die sich in ihrem Urteil über Hegel stark von der positiven Philosophie beeinflußt zeigten. Auch in den Auseinandersetzungen um das Verhältnis von Hegel und Schelling stellten sie sich öffentlich und kämpferisch auf die Seite Schellings. Die Parteinahme für Schelling, speziell aber für die Hegel-Kritiken Weißes und Fichtes, brachte Mundt deutlich zum Ausdruck, als er 1833 schrieb: "Unseres Erachtens ist der Hegel'schen Philosophie nie eine geistreichere und gründlichere Kritik zu Theil geworden (...) und wir bekennen dankbar, aus denselben für das Verständniß gegenwärtigen

---

30 Mundt, Moderne Lebenswirren, S.225

31 A. Gethmann-Siefert, Die Funktion der Kunst in der Geschichte. Untersuchungen zu Hegels Ästhetik, Bonn 1984 (Hegel-Studien, Beiheft 25), S. 22. Vgl. dazu insgesamt: W. Grupe, Mundts und Kühnes Verhältnis zu Hegel und seinen Gegnern, Halle 1929, Köster, Literarischer Radikalimus, S. 28ff.; A. Gethmann-Siefert, Hegelsches gegen Hegel. Zu Th. Mundts anti-hegelschem Entwurf einer Ästhetik, in: Hegel-Studien, Bd. 15, Jg. 1980, S. 271ff.

Philosophierens Vieles gelernt zu haben"[32].

Für die geschichtsphilosophische Seite von Mundts Hegel-Kritik ist sein sich seit 1831 wiederholender und weit in die gegenwärtigen Diskussionen hineinreichender Vorwurf symptomatisch, Hegel habe für die Philosophie ein erdrückendes "Schlußsystem", einen gewaltigen "Hades" geschaffen und darüber hinaus einen "Schluß der Geschichte", ein "Ende der Dinge"[33] vorgesehen. Es ist daher für Mundt durchaus folgerichtig, Hegels Philosophie als "Philosophie des Todes"[34] oder als "System des Todes"[35] zu bewerten. Während er dies in "Das Duett" 1831 nur angedeutet hatte, führte er es 1834 in "Moderne Lebenswirren" und 1835 in "Madonna" näher aus, wobei eine seiner Kernthesen lautet: "Ein solches Diesseits, welches das aufgezehrte Jenseits ist, kann sich aber nicht mehr fortbewegen, weil es in der That bereits aus der Geschichte herausgetreten, ja ein Schlußpunct der Menschengeschichte wäre"[36]. Neben dem Vorwurf, die geschichtliche Zukunft abbrechen zu lassen, trat der andere: Hypertrophieren des Allgemeinen[37]. Hegel habe das "Ich aufgezehrt und auf die Weltwoge des Allgemeinen hingegeben und im Absoluten verschwimmen lassen"[38]. Diese beiden Argumentationslinien wurden im großen und ganzen von allen Jungdeutschen aufgegriffen. Kühne zum Beispiel, der 1834 auf die Hegel-Kritik in Mundts "Moderne Lebenswirren" noch mit dem Satz reagiert hatte, man könne eine "solche Philosophie, die alle Schätze der gesammten frühern Gedankenwelt in sich combinirt (...) nicht, wie es in vorliegender Schrift heißt, eine Philosophie des Todes", höchstens ein "Product des Lebensherbstes"[39] nennen, vermutete 1835 in "Eine Quarantäne im Irrenhause", daß alle spekulative Philosophie und insbesondere diejenige Hegels an den Rand des Wahnsinns, in Tod und Untergang führe. Am Schicksal seines Romanhelden, des Mondsteiners, verdeutlicht er das ebenso wie an den Kommentaren des Anstaltvorstehers. Wie Mundt ist nun auch Kühne überzeugt, daß "Hegel's System so aussieht wie ein steinernes Beinhaus, wo alle Potenzen des Lebens wie eingesargt liegen"[40].

Mit solchen Thesen nahm Mundt die Hegel-Kritik der positiven Philosophen

---

32 Mundt, Zur Kritik der Hegel'schen Philosophie, in: a.a.O., S. 242
33 Mundt, Moderne Lebenswirren, S. 215ff.
34 Th. Mundt, Das Duett, Berlin 1831, S. 202
35 Mundt, Moderne Lebenswirren, S. 214
36 Mundt, Madonna, S. 403
37 Vgl. dazu insgesamt: Grupe, Mundts und Kühnes Verhältnis, S. 42ff.; H. v. Kleinmayr, Welt- und Kunstanschauung des "Jungen Deutschland". Studien zur Geistesgeschichte des 19. Jahrhunderts, Wien, Leipzig 1930, S. 20.
38 Mundt, Moderne Lebenswirren, S. 214
39 G. Kühne, [Rez.], Moderne Lebenswirren ..., in: BL, Nr. 268 u. 269, 25. u. 26. Sept. 1834, S. 1109ff., Nr. 269, S. 1113
40 Kühne, Eine Quarantäne, S. 86

auf. Er trieb die Vorwürfe Weißes, daß Hegel die geschichtliche Welt ihrer Zukunft beraube habe[41], weiter. Mundts Option für Leben, für Bewegung, für Geschichte blieb zwar theoretisch oft verschwommen - Sätze wie "aber die Bewegung geht schonungslos vorwärts, denn sie ist die Geschichte"[42] können in gewissem Maße für ihn als typisch gelten - , aber gerade in seiner politischen Publizistik gelangte er zu jenen liberalen Forderungen, die in ein System von Vorstellungen über den politischen und sozialen Umbruch nach 1830 gehörten und deren theoretisches Fundament der universalgeschichtliche Fortschrittsbegriff war.

Dies hatte Folgen für seine der Hegel-Kritik zugehörige Diskussion des Unsterblichkeitsproblems, in der Mundt nicht einfach den positiven Philosophen folgte. Es läßt sich vielmehr vorwegnehmend die Frage stellen, ob bei Mundt nicht auf geschichtsphilosophischer Ebene jene von Max Scheler der ganzen Aufklärungsbewegung attestierte Säkularisierung von Unsterblichkeit in Fortschritt aufzufinden ist[43], während auf individualgeschichtlicher Ebene ein religiös beeinflußter Unsterblichkeitsbegriff erhalten bleibt.

Mundts Abwehr einer systematisch entwickelten, verstandesmäßig deduzierten und dazu noch substanzorientierten Unsterblichkeitslehre wird an seinem Verhältnis zu dem Althegelianer Karl Friedrich Göschel deutlich. Göschel hatte sich bereits Anfang 1834 wieder in die bewegte Unsterblichkeits-Debatte eingeschaltet und die antichristlichen philosophischen Unsterblichkeitstheoreme Friedrich Richters, eines heute vergessenen Hegelianers, attackiert[44]. Mundt - der aus seinem persönlichen Umgang mit Göschel[45] sicher auf eine Absage an Hegel schließen konnte - sprach zunächst von "schlagender Uebereinstimmung" und konnte Anfang 1835 Göschel für die Mitarbeit an seinem "Literarischen Zodiacus" gewinnen[46]. Göschels für die Ostermesse 1835 erwartete Schrift "Von den Beweisen für die menschliche Unsterblichkeit" kündigte er wiederholt so begeistert an[47], daß Gutzkow sich schließlich bei Gustav Schlesier über die "kläglichen Grimassen vor

41 Vgl.: Ch. H. Weiße, [Rez.], Hegels Vorlesungen über die Philosophie der Geschichte ..., in: BL, Nr. 69ff., 9 - 12. März 1840., S. 273ff., Nr. 72, S. 287: Hegel habe die "Constitutionen der europäischen Staaten während der Restaurationsperiode (...) für das Endziel der Geschichte genommen".

42 Th. Mundt, Ueber Bewegungsparteien in der Literatur, in: ZO, Jan. 1835, S. 8

43 Vgl.: M. Scheler, Tod und Fortleben, in: Gesammelte Werke, Bd. 10 (Schriften aus dem Nachlaß, Bd. 1), Bern 1957, S. 30.

44 C. F. Göschel, [Rez.], Die neue Unsterblichkeitslehre ..., in: JB, Nr. 1 u. 2. Jan. 1833, Sp. 1ff., Fortsetzung Nr. 17 u. 18, Jan. 1833, Sp. 131ff.

45 Vgl.: Nachlaß Mundt, Nr. 34/ 348 (K. F. Göschel an Mundt, 18. Dez. 1834)

46 Vgl. die Eloge für Göschel: Th. Mundt, Ich kann mich unmöglich enthalten ..., in: ZO, Febr. 1835, S. 173f. Dort auch Göschels Beitrag "Drei Warnungs-Tafeln" (S. 172ff.).

47 Vgl.: Th. Mundt, Zodiacallichter, in: ZO, Febr. 1835, S. 170f.; ders., Windrosen, S. 182.

dem Göschel"[48] beklagte. Dieses Bild änderte sich nach Erscheinen der Schrift, in der Göschel den Versuch unternommen hatte, zwischen den rivalisierenden Hegel-Deutungen bezüglich der Unsterblichkeitsfrage - der substanzorientierten pantheistischen bzw. panlogistischen und der subjektorientierten theistischen - zu vermitteln. Die Alternativen Substanz/Allgemeines und Subjekt/Einzelnes versuchte Göschel auf umständliche Weise zu umgehen, indem er eine Ewigkeit des Einzelnen durch das Allgemeine annahm. Analog zu den bekannten drei Gottesbeweisen stellte er drei Unsterblichkeitsbeweise auf, wobei er in bezug auf Hegel in dieselben Schwierigkeiten geriet wie 1829, als er ein wenig überzeugendes Vademecum Hegelscher Sätze zur individuellen Unsterblichkeit zusammengestellt hatte[49]. Diese Darlegungen Göschels, die in verschiedenen Kreisen der Hegelianer - so bei Karl Rosenkranz und Johann Eduard Erdmann - durchaus auf Beifall stießen[50], fanden nicht mehr die Zustimmung Mundts, ja man kann ab Sommer 1835 eine verbissene Polemik beobachten.

Fragt man nach den Ursachen für Mundts plötzliche Ablehnung, so ist sicher die in der Literatur wiederholt registrierte "jungdeutsche Neigung zu Skandal und Klatsch"[51] und zu Spiegelfechtereien ebenso zu berücksichtigen wie die persönliche Empfindlichkeit der jungdeutschen Autoren, die in diesem Fall schon dadurch herausgefordert wurde, daß Göschel das konservative "Berliner politische Wochenblatt" und nicht den "Literarischen Zodiacus" als regelmäßiges Publikationsorgan wählte[52]. Aber dieser Umstand traf sich auch mit inhaltlichen Diskrepanzen, die durch Göschels öffentlich gewordenes Beibehalten Hegelscher Positionen Mundt nun offenbar bewußt wurden. Beides zusammen rief auf Seiten Mundts jene gereizte Polemik hervor, die Gutzkow nun wieder zu der Bemerkung

48 Nachlaß Gutzkow, Nr. 35/ 65 (Gutzkow an G. Schlesier, 5. März 1835)

49 Vgl.: Göschel, Aphorismen, S. 108ff. Auch gegenwärtige theologische Vereinnahmungen Hegels hinsichtlich der Unsterblichkeitsproblematik gehen nicht ohne Verrenkungen ab (vgl.: A. Brunkhorst-Hasenclever, Die Transformierung des Todes bei G. W. F. Hegel, Bern, Frankfurt/M. 1976).

50 Vgl.: Cornehl, Die Zukunft der Versöhnung, S. 281.

51 Sengle, Biedermeierzeit, Bd. 1, S. 193. Heß schildert diese oft ermüdenden und fruchtlosen Spiegelfechtereien eindringlich in seiner "Europäischen Triarchie", vgl.: [Heß], Die europäische Triarchie, in: a.a.O., S. 119: Nach 1830 "begann ein trauriger Krieg, jener deutsche Bürgerkrieg, der zwar nur ein Federkrieg war, der aber auch hier alle Gehässigkeiten eines Bruderkampfes hatte (...). Die Vorkämpfer der Neuzeit sprachen ihre eigenen kleinen Differenzen aus, weil Niemand für den anderen mit leiden wollte (...) man sollte endlich aufhören mit vergifteten Waffen zu kämpfen (...) der Krieg, wie er bisher geführt wird, ist ein selbstmörderischer Vertilgungskrieg!".

52 H. H. Houben dokumentiert einen Brief Friedrich August Perthes' an Rist von 1835, in dem "die Art, in welcher Mundt sich für erlittene Kränkung an Steffens und Göschel rächt" deutlich gerügt wird (H. H. Houben, Zeitschriften des Jungen Deutschland, Teil 1, Berlin 1906, Sp. 262).

veranlaßte, daß Mundt alle "über Bord werfe, denen er etwas verdanke, so auch Göschel"[53].

Im Juni 1835 rezensierte Kühne, der zusammen mit Mundt treffend als eigenständige geistige "Fraktion" gekennzeichnet wurde[54], für den "Zodiacus" Göschels Buch äußerst kritisch. Im Juli sprach Mundt von Göschels "crasse(m) und ungenießbare(m) Buch" und schickte im August eine Kritik der Göschelschen pietistischen Christlichkeit hinterdrein[55]. Heft für Heft geht es mit Sticheleien weiter. Göschel habe "pietistischen Hochmut"[56] gezeigt. Er maße sich ein "Vermittelungsdiplom" an und damit das Recht, "*alle* Tendenzen der Weltgeschichte miteinander zu vermitteln"[57]. Hinter diesen bis ins Kleinliche gehenden Einwänden wird jedoch ein zentraler Differenzpunkt erkennbar, nämlich Göschels Festhalten an dem wie auch immer ausgedeuteten Hegelschen System und der schon im Titel seines betreffenden Buches bekundete Anspruch, *Beweise* für die Unsterblichkeit zu erbringen, sie also rational-verstandesmäßig zu behandeln[58]. Das findet Mundts Widerspruch. Göschel habe "die Unsterblichkeit der menschlichen Seele in Mißcredit gebracht", und suggestiv fährt Mundt fort: "denn wer möchte gern unsterblich werden, wenn er dabei seinen Geist aufgeben und nicht anders als in den Geist des durch Göschel destillirten Bibliohegelianismus aufgehen"[59] sollte.

Diesen Vorwurf teilte Mundt mit Kühne, der ebenfalls eine sublime persönliche Unsterblichkeit erhoffte, sich diese zwar 1833 mit Berufung auf Hegel als "Act des Erwachens aus der natürlichen zur geistigen Welt"[60] vorgestellt hatte, sich aber, nachdem er Göschels Buch und auch des jüngeren Fichte Schrift "Idee der persönlichen Unsterblichkeit" rezensiert hatte, nun ganz im Einklang mit Mundt befand. Statt auf Göschels und Hegels "Sichein*denken* ins Ewige" setzte er auf ein

---

53 H. H. Houben, Gutzkow-Funde, Beiträge zur Literatur- und Kulturgeschichte des 19. Jahrhunderts, Berlin 1901, S. 70 (Gutzkow an Varnhagen v. Ense, 28. Okt. 1835)

54 Rosenkranz, Kritische Erläuterungen, S. 358. Vgl. auch: Grupe, Mundts und Kühnes Verhältnis; Butler, The Saint-Simonion Religion, S. 365.

55 Th. Mundt, Feuilleton, in: ZO, Juli 1835, S. 91; ders., Unterhaltungen mit Göschel ..., in: a.a.O., S. 147f.

56 Th. Mundt, Unterhaltungen mit Göschel ..., in: ZO, Aug. 1835, S. 149

57 Th. Mundt, Feuilleton, in: ZO, Sept. 1835, S. 232, ders., Unterhaltungen mit Göschel ..., in: a.a.O., S. 148

58 Vgl.: K. F. Göschel, Von den Beweisen für die menschliche Unsterblichkeit im Lichte der spekulativen Philosophie, Berlin 1835, S.153ff.

59 Th. Mundt, Feuilleton, in: ZO, Sept. 1835, S. 232. Die These vom "Bibliohegelianismus" geht auf Kühne zurück, der von "Bibliogoethohegelianismus" gesprochen hatte, vgl.: G. Kühne, Bücherschau, ZO, Juni 1835, S. 473.

60 G. Kühne, [Rez.], Vorbereitung zu philosophischen Studien ..., in: JB, Okt. 1833, Sp. 616

"Sichein*leben* ins Ewige und Absolute", auf "Thatkraft" und "Schaffen" im Sinne des jüngeren Fichte[61]. Wie Mundt neigte er dazu, Unsterblichkeit als eine - noch genauer zu untersuchende - *individuelle* Ineinsbildung von Endlichkeit und Unendlichkeit, von Diesseits und Jenseits zu verstehen. Wie Mundt konnte er Hegels dunkler "Todesnacht ohne milden Mond der Unsterblichkeit"[62] nichts abgewinnen.

4.3. Wiedereinsetzung des Bildes

Den "uralten Weltschmerz"[63], die "von Uranfang her (...) unendliche Zerrissenheit"[64] und deren moderne Gestalten konnte nach Mundt nicht die philosophische Deduktion beheben. Daher betrachtete er die wirklichen und vermeintlichen Hegelschen Borniertheiten, z.B. bestimmte Schwächen seiner Ästhetik, immer wieder skeptisch, so in der Posse "Kampf eines Hegelianers mit den Grazien"[65]. Als Gegenpol entwickelt Mundt eine für seine Unsterblichkeitsauffassung folgenreiche identitätsphilosophische Position, die dem Sensualismus Raum gibt und dabei mit der Metapher von der "Wiedereinsetzung des Bildes" operiert: "Ihr Philosophen, setzt *das Bild* in seine Rechte ein, und dann erst wird die Wahrheit des Lebens zu ihrer vollgereiften Blüthe erscheinen. Wir sind Kinder dieser Welt! (...) Ich kämpfe für die *Wiedereinsetzung des Bildes*!"[66]. Eine genauere Analyse dieses - allerdings nur im "Madonna"-Roman zentralen - Ansatzes ist zum Verständnis von Mundts Unsterblichkeitsauffassung unerläßlich. Dabei ist zu klären, in welchen verschiedenen Zusammenhängen Mundt von einer Wiedereinsetzung des Bildes spricht, was genau mit einer "Wiedereinsetzung" gemeint ist.

Man kann wohl davon ausgehen, daß sich in Mundts Metapher verschiedenartige Diskussionsansätze der deutschen Philosophie vereinen, die sowohl das Verhältnis von Sinnlichkeit und Rationalität als auch die Produktivität des menschlichen Geistes berühren. Zwei der für Mundt belangvollen sind mit den Begriffen "Bild" und "intellektuelle Anschauung" verbunden.

---

61 G. Kühne, Bücherschau, in: ZO, Juni 1835, S. 476

62 Mundt, Madonna, S. 405

63 Mundt, Moderne Lebenswirren, S. 145

64 Mundt, Madonna, S. 386

65 Th. Mundt, Kampf eines Hegelianers mit den Grazien. Eine philosophische Humoreske, in: Kritische Wälder, a.a.O., S. 33ff. Auch Hegels Diktum, daß nur das Denken den Menschen vom Vieh unterscheide und er das Empfinden mit ihm gemein habe (Hegel, Enzyklopädie, Bd. 10, S. 99), findet Mundts entschiedenen Widerspruch (ebenda, S. 54f.).

66 Mundt, Madonna, S. 406

Als Kant seinen "Schematismus", diese "verborgene Kunst in den Tiefen der menschlichen Seele", erläuterte, nannte er "das Bild (...) ein Product der productiven Einbildungskraft"[67]; Fichte, dessen Vorlesungen von 1812 über transzendentale Logik immer wieder das Verhältnis von Sein und Bild thematisierten, hatte gar "eine reine, selbständige Bilderwelt" nachzuweisen gesucht, in der "die Philosophie eigentlich allein (...) ihr Wesen treibt"[68]. Die Frühromantiker, besonders Friedrich Schlegel und Novalis, waren Fichtes Kategorie der "intellektuellen Anschauung" verpflichtet, mit der dieser "das unmittelbare Bewußtsein" meinte, "daß ich handle, und was ich handle"[69]. Diese Anschauung, und diese nahmen die Frühromantiker als Freiheit der Innerlichkeit auf, vermittelte dem Ich das Bewußtsein, daß es der produktive Grund aller Dinge sei. In ähnlicher Intention sprach dann - darauf ist noch zurückzukommen - Schelling von intellektueller Anschauung.

In Mundts Metapher schwingt all dies mit. "Bilder, diese Naturelemente der Wahrheit"[70], schlagen die unmittelbare Brücke von der Erkenntnis zur Wirklichkeit, sie sind die direktesten und konkretesten Medien von Realitätsvermittlung. Aber: Bei genauerem Hinsehen handelt es sich gar nicht nur um erkenntnistheoretische Implikationen, sondern es geht um jenen auch für Heine so wichtigen Unterschied von Sensualismus und Rationalismus, der auch hier die Wertung der katholischen und der protestantischen Formen der Religiosität berührt. Nach Mundt gilt: "Gott war die Wahrheit, und die Madonna war das Bild"[71]. Hegel hingegen und das von ihm so hochgehaltene protestantische Prinzip des Geistes gehören in den Bannkreis einer "starre(n) Lehre", die "ohne Bild, ohne Farbe, ohne Sonne"[72], ohne sinnliche, ohne anschaulich-symbolische Momente bleibt. Hegel wird einer Linie der Trennung von Geist und Fleisch zugerechnet, die Mundt als allgemeines Ergebnis der "Ascetik"[73] des Christentums betrachtete, von der er aber das katholische Mittelalter insofern ausnahm, als es mit seiner "Herrschaft der Bilder"[74], mit seiner "Bunte der Einzelnheit"[75] den "Vorfrühling der neueren Völkercultur"[76] darstellte. Die von Mundt ausdrücklich erstrebte

67 Kant, Kritik der reinen Vernunft, in: Gesammelte Schriften, Abt. 1., Bd. 4, S. 101

68 J. G. Fichte, Ueber das Verhältniß der Logik zur Philosophie oder transcendentalen Logik, in: J. G. Fichtes nachgelassene Werke, Bd. 1, Bonn 1834, S. 207

69 J. G. Fichte, Zweite Einleitung in die Wissenschaftslehre, in: Gesamtausgabe, Abt. 1, Bd. 4, hrsg. v. R. Lauth u. H. Gliwitzky, Stuttgart-Bad Cannstatt 1970, S. 217

70 Mundt, Madonna, S. 409

71 Ebenda, S. 124

72 Ebenda, S. 400, 402

73 Ebenda, S. 396

74 Ebenda, S. 408

75 Ebenda, S. 407

76 Ebenda, S. 408

"Hoheit" oder "Durchleuchtung des Geistes"[77] hingegen schloß diese Momente des Anschaulich-Symbolhaften ein, wobei Mundts Rufen nach Einheit von "Geist und Leib", "Fleisch und Geist"[78] durchaus auch ganz im Sinne Heines das Recht auf Sinnlichkeit und eine bewußte, genußvolle Körperlichkeit meinen kann.

Insofern amalgamiert Mundt bestimmte, mit Kant und Fichte einsetzende Gedankenlinien. Auffällig ist aber, daß er die Metapher von "Wiedereinsetzung des Bildes" in seinem 1834 erschienenen "Lebenswirren"-Roman nur beiläufig in den Wendungen "Bilder und Farben" oder "Bild, Schein, Farbe, Individualität"[79] benutzt hatte, ihm aber im "Madonna"-Roman konstitutive Funktion beimaß. Dies erklärt sich vielleicht aus einer erneuten Lektüre von Schellings "System des transzendentalen Idealismus" von 1800, das Mundt nicht etwa systematisch durchgearbeitet haben wird, dem er aber einige Gedanken entnehmen konnte, die ihm wie aus der Seele gesprochen gewesen sein müssen.

Für diese Lektüre spricht die Verteidigung Schellings, zu der sich Mundt in seiner Besprechung von Heines "Zur Geschichte der Religion und Philosophie ..." herausgefordert fühlte[80], jener Schrift Heines, in der mit Wendungen wie "er schnappt gern über in die Blumenthäler der Symbolik" Schellings Hang zur "Poesie" als dessen Force und Schwäche gekennzeichnet wurde[81]. Das lenkte offenbar erneut Mundts Aufmerksamkeit auf Schelling, der in seinem "System des transzendentalen Idealismus" die transzendentale Bedingung von Wissen, d.h. "den unzerreißbaren Zusammenhang des Ich mit einer von ihm nothwendig vorgestellten Außenwelt" zu erklären gesucht hatte. Er hatte Bedingungen, Geltung und Grenzen einer "transcendentale(n) Geschichte des Ich"[82] enthüllt und diese Ansätze zur Weiterentwicklung der transzendentalen Thematik in die These von der Kunst als höchster Gestalt der Philosophie münden lassen[83]. Vieles davon wird für Mundt anregend gewesen sein. Da war einmal die Auffassung der philosophischen Tätigkeit als eines ästhetischen Akts der Einbildungskraft, da war zum anderen die an Fichte anknüpfende Hochschätzung der intellektuellen Anschauung, die

---

77 Ebenda, S. 359, 407

78 Ebenda, S. 394, 395

79 Mundt, Moderne Lebenswirren, S. 216, 218

80 Vgl.: Th. Mundt, Bücherschau, in: ZO, April 1835, S. 319f.

81 Heine, Zur Geschichte, in: a.a.O., Bd. 8.1, S. 110. Mundt entlehnte trotz seiner seiner positiven Schelling-Rezeption und trotz seiner Kritiken an Heine manche von dessen philosophischen Ideen - so die Vereinigung von Diesseits und Jenseits - oder poetische Figuren Heines. So ist der "Madonna"-Roman bis in Detailsituationen hinein Heines italienischen Reisebildern verpflichtet.

82 F. W. J. Schelling, Zur Geschichte der neuern Philosophie, in: Sämtliche Werke, Stuttgart, Augsburg, 1856ff., Abt. 1, Bd. 10, S. 93f.

83 Vgl.: St. Dietzsch, Dimensionen der Transzendentalphilosophie 1780 - 1810, Berlin 1990, S. 156ff., bes. S. 166ff.

nicht nur Wissen von sich selbst, sondern ein Prozeß ständiger Entäußerungen des Ich bedeutet, eine fortlaufend sich selbst und ihren Gegenstand erzeugende Tätigkeit, wobei dieses Ich sich "in seinen Produkten, wie in einem Spiegel, erblickt"[84], da war schließlich die These, daß die "Kunst das einzige wahre und ewige Organon (...) der Philosophie"[85] sei.

Mundts "Wiedereinsetzung des Bildes" zielt auf Versöhnung und Durchdringung von Polaritäten, die auf weltanschaulicher Ebene angesiedelt sind, die aber unverkennbar stark verschlüsselte politische Ansprüche der "Bewegungsmänner" zum Hintergrund haben. Der deutsche Dichter in seiner "von dem Geräusch der Welt entfernte(n) Studirstube"[86] ist das Symbol für die Trennung von "Welt und (...) Fleisch", von "Geist und Welt"[87]. Der Gedanke, wenn er konkret wird, hat aber "ein erhabenes Verlangen danach, in das Fleisch hineinzuscheinen"[88]. Eine "thatkräftige Harmonie der Menschheit"[89] ist anzustreben. Diese Ansprüche einer Philosophie der Tat spricht Mundt gelegentlich offen aus: "Wenn Geist und Welt sich ganz versöhnt und durchdrungen haben, dann bricht die Ordnung des neuen Lebens an, für das wir jungen Geschlechter (...) zu kämpfen und zu schaffen geboren sind"[90]. In diesem Kontext bewegen sich seine Vorstellungen von der Versöhnung von "Diesseits und Jenseits"[91] und damit seine Unsterblichkeitsideen.

Gegen Hegels System, dem er eine gewisse Tendenz zur Wiedereinsetzung des Fleisches nicht absprechen wollte, hatte Mundt gerade deshalb Bedenken, weil es ein "Reich des Gedankens" errichtete, "das keine Zukunft hat". Zukunft steht hier auch für "Jenseits", denn Hegels Diesseits sei "das aufgezehrte Jenseits", das "bereits aus der Geschichte herausgetreten". In diesem Sinne konstatierte Mundt: "Daher die Ungewißheit über die Unsterblichkeit der Seele in dieser Philosophie"[92]. Und er erklärt: "Dies Diesseits mag ich nicht, welches ohne das Jenseits ist!"[93]. Wenn man fragt, wie "Unsterblichkeit der Seele" und "Jenseits" gemeint sind, so stößt man - ähnlich wie bei Heine - auf das saint-simonistische, die

---

84 Schelling, System des transzendentalen Idealismus, in: Sämtliche Werke, Abt. 1, Bd. 3, S. 535
85 Ebenda, S. 671f.
86 Mundt, Madonna, S. 273
87 Ebenda, S. 274
88 Ebenda, S. 376
89 Ebenda, S. 404
90 Ebenda, S. 274
91 Ebenda, S. 395
92 Ebenda, S. 403
93 Ebenda, S. 402

ursprüngliche "reine Lehre"[94] aufnehmende Neue Christentum. In seinem programmatischen Artikel "Ueber Bewegungsparteien in der Literatur" verlangte Mundt "Productivität" und definierte diese als "eine Wiedereinsetzung des Fleisches im Reiche des Geistes (...) von der schon die St. Simonisten theils als falsche Propheten gesprochen, theils nach einigen Seiten hin das Rechte angedeutet haben"[95]. Auch in "Madonna" stimmte er prinzipiell dem Gedanken eines neuen Christentums zu; das Christentum sei gerade in dem Sinne entwicklungsfähig, daß es nicht mehr nur "Asyl der Armen und Kranken", sondern "Welttempel der Völker" sei oder werden könne[96]. Verglichen mit Heine, stellte Mundt weniger die sozialkritischen Komponenten des neuen Christentums in den Vordergrund, sondern die Perspektiven und Ansprüche des Subjekts. Verdienst der Saint-Simonisten sei es, Gott in der Welt zu sehen, das Jenseits in das Diesseits aufzunehmen[97].

Mit Christus sei "das Jenseits (...) in das Diesseits eingeströmt"[98], lautet eine der Kernthesen Mundts, die er auch in den vierziger Jahren nicht nur beibehielt, sondern ausführlich als den wahren Sinn der christlichen Religion darstellte, nicht ohne pantheistische Grundsätze wie "Gott im Menschen" und "von göttlicher Substanz erfüllte Subjektivität"[99] zu verwenden. Diese von göttlicher Substanz erfüllte Subjektivität steht bereits 1835 im Zentrum seiner Unsterblichkeitsvorstellung: "Ich bin ein Bild der Welt, und zwei Verschiedenheiten sind in mir in die Einheit vergangen (...) Ich fühle mich als ein Ganzes in meiner Trennung, und ich fluche Dir, Ascet, der du mich wieder auflösen willst in meine getrennten Bestandtheile (...) Ja, ich fluche der Trennung von Geist und Leib, von Diesseits und Jenseits, denn ich fühle mich ein Eines! Ich bin eine gesunde Weltnatur, ich bin ein Concretes (...). In mir ist Diesseits und Jenseits, in mir ist Licht und Finsternis"[100]. Damit tritt stets das Subjekt in den Vordergrund, welches das Diesseits und das Jenseits in seinem Herzen trägt, das sich als tatkräftig erweist und über diese Tatkraft als mutiger Sohn der Welt in die unendliche Zukunft einströmt[101]. Für Mundt wird "Geist" zu einem Amalgam von individuellen, gattungsmäßigen und göttlichen Qualitäten: "Das Bild hat den Geist, und der Geist hat das Bild, und das Diesseits hat die Einheit und die Kraft. (...) Und wann

94 Ebenda, S. 396

95 Mundt, Ueber Bewegungsparteien, in: a.a.O., S. 19

96 Mundt, Madonna, S. 398

97 Vgl.: Ebenda, S. 397

98 Ebenda, S. 375

99 Th. Mundt, Geschichte der Gesellschaft in ihren neueren Problemen und Entwicklungen, Berlin 1844, S. 28ff.

100 Mundt, Madonna, S. 394f.

101 Vgl. ebenda, S. 405.

die Kraft des Diesseits, in der wir uns so muthig zusammenfassen, einmal zerreißt in unserer Seele, dann wollen wir von ganzem Herzen sterben! Denn der Tod zerbricht zwar wieder die Einheit von Körper und Geist, aber zugleich besiegt er das ganze Weltverhältnis von Form und Inhalt. Das Diesseits ist das Verhältnis von Form und Inhalt, und die Unsterblichkeit dieses Verhältnisses ist der Geist, welcher die Einheit war von Form und Inhalt. Und nachdem das Verhältniß von Inhalt und Form in den Geist aufgegangen, welcher der unsterbliche ist, gibt es nur Eines, welches der Geist ist. Der Geist ist sich selbst Form geworden, und diese höchste Einheit ist der Tod. Es ist die Einheit des Reiches Gottes, von der die Einheit des Diesseits nur ein abgeschattetes Ebenbild war, sowie der ganze Mensch nach dem Ebenbilde Gottes erschaffen"[102].

Als konkretes und von Mundt bevorzugtes Subjekt dieser unter die Metapher "Wiedereinsetzung des Bildes" gebrachten Prozesse erweist sich der Künstler. Schon 1831 hatte Mundt in "Das Duett" - nicht ohne polemische Seitenblicke auf "die kalten Strahlen, die aus dem Mittelpunct des nur anschauenden Ich ausgehen"[103] - eine glühende Apotheose des Künstlers vorgetragen. Der Künstler sei "von der allgemeinen Productivität, welche die Welt fortbildet, mit ergriffen"[104], in ihm erwachse "der geheimnißvolle, dämonische Keim des Werdens"[105]. Er steht als Prototyp des Produzierens, und "nur in der Production ist Leben"[106]. Diese Gedankenlinie greift er 1835 in "Madonna" mit den Schilderungen seines Besuchs der Esterhazy-Galerie in Wien auf, die ebenfalls darauf hindeuten, daß es gerade dem Künstler gegeben ist, durch Anschauung, Selbstanschauung und innere und äußere Produktion von Kunstwerken und Bildern die erhofften Identitäten zu erschaffen. Unsterblichkeit ist ein in bestimmtem Sinne aristokratischer Akt künstlerischer Selbstvervollkommnung. Sie ist kein schlichtes ethisches Postulat, aber auch keine objektive Gegebenheit, die rational und diskursiv begründet werden könnte. Sie ist nicht einmal Allgemeingut, sondern ist der Auftrag an außergewöhnliche Individuen, zu einem "Ebenbilde Gottes"[107] zu werden.

Ende der dreißiger Jahre begann sich Mundt stärker auf traditionell aufklärerische Positionen zu besinnen, ohne seine Identitätsphilosophie aufzugeben - so bezeugte er seine Vorliebe für Schelling noch 1842 in seinem "Pilot"[108], und

---

102 Ebenda, S. 412ff.
103 Mundt, Das Duett, S. 200
104 Ebenda, S. 201
105 Ebenda, S. 203
106 Ebenda, S. 204
107 Mundt, Madonna, S. 414
108 Vgl.: I. Bauer/ A. Liepert, Engels und das Junge Deutschland (1839 bis 1842), in: Wissen-

Schelling war es, der dem immer noch in Ungnade stehenden Mundt zu einer Universitätslaufbahn verhalf[109]. Das diesen Umschwung auslösende Erlebnis war offenbar - wenn man bisher unveröffentlichte Briefe Mundts an Varnhagen von Ense ernst nimmt - Mundts Reise nach Frankreich und England, bei der er nichts von den befürchteten materiellen Ausschweifungen dieser Nationen vorfand und überrascht konstatierte: "Meine Ansicht hat sich über viele Dinge hier vollkommen ausgerundet und ich scheide zufrieden mit den grossen Einwirkungen, die sich meiner während der zwei Monate in Paris, die zehn Jahre in Berlin aufwiegen, bemächtigt"[110]. In seinen 1838/39 publizierten Reiseberichten "Spaziergänge und Weltfahrten" gibt er seinem neuen schwungvollen Lebensgefühl, seiner ungebrochenen Diesseitsbejahung dann unter anderem in einer mit "Leben, Tod, Schönheit und Gott" betitelten Passage Ausdruck, worin eine etwas überspannte englische Lady davon träumt, durch den Tod Jugend und Schönheit zu erlangen. Tod sei ein "Neulebendigwerden", und bringe bestimmte Momente von Verjüngung, Auferstehung und ästhetischer Verklärung mit sich. Dies scheint Mundt nun eine religiöse Verirrung, der er entgegenhält, daß nicht "der Tod, sondern das Leben zu Gott führt, das Leben in seiner kräftigsten Bewegung und Sättigung"[111]. Die Diesseitigkeit existiert, ohne daß sie einer Aufwertung durch das Jenseits bedarf. Bewegung, offene Zukunft und Unsterblichkeit sind kaum noch miteinander verklammert. Auf das Diesseits, auf die Gegenwart richtet sich Mundts Interesse, und über das, "was als hauptsächlichste Lebensstimmung dem Christenthum im Sinne liegt, (...) die Unterwerfung, die Demuth und das süsse Gefühl, durch das Unterdrücktsein auf Erden die Anwartschaft auf den Himmel zu erwerben"[112], zeigt er Befremden. Auch sein Müntzer-Roman von 1841 ist frei von schwärmerischen Hypothesen, wie man sie im literarischen Umfeld finden kann, man denke nur an Karl Herloßsohn ("Der letzte Taborit oder Böhmen im 15. Jahrhundert" - 1834 -), Nikolaus Lenau ("Ziska" - 1837 -; "Albigenser" - 1842 -), Moritz Hartmann ("Kelch und Schwert" - 1845 -; "Hussittenlied" - 1847 -) und an Alfred Meissner ("Ziska" - 1846 -). Mundts Roman stellte den politischen Reformer in den Mittelpunkt, und der Chiliast Müntzer interessiert ihn vor allem im Kontext liberaler Tages- und Fortschrittsforderungen, was denn auch das besondere Interesse der preußischen Zensurbehörden hervorrief[113].

---

schaftliche Zeitschrift der Friedrich-Schiller-Universität Jena, Gesellschaftswisenschaftliche Reihe, Bd. 35, Jg. 1986, S. 518f.

109 Vgl.: Mundt, Theodor, in: Conversations - Lexikon, 11. Aufl. Bd. 10, Leipzig 1867, S. 478.

110 Nachlaß Mundt, Nr. 37/ 143 (Mundt an Varnhagen v. Ense,23. Mai 1837)

111 Th. Mundt, Spaziergänge und Weltfahrten, Altona, 1838f., Bd. 1, S. 293f.

112 Ebenda, Bd. 2, S. 225ff.

113 Vgl.: A. Liepert, Mundts Müntzer-Roman im Kontext liberaler Diskussionen, in: Weimarer

Dieser zunehmende Verzicht auf symbolbeladene Unsterblichkeitsmetaphern ist um so bemerkenswerter, als andere Jungdeutsche davon abweichende Wege einschlugen. Laube z.B., der Unsterblichkeit stets sehr freimütig ironisiert hatte, nahm mit seiner 1835 einsetzenden Selbstbescheidung, mit seiner Suche nach persönlichem Frieden[114], auch in dieser Frage nun geradezu gegenteilige Positionen ein. In seiner in bestimmter Hinsicht antichristlichen Weltsicht hatte er für Unsterblichkeitsannahmen anfangs keinen Raum gelassen. Zwar kam 1833 in der von ihm redigierten "Zeitung für die elegante Welt" ein zweiteiliger schwärmerisch-pantheistischer Artikel "Unsterblichkeit" zum Abdruck[115], aber seine eigenen Kommentare fielen genau zu dieser Zeit ironisch aus: "In einer schief oder hoch zu tragenden Haube liegt oft angedeutet, was jetzt die neueste Form und Bildung des Unsterblichkeitsgedankens ist"[116]; "Giebt es denn wirklich unsterbliche Menschen? Ei ja wohl: die Könige von Frankreich, die Landgeistlichen, die Solotänzer, die ersten Sängerinnen, auch Poeten und Gardeofficiere sind alle durch die Bank unsterblich. Je, was sie sagen. Wie sehen denn eigentlich die Unsterblichen aus? Grau"[117]. Seine Wende zum "Positivismus des Glaubens"[118], Laubes Bereitschaft, über die geistige Entwicklung seit Lessing das Verdikt "spinozistisch inficirt" zu fällen und sein konservativen Ansichten in manchem nahekommendes Fragen, wo bei den größten Geistern der Welt wie Goethe "ihr einer, persönlicher Gott, jener Gott des Propheten Jesaias"[119] geblieben sei, kündet nicht vom Ringen um Fragen wie Freiheit, Gott oder Unsterblichkeit, sondern vom umstandslosen Übergang auf offiziöse theologische Muster.

Bei Mundt hingegen löste die entschiedene Hinwendung zu sozialen und politischen Problemen, die Beschäftigung mit der "Geschichte der Gesellschaft in ihren neueren Problemen und Entwicklungen" (1844) eine Umorientierung aus, die ihn seine Ansprüche auf Lebensinn und individuellen Selbstwert ganz weltlich formulieren läßt.

Beiträge, Bd. 36, Jg. 1990, S. 852.

114 Vgl.: Dietze, Junges Deutschland, S. 95, der in Laubes neuen Positionen die eines "böswillig-verschlagenen Mitläufers und Karrieristen" sieht. E. v. Itter, Heinrich Laube. Ein jungdeutscher Journalist und Kritiker, Frankfurt/M., Bern, New York, Paris 1989, beabsichtigt eine weitgehende Revision solcher Urteile, übergeht aber die Tatsache, daß Laubes Entwicklung wirklich oftmals von äußeren Einflüssen geprägt wurde.

115 Flugblätter von Dr. C. Weil. Unsterblichkeit, in: ZE, Nr. 18 u. 19, 25. u. 26. Jan. 1833, S.18ff.

116 H. Laube, Moderne Charakteristiken, Mannheim 1835, Bd. 1, S. 350

117 H. Laube, Reisenovellen, Bd. 1, Leipzig 1834, S. 51

118 Itter, Heinrich Laube, S. 169

119 H. Laube, Graf Platen, in: MZ, Nr.19, 1. Febr. 1836, S. 75

5. Gutzkow: Unsterblichkeit und Fortschritt

Sind hinsichtlich Gutzkows Unsterblichkeitsdenken sicher alle Schaffensperioden interessant, soll es im folgenden um eine bestimmte Etappe in Gutzkows Schaffen gehen, nämlich um die Jahre zwischen 1834 und 1836, in denen er im Gegensatz zu anderen Etappen ein Abgehen von Unsterblichkeit auf seine philosophische Ergiebigkeit überprüfte.

Zentraler Bezugspunkt der Überlegungen dieser Jahre war die Fortschrittsidee, und zwar in stark problematisierter Gestalt. Das von der Aufklärung überkommene Fortschrittsdenken konfrontiert Gutzkow mit einer spezifischen Vorstellung von Wiederholung, von Regeneration, von bestimmten Handlungsanalogien und geht damit dem nach, was er mit "epischem Parallelismus" umschreibt. Innerhalb dieses Modells wird dennoch die Einmaligkeit des geschichtlichen Augenblicks betont und dem frei handelnden Subjekt besondere Verantwortung zugesprochen: Weil mit einem durch einen äußeren Demiurgen - sei es Gott, sei es die vergöttlichte Idee oder der von ihr produzierte Plan der Geschichte - gelenkten Fortschritt der Geschichte nicht zu rechnen ist, kommt es dem Menschen zu, sich im Jetzt und Hier gestaltend einzurichten und über sein eigenes Handeln dem Dasein einen Sinn zu geben, der durch keine metaphysische Instanz garantiert werden kann. In diesem Kontext verliert das Unsterblichkeitsdenken an Bedeutung. Gutzkow scheint einige Zeit in die Nähe einer Auffassung zu geraten, welche die von Göschel und von Rosenkranz geäußerten Ansichten, daß Fortschrittspessimismus Unsterblichkeitspessimismus bedeutet[1] oder daß ein erwogenes Ende des geschichtlichen Fortschreitens den Gedanken menschlicher Sterblichkeit impliziert[2], zumindest teilweise bestätigt.

5.1. Sadducäer-Reminiszenzen

Gutzkow, der aus einem streng pietistischen Elternhaus kam, bekundete noch 1831 in einem Brief an Menzel seine religiösen Auffassungen von der "Auferstehung der Todten"[3]. Menzel hingegen, der ansonsten nicht zu pantheistischen Anschauungen neigte, hatte nach eigener Bekundung in dieser Frage "kühne pantheistische Vorstellung(en)". Er empfand die Kürze des Lebens als "Härte des

---

1 Vgl.: Göschel, [Rez.], Die neue Unsterblichkeitslehre ..., in: a.a.O., S. 3.
2 Vgl.: K. Rosenkranz, "Philosophie der Geschichte", in: Conversations - Lexikon der Gegenwart in vier Bänden, Bd. 4. 1, Leipzig 1840, S. 194.
3 Nachlaß Gutzkow, Nr. 31/ 272 (Gutzkow an W. Menzel, 2. Okt. 1831)

Schicksals" und wünschte sich, wahrscheinlich geschult an den Unsterblichkeitstheorien seines Vorbildes Jean Paul, in "ferne Welten (...) durch die wir reisen von Stern zu Stern"[4]. Bereits in seinen "Narrenbriefen" von 1832, also nach seiner Begegnung mit Menzel und sehr wahrscheinlich von ihm beeinflußt, hielt Gutzkow dann Unsterblichkeitsgedanken für echt germanischen Ursprungs. In "Maha Guru" gestaltete er 1833 solche nordischen pantheistischen Unsterblichkeitslehren als den "verkörperte(n) aufgelöste(n) Widerspruch zwischen dem Diesseits und dem Jenseits"[5]. Daß "die Todten zu neuem Leben auferstehen werden"[6], gehörte für ihn zu den unproblematischen Erwartungen. In den Jahren 1834 und 1835 aber erscheinen ihm gerade Unsterblichkeitserwartungen als zweifelhaft.

Arbeiten dieser Zeit bezeugen ein Ringen sowohl mit deistisch wie mit pantheistisch fundierten Unsterblichkeitsauffassungen, und das brachte ihn zeitweilig dahin, Absagen an jede Art von Unsterblichkeit auf ihre Verwendbarkeit hin zu überprüfen. Die ihn bewegende Frage war, ob ein Abgehen von Unsterblichkeit den generellen Verlust menschlicher Sinngebung nach sich zieht, ob es gar auf einen sogenannten Abbau des Menschlichen hinauslaufen würde. Im Rückblick auf sein Leben beschrieb er 1875 die dem zugrunde liegenden einstigen "Gemütsumwälzungen" und faßte seinen eigentlichen methodischen Ansatz in die Worte: "Die Probe auf Zustände, in welche die Menschheit fallen würde, auch wenn sie aufhörte zu glauben, was im Katechismus steht, wurde mein ständiges Grübeln"[7].

In seiner 1834 entstandenen Novelle "Der Sadducäer von Amsterdam", die im gedanklichen Vorfeld des Romans "Wally, die Zweiflerin" stand und 1845/46 eine Dramatisierung zum Stück "Uriel Acosta" erfuhr, hatte Gutzkow den jüdischen Philosophen Uriel da Costa (1585-1640) in den Mittelpunkt gestellt. Er war Sprößling einer portugiesischen jüdischen, zum Christentum übergetretenen Familie, fühlte sich aber durch die neutestamentliche Lehren von ewiger Seligkeit und ewiger Verdammnis abgestoßen und war in Amsterdam zum jüdischen Glauben zurückgekehrt. Der historische da Costa konnte Gutzkow durchaus reizen, berief er sich doch ausdrücklich auf die alte jüdische Gruppierung der Sadduzäer[8], die ebenfalls die Unsterblichkeit leugnete. Sie hatte ein messianisches

4 W. Menzel, Geschichte der deutschen Literatur, 2. Aufl. Stuttgart 1836, Bd. 3, S. 69f.
5 K. Gutzkow, Maha Guru. Geschichte eines Gottes, in: Gesammelte Werke, Bd. 5, S. 7
6 [K. Gutzkow], Briefe eines Narren an eine Närrin, Hamburg 1832, S. 99f., 11
7 K. Gutzkow, Rückblicke auf mein Leben (1875), in: Gutzkows Werke, a.a.O., Bd. 4, S. 176
8 Die Sadduzäer, eine aristokratische religiöse jüdische Gruppierung, die in der Zeit nach der großen Exilierung bis zur Zerstörung Jerusalems bestand, forderte moralische Bewährung im Diesseits und lehnte Unsterblichkeitsgedanken und Erlösungshoffnungen, etwa die der Pharisäer,

Reich, Engel, Dämonen und eine leibliche Auferstehung zurückgewiesen und nur die Thora als verbindlichen Kanon anerkannt. Alle weiteren mündlichen Überlieferungen und Abwandlungen der Thora lehnte sie ab. Auch vereinzelte Elemente eines alttestamentlichen Unsterblichkeitsglaubens im Buch Daniel, aber auch in anderen Büchern der Propheten wie Jesaja und Ezechiel, erklärte sie zu Fälschungen, womit sie in Konflikte vor allem mit den Pharisäern geriet, die durchaus Modifikationen des Kanons und der jüdischen Bräuche anstrebten. Gegen die in Amsterdam übliche Glaubenspraxis, die mit Talmud und Kabbala sehr wohl Unsterblichkeitsideen und damit das Dogma von jenseitigen Belohnungen und Verdammnissen einschloß, hatte da Costa im Rückgriff auf die Sadduzäer und das Alte Testament, dem bekanntlich Unsterblichkeitsspekulationen fast völlig fremd sind[9], ein Programm der sittlichen Autonomie und der Würde des Menschengeschlechts entwickelt. Die Menschen in ihrer sittlichen Reife bedürften keiner jenseitigen Sphäre, um ihr Glück zu finden[10]. Dies, ebenso aber da Costas Reglementierungen durch die jüdische Gemeinde und die Amsterdamer christlichen Behörden, seine wiederholten Widerrufe und Abbitten, schließlich seine Unterwerfung unter die jüdische Orthodoxie und sein Freitod machten sein Schicksal literarisch und philosophisch interessant. Außerdem konnte sich Gutzkow auf eine - wenn auch dünne - philosophische Rezeptionslinie stützen[11]. Bayle hatte ein Stichwort "Acosta" in sein "Historisch-kritisches Wörterbuch", das Gottsched ab 1740 übersetzte, aufgenommen. Überhaupt hatte da Costa Eingang in die einschlägigen aufklärerischen Enzyklopädien und Lexika gefunden. In der durch Herder angeregten Editionsreihe von Autobiographien "merkwürdiger Männer" Johann Georg Müllers wurde 1793 da Costas "Exempla humanae vitae" ediert, da Costas Lebensbeschreibung, in der er auch seinen Ansichten von menschlicher Endlichkeit und Sterblichkeit ausführlich Raum gegeben hatte[12]. In

---

ab. Sie wirkte damit zu jener Zeit eher "in konservativem Sinn" (E. Lohse, Umfeld des Neuen Testaments, 8. Aufl. Göttingen 1989, S. 52). Vgl. zu den Sadduzäern auch: A. Wikenhauser, Sadduzäer, in: Lexikon für Theologie und Kirche, Bd. 9, Sp. 207f.

9 Vgl.: Choron, Der Tod, S. 87ff.; Schreiner, Alttestamentliche Vorstellungen von Tod und Unsterblichkeit, S. 117ff.

10 Vgl. zu da Costa: Altmann, Eternity of Punishment, in: a.a.O.

11 Vgl. zu dieser Rezeptionslinie: Die Schriften des Uriel da Costa, Amsterdam, Heidelberg, S. 225ff. (Kommentar v. C. Gebhardt).

12 Uriel da Costa, Exemplar humanae vitae, in: Bekenntnisse merkwürdiger Männer von sich selbst, hrsg. v. J. G. Müller, Bd. 2, Winterthur 1793, S. 155ff. Diese Autobiographie war zu Gutzkows Zeit der einzige Anhalt für da Costas philosophische Auffassungen. Die Manuskripte, in denen er seine Unsterblichkeitskritik darlegte, müssen als vernichtet gelten. Wie erst in diesem Jahrhundert von Gebhardt entdeckt wurde, verarbeitete der jüdische Arzt Samuel da Silva Teile dieser Manuskripte 1623 in seiner gegen da Costa gerichteten Schrift "Von der Unsterblichkeit

seinen "Briefen zur Beförderung der Humanität" von 1795 wies Herder dann auf das beklagenswerte Schicksal da Costas hin[13]. Auch Reimarus hatte im ersten seiner von Lessing publizierten "Fragmente" da Costas Konflikte mit den jüdischen Pharisäern erörtert[14], und diese Fragmente beschäftigten Gutzkow bekanntlich Mitte der dreißiger Jahre.

Diese Rezeptionsgeschichte ist nicht nur insofern interessant, als über Gutzkows Quellen sich einander widersprechende Thesen aufgestellt wurden[15], sondern auch, weil sie deutlich macht, daß da Costa - ähnlich wie Müntzer[16] - erst mit dem aufklärerischen Denken eine gerechtere Würdigung erfuhr, die auf die Autonomie der Moral und den moralischen Idealismus da Costas aufmerksam machte.

Gutzkows Zugang zu da Costa war aber offenbar stark von seinen eigenen gedanklichen Krisen beeinflußt. So mußte er sich bereits von Zeitgenossen sagen lassen, daß sein da Costa eine eigenwillige Kunstgestalt sei. Es erschien z.B. eine Gegenschrift zur "Berichtigung der Gutzkowschen Fiktionen"[17]. In der Literatur wird wiederholt, daß Gutzkows da Costa "mit seinem geschichtlichen Vorbild nicht viel mehr gemein (hat) als den Namen"[18] oder daß er sich als "unentschlossener, schwankender Intellektueller jungdeutscher Prägung"[19] zeige. Tatsächlich wird bereits auf den ersten Blick deutlich, daß Gutzkow nicht nur wesentliche Änderungen am Schicksal da Costas vornimmt, daß er ausspart und hinzufügt - z.B. Begegnungen mit dem vermeintlichen Neffen Spinoza -, sondern daß er da Costa in einen jugendlichen Helden mit vielen Merkmalen jungdeutscher Zerrissenheit verwandelt und ihm bestimmte seiner eigenen philosophischen

---

der Seele".

13 Vgl.: Herder, Briefe zur Beförderung der Humanität, in: Sämmtliche Werke, Bd. 17, S. 273f. Berthold Auerbach, einer der besten Spinoza-Kenner des Vormärz, mit dem Gutzkow wahrscheinlich seit Frühjahr 1835, also nach der Entstehung des "Sadducäers" bekannt wurde, zeichnete da Costa 1837 in eher distanzierter Sicht. Vgl.: B. Auerbach, Spinoza, ein historischer Roman, Stuttgart 1837, S. 3ff.

14 Vgl.: [H. S. Reimarus], Von Duldung der Deisten: Fragmente eines Ungenannten, in: Lessing, Sämtliche Schriften, Bd. 12, S. 261f.

15 J. Proelß, Das junge Deutschland. Ein Buch deutscher Geistesgeschichte, Stuttgart 1892, S. 380, vermutet, daß Gutzkow den Stoff aus Llorentes "Geschichte der spanischen Inquisition", Gmünd 1819, habe. Darin findet sich aber gar nichts von da Costa. Gutzkow war eher, wie schon Rosenkranz 1841 vermutete, über die Herder-Lektüre auf da Costa gestoßen (K. Rosenkranz, Karl Gutzkow bis zum Zeitpunkt seines dramatischen Auftretens 1840, in: ders., Studien, Bd. 5, Leipzig 1848, S. 215).

16 Vgl.: Liepert, Mundts Müntzer-Roman, in: a.a.O.

17 Vgl.: H. Jellinek, Uriel Acosta's Leben und Lehre. Ein Beitrag (...). Zur Berichtigung der Gutzkowschen Fiktionen, Zerbst 1847.

18 K. Müller, "Exemplar humanae vitae" des Uriel da Costa, Aarau 1952, S. 30

19 K. Gutzkow, Der Sadduzäer von Amsterdam, hrsg. mit Nachwort von F. Böttger, Leipzig 1960, Nachwort, S. 129

Drangsale aufbürdet. Statt eines in sich gefestigten, von sittlichen Imperativen getragenen und vom Gedanken der moralischen Würde des Menschengeschlechts durchdrungenen Helden präsentiert Gutzkow einen von zahlreichen Skrupeln gepackten Zweifler Byronscher Prägung. Da Costa ist unbehaust, unglücklich, er verstrickt sich immer mehr in seine Maßlosigkeiten, ihn kennzeichnen Eigenschaften jungdeutscher Zerrissenheit wie "dumpfes Brüten" oder "Unruhe, welche völlig fruchtlos ist"[20]. Die Absage des literarischen da Costa an die Unsterblichkeit ist also offenbar nicht selbstbewußt, sie folgt nicht daraus, daß er den Eigenwert des Diesseits erkennt, sondern sie ist resignativ.

Gutzkow folgte zwar da Costas Selbsteinschätzung, wenn er ihm ein verbales Bekenntnis zu der "Sekte der Sadducäer" in den Mund[21] legte und ihn schon im Titel programmatisch als "Sadducäer" einführte, aber er ließ ihn mitunter derart nihilistische Positionen einnehmen, daß vom Sadduzäertum wenig blieb. Da Costas Lebensweg bezeugt dies ebenso wie das von Gutzkow erdachte philosophische Streitgespräch des Helden mit der von Gutzkow erfundenen Braut Judith - welches den literarischen und dramaturgischen Höhepunkt der Novelle darstellt. Gutzkow zeichnete einen da Costa, der die Unsterblichkeit hinterfragt und die anscheinend so selbstverständliche Vorzugsstellung des Menschen im Universum relativiert. Zur Leugnung von Unsterblichkeit gelangt dieser also nicht zuletzt über das Gefühl einer Nichtigkeit des Menschen im Kreis des Seienden. Die Menschen sind keine Ausnahmeerscheinungen, sie sind nicht die Bevorzugten der Schöpfung, sondern Bestandteil eines ewigen Kreislaufs und vergänglich wie alle Elemente des Seienden. Ihre Spur muß in Äonen untergehen.

Gutzkow führt also einen in seinen Augen eher problematischen Versuch vor, die Verkettung des Ontischen mit dem Mikrokosmos der Erde, gar nur mit den Belangen der menschlicher Kultur, zu sprengen und Anthropozentrismen einer kritischen Sicht zu unterwerfen. Sein da Costa blickt über den beschränkten Erdkreis hinaus. Er treibt voran, was Ulrich Horstmann später als "anthropofugales Denken" oder "anthropofugale Perspektive" bezeichnete: eine Philosophie, die den Menschen nicht mehr ins Zentrum, sondern an die Peripherie des Seienden stellt[22]. Die ontische Ewigkeit, der Kosmos, und nicht, was der Mensch denkt und treibt, ist die wesentliche Bezugsebene. Aus diesem Blickwinkel der Ewigkeit bestreitet da Costa die Sonderstellung der Menschen und kritisiert den aufklärerischen

---

20 K. Gutzkow, Der Sadducäer von Amsterdam, in: ders., Soireen, Frankfurt/M. 1835, Bd. 2, S. 1ff., S. 14, 16

21 Ebenda, S. 97

22 U. Horstmann, Das Untier. Konturen einer Philosophie der Menschenflucht, Wien, Berlin 1983, S. 8f.

Wunsch nach ewiger Existenz: "Unsterblich dünkt ihr euch in eurem Wahn?/ Ihr Eintagsfliegen, sommernachtsgeboren/ und wie ein Nichts im ew'gen Raum verbrennend!"[23]. Die Welt, der Kosmos, in welcher der Mensch nicht sinnvoll gedacht werden kann, werden dabei selbst widersinnig. Die Welt ist da Costa nicht sinn-los, ist nicht bar jeden Sinns. Sie ist *unsinnig* und *widersinnig*, eine "Grille Gottes" und ohne Plan[24]. Der fehlende Sinn des Menschlichen zieht den fehlenden Sinn des Kosmischen nach sich. Die Krise des menschlichen Selbstverständnisses mündet in kosmische Sinnlosigkeit.

In seiner Novelle stellte Gutzkow die Folgen dieser "anthropofugalen Perspektive" in ein prüfendes Licht, er spielte sie gewissermaßen an seinem Helden durch. Die Prämisse, daß das menschliche Denken, eben weil es menschliches Denken ist, anthropozentrischer Akzente gar nicht enbehren kann, ist Gutzkow dabei offenbar doch unumstößlich. Gegenteiliges gehört zu den Gedanken, "die fürchterlich sind" und von denen er wenig später schrieb, man "speichert sie aber auf, an Orten, die feuerfest sind, wo kein Funke hinzukann"[25]. Indem er am Scheitern da Costas demonstriert, in welche nihilistischen Regionen ein gedanklicher Verzicht auf Unsterblichkeit führen kann, verficht er den Anspruch auf Humanität nicht zuletzt auch als Sehnsucht und Bedürfnis nach Unsterblichkeit und nimmt Abstand von der Neigung, die Welt allein unter dem Gesichtspunkt einer alles verschlingenden Ewigkeit zu betrachten.

5.2. Auseinandersetzung mit anthropozentrischem Egoismus

Es ist sehr wahrscheinlich, daß sich Gutzkow in der Zeit, als er seinen "Sadducäer" schrieb, mit einem Konzept beschäftigte, für das die scharfe Kritik an einer auf den Menschen konzentrierten teleologischen Sichtweise typisch war: mit dem Konzept Spinozas.

Der Knabe Spinoza kommt in der Novelle als derjenige vor, der als vermeintlicher Neffe da Costas dessen Werk fortsetzen sollte[26]. Darüber hinaus läßt sich aus der Anlage der Novelle auf Gutzkows Kenntnis einiger Probleme der "Ethik"

---

23 K. Gutzkow, Uriel Acosta, in: Gutzkows Werke, Bd. 3, hrsg. von R. Gensel, Berlin, Leipzig, Wien, Stuttgart 1912, S. 59

24 Gutzkow, Der Sadducäer, in: Soireen, a.a.O., S. 101

25 Gutzkow, Vergangenheit und Gegenwart, in: a.a.O., S. 189

26 Gutzkow, Der Sadducäer, in: Soireen, a.a.O., S. 51, 53f., 134, 137. Müller, "Exemplar humanae vitae", S. 18f., nimmt an, daß Spinoza da Costas Werk nicht gekannt hat, Wolfson dagegen geht davon aus, daß Spinozas Unsterblichkeitsthesen direkt gegen da Costa gerichtet seinen (vgl.: H. A. Wolfson, The philosophy of Spinoza, New York 1960, Bd. 2, S. 323ff.).

Spinozas schließen. Besonders der außergewöhnlich umfangreiche Anhang zum ersten Buch der "Ethik", der sich wie ein kleiner Essay ausnimmt, könnte ihn inspiriert haben, seine Kunstfigur jene anthropozentrismuskritischen Ansichten vertreten zu lassen.

Das erste Buch der "Ethik", "Über Gott", handelt von einem Schöpfer, der völlig frei, völlig interesselos aus sich heraus das Seiende schafft und sich darin manifestiert. Gott verfolgt kein Ziel, keinen teleologischen Vorsatz, er handelt um seiner selbst willen. Der Anhang zum ersten Buch der "Ethik" faßt diese Gottestheorie, diese pantheistische "Theologie" zusammen und setzte sich mit anderen Gottesbildern auseinander. Spinoza geht hart mit teleologischen Gottesbegriffen ins Gericht. Er wendet sich gegen patristische und frühaufklärerische Auffassungen, die darauf bestanden, "Gott habe alles um des Menschen willen gemacht", "alles, was geschieht, geschehe ihretwillen"[27]. Die Behauptung, "die Götter lenkten alles zum Nutzen der Menschen", sei eine kurzsichtige, unwissenschaftliche Annahme, die der Verabsolutierung alltäglicher Erfahrungen und alltäglicher Handlungen entspringe. Anthropozentrismen beraubten Gott und das Seiende ihrer Würde, ihrer Vollkommenheit.

Diese desanthropozentrischen Ansichten Spinozas, auf die Gutzkow zurückgegriffen haben dürfte, lassen sich aus einem komplizierten Gefüge geistiger Konstellationen erklären, auf das Hans Blumenberg in seinen viel diskutierten Entwürfen über die Herausbildung der Neuzeit aufmerksam gemacht hat. Der vom nachpatristischen Mittelalter bis zur Hochscholastik sich ständig überbietenden "Selbstverleugnung des anthropologischen Egoismus", d.h. der mittelalterlichen Verabsolutierung von Kosmologie und Theologie zu Theozentrik[28], begegneten viele neuzeitliche Denker mit einer Wende zur Anthropozentrik. Der Mensch wurde zum Maß aller Dinge. Es gab aber auch eine ebenso bedeutende, wenn auch nicht so stark verbreitete aufklärerische Gegenlinie von erkenntnistheoretischen, geschichtsphilosophischen, ethischen und anthropologischen Skeptikern, die Elemente der Antike und Renaissancephilosophie wiederbelebte und diesen anthropozentrischen Zug zumindest relativierte. Der fremde Gott, der unendliche Kosmos, die Anfeindungen der Welt und die Anfeindungen der eigenen Natur ließen vorerst keine gesteigerten Hoffnungen auf die Allmacht des Menschen zu. Vorgänger Spinozas wie Montaigne, Pascal und Hobbes wiesen auf bestimmte Nachtseiten des menschlichen Wesens hin, auf die Schattenseiten ungehemmter Emanzipation. Später nahmen Mandeville und manche der englischen und französi-

---

27 Spinoza, Ethik, S. 64, 68

28 Blumenberg, Säkularisierung, S. 207f.

schen Materialisten diese Gedanken auf. Auch Kant, der in bestimmter in der Tradition von Erbsündetheorien stand, setzte die "selbstsüchtige thierische Neigung" des Menschen zur Aggressivität voraus, die ihn zu einem Tier werden lasse, "das, wenn es unter anderen seiner Gattung lebt, einen Herrn nöthig hat"[29]; Hegel kannte eine Region der unvermittelten bürgerlichen Privatinteressen, das "geistige Thierreich"[30], das nur durch eine vernunftgeleitete Politik zu überwinden wäre. Der für Gutzkow offenbar so wichtige Spinoza steht mit am Beginn dieser Linie, und die Tatsache, daß auch Hobbes ihn "stark beeinflußt(e)", hat die Forschung bereits herausgearbeitet[31]. Neben anderem übernahm er von Hobbes den Gedanken einer rein deterministischen - statt teleologischen - Seinsgestaltung und die Vorstellungen eines negativen unerkennbarem Gottes, dem man keine Gestalt beilegen könne, weil das hieße, Gott zu verendlichen[32].

Spinozas Versuch einer Korrektur menschlicher Selbstüberhebung hat die spätere Spinoza-Rezeption in den meisten Fällen übergangen, weil er mit den geschichtsphilosophischen Fortschrittshoffnungen - Spinoza fehlte ein solcher von Optimismus getragener aufklärerischer Perfektibilitätsbegriff! - kaum vereinbar war. Erklärte Spinozisten wie Lessing und Feuerbach neigten zu Anthropozentrismen, weshalb die Tatsache, daß Spinozas pantheistische Metaphysik einen bestimmten Typus der Menschenferne verkörperte[33], in den Hintergrund rückte. Goethes Sentenz von 1821, nach der Spinoza wegen seiner ausschließlich pantheistisch-kosmischen Unsterblichkeitslehre als ein "finstere(r), ingrimmige(r) Geist"[34] zu gelten habe, nahmen in ihrem Sinngehalt nur wenige auf, zu denen allerdings auch Gutzkow gehörte. Er rechnete diese von Goethe veranschlagte Menschenferne Spinozas ein, indem er seinen da Costa als einen zerrissenen Menschen vorführte, den die Nichtigkeit des eigenen Geschlechts zermürbt.

Dafür, daß von bestimmten Zeitgenossen Gutzkow und sein Held identifiziert wurden - ein offenbar immer wiederkehrendes Interpretationsmuster literarischer Werke -, ist z.B. ein 1836 veröffentlichtes Pamphlet des schon erwähnten christ-

---

29 Kant, Idee zur einer allgemeinen Geschichte in weltbürgerlicher Absicht, in Gesammelte Schriften, Abt. 1, Bd. 8, S. 23

30 Hegel, Phänomenologie, S. 303ff.

31 Vgl.: W. Dilthey, Die Autonomie des Denkens, der konstruktive Rationalismus und der pantheistische Monismus nach ihrem Zusammenhang im 17. Jahrhundert, in: Gesammelte Schriften, Bd. 2, Leipzig, Berlin 1914, S. 292. Zur Beziehung Spinoza - Hobbes vgl. die umfangreichen Literaturangaben: Benedictus de Spinoza, in: W. Totok, Handbuch der Geschichte der Philosophie, Bd. 4, Frankfurt/M. 1981, S. 250f.

32 Th. Hobbes, Vom Menschen. Vom Bürger, Berlin 1967, S. 244f.

33 Vgl.: Gebhardt, Spinoza, S. 94ff.; Bloch, Leipziger Vorlesungen, S. 61.

34 Goethes Unterhaltungen mit dem Kanzler Friedrich von Müller, 3. Auflage, Stuttgart, Berlin 1904, S. 46

lichen Liberalen Friedrich Rohmer gegen Gutzkow und Wienbarg aufschlußreich, in welchem beiden spinozistische Verfehlungen vorgeworfen wurden. Wahrscheinlich auch mit Blick auf Gutzkows "Sadducäer" zeichnete Rohmer Spinozas Desanthropozentrismus in schwarzen Farben: "Ihr werdet ins Nichts zurückkehren und andere Geschlechter werden statt Eurer auftauchen - Nothwendigkeit alles, Tod überall und nur Scheinleben, denn ein Leben, das Intermezzo des Todes ist, ist wahrhaftig kein wahres Leben". Ein solches Leben verlaufe "im wahnsinnigen Grimm", arte aus in "jammervollstes Geheul" und in "fressendste Verzweiflung"[35]. Solche Vorwürfe an Gutzkow gehen aber fehl. Mit seiner Kunstfigur da Costa wollte Gutzkow die Perspektivlosigkeit solcher Nihilismen demonstrieren. Daß er mit einer solchen Haltung der "fressenden Verzweiflung" im Grunde nur experimentierte, zeigt auch sein Roman "Wally, die Zweiflerin", der im Sommer 1835 erschien.

Denn "Wally" setzte Gutzkow andere Akzente. Ließ er seinen "Sadducäer" über die Leugnung der Unsterblichkeit zu Desanthropozentrismen und zur Verzweiflung am Weltzweck kommen, so erliegt seine Heldin Wally einer übergreifenden, *allgemeinen* Verzweiflung, die auch die Erkenntnis menschlicher Endlichkeit und Sterblichkeit einschließt und letztlich zu ihrem Freitod führt. Ihr Gegenspieler Cäsar hingegen, abgeklärt, "mit einem ganzen Friedhof todter Gedanken", "nur noch formell, nur noch Skeptiker"[36], kann mit seiner Position durchaus leben, kann eine Auffassung ertragen, die von Verzicht auf anthropozentrische Illusionen und daher von einem "kosmischen Atheismus"[37] und von einer Absage an die Unsterblichkeit getragen ist. Cäsar sieht "unglückliche, von Zweifeln zerfleischte, halb thierische, halb menschliche Menschen", die "auf einem gewissen Erdballe (...) herumkriechen"[38]. Er gibt jener skeptischen Pose Ausdruck, die auch Laube mitunter mit parodistischer Tendenz umriß: "Ach, es ist Alles nicht wahr, es ist nichts wahr, ja die Existenz ist relativ, wir sind Experimentirbälle des großen Lichtes und ich bin leider ein Schwamm, mit dem der Staub von der Maschine gewischt wird"[39]. Und: "ich sag' es dem Herrgott geradezu, er hat uns verpfuscht (...) Der ganze Mensch ist ein Monstrum. Drei Flaschen Wein rauben ihm den Vorzug vor dem Thiere"[40]. Cäsars halb tierische, halb menschliche Menschen bleiben aber nicht nur ganz auf sich gestellt. Kein Gott verfolgt mit ihnen höhere Zwecke. Sie

35 Rohmer, An die moderne Belletristik, in: a.a.O., S. 129

36 K. Gutzkow, Wally, die Zweiflerin, Faksimile der 1. Aufl. von 1835, mit der Vorrede und dem Anhang zur 2. Aufl. von 1852, hrsg. v. J. Schillemeit, Göttingen 1965, S. 10

37 Ebenda, S. 237

38 Ebenda, S. 288

39 Laube, Das Neue Jahrhundert, Bd. 2, S. 237

40 Laube, Das Neue Jahrhundert, Bd. 1: Polen, Fürth 1833, S. 315

können mit dieser Selbständigkeit angemessen leben.

Der Mensch kann für Cäsar auf Unsterblichkeit verzichten. Daß Gutzkow ihn sich dabei auf Reimarus berufen läßt, entspringt wohl weniger einer ungewollten Fehlinterpretation der einst von Lessing herausgegebenen Fragmente aus der "Apologie oder Schutzschrift für die vernünftigen Verehrer Gottes", besonders des vierten Fragments, sondern eher einer bewußten Verwandlung des Reimarustextes in eine Art philosophisches Versatzstück, zu der Gutzkow offenbar greift, um die von Cäsar eingenommene Position mit der Autorität der deutschen Aufklärungstradition zu untermauern. Der von Cäsar deklarierte kosmische Pantheismus und sein Verweis auf die untergeordnete Rolle des Menschen in der Natur haben aber nichts mit Reimarus' rationalistischer und deistischer "natürlicher" Religion zu tun, bei der "natürlich" als Oppositionsbegriff zu "unnatürlich" oder zu "übernatürlich", d.h. zu Offenbarungsvorgängen galt, aber keineswegs eine Alternative zu "menschlich" darstellte. Ein Unsterblichkeitsleugner war Reimarus ganz und gar nicht. Im Gegenteil, er kam zu der entgegengesetzten Konsequenz, daß gerade die moralische und intellektuelle Vorzugsstellung des Menschen mit seiner Unsterblichkeit einhergehen müsse. Er kannte keine Zweifel am Werk der Menschen und war von der Würde seines Geschlechts überzeugt. Auch deshalb hielt er an der Unsterblichkeitslehre fest und forderte in den Fragmenten von einer natürlichen Religion ausdrücklich "Erkenntniß von der Unsterblichkeit der Seelen, von der Belohnung und Bestrafung unserer Handlungen in einem zukünftigen ewigen Leben"[41]. Gegen das Alte Testament mit seinem Mangel an Unsterblichkeitsverheißungen und auch gegen die Strömung der Sadduzäer polemisierte er in einer Weise, die Lessing in seinen "Gegensätzen des Herausgebers" dazu veranlaßte, vermittelnd einzugreifen; er wandte sich gegen Reimarus' christliche Alleinvertretungsansprüche und wies darauf hin, daß glücklicherweise in allen Völkern, in allen Religionen Unsterblichkeitswünsche zu finden seien[42].

41 [Reimarus], Ein Mehreres aus den Papieren des Ungenannten, in: Lessing, Sämtliche Schriften, Bd. 12, S. 368. Zu Reimarus' Anthropozentrismus vgl.: Reimarus, Apologie, Bd. 2, S. 496, 478: Gott hat den Mensch "um unsernt willen erschaffen", und so, daß er "auch die Herrschaft über die Thiere erwerben konnte". Zu den Folgen für Reimarus Unsterblichkeitsauffassung vgl.: ebenda, Bd. 1, S. 769: "Wenn wir setzen, daß einer auch nur eine bloß vernünftige Religion lehren wollte: so würde doch gewiß ein Haupt-Artikel darin seyn müssen, daß die Seele des Menschen (...) unvergänglich, un-sterblich, und von dem Schöpfer zu einem immerwehrenden Leben nach dieser Zeitlichkeit bestimmt sey". Zum Nachwirken des Wolffianismus bei Reimarus vgl.: W. Gericke: Theologie und Kirche im Zeitalter der Aufklärung, Berlin 1989 (Kirchengeschichte in Einzeldarstellungen, Bd. 3/2), S. 84.

42 Vgl.: Lessing, Gegensätze des Herausgebers, in: Lessing, Sämtliche Schriften, Bd. 12, S. 443ff.

Wallys Krise wird durch die befremdliche Reimarus-Interpretation Cäsars nur vertieft. Während jener lebensfähig, überlebensfähig bleibt, kann sie Cäsars positivem Programm der Dezentralisierung des Menschen nicht folgen. Mit dem Verlust ihrer anthropozentrischen Ideen verliert sie ihren Unsterblichkeitsglauben und auch ihre Lebenskraft. Sie fühlt ein übermächtiges Sinndefizit und klagt mit ihren letzten Worten: "denn ich bin nichts, nur Staub, nur Vernichtung"[43]. Diese quälende Erkenntnis der Endlichkeit wird im Roman noch durch Episoden vorangetrieben, die nach Cäsars Urteil "würdig (...), von Hoffmann bearbeitet zu werden[44]". Sie haben durchaus eine konzeptionelle Bedeutung und wurden zu Unrecht oft als "Nebengeschichten, - entbehrlicher als ästhetisch erlaubt sein möchte", verkannt[45]. In ihnen geht es um schaudervolle Begebenheiten, welche die desanthropozentrischen Annahmen Cäsars und Wallys untermalen. Ihre düsteren Szenarien stehen im Zusammenhang mit Wallys aufbrechenden Zweifeln an der Würde und Hoheit der menschlichen Natur: Die Geschichten des Trommlers und der Bärbel, die sich wegen verschmähter Liebe den Freitod geben (auch Wallys Bruder hatte sich aus von Gutzkow nicht näher umrissenen Gründen den Dolchtod gegeben[46]), die Episode von Cäsars Bruder Jeronimo, der sich in Wally verliebte und sich vor ihren Augen erschießt ("blutige Theile eines zersprungenen Schädels liegen auf dem Fußboden"[47]) und die "grausamen, blutsaugenden Träume"[48] Wallys. Die später aufgekommene Ansicht, daß Cäsars "Glaubensbekenntnis" "das Stück (war), um dessenwillen er (Gutzkow, - O.B.) den Roman schrieb"[49] oder daß "Wally" "zum Teil nur ein Roman-Vorwand" war, "ersonnen, um ein Reimarus-Fragment nebst Vorrede unterzubringen"[50], erweisen sich insofern als problematisch. Wally jedenfalls erliegt angesichts der Dezentralisierung des Menschen ihren quälenden Zweifeln. Sie vermag Cäsars Programm nicht zu verarbeiten. Das Menschliche derart aus dem Zentrum der Schöpfung gedrängt zu sehen, stürzt sie in eine tiefe Krise. Auch sie, die Zweiflerin, erwägt deshalb, daß die Welt eine Grille Gottes sein könnte[51]. Ihr graut vor dem kosmischen

43 Gutzkow, Wally, S. 312

44 Ebenda, S. 59f.

45 [Heinrich Eberhard Gottlob Paulus], Kirchenrath Paulus an den Verfasser der Wally, in: Wally, Anhang, S. 57

46 Vgl.: Gutzkow, Wally, S. 59ff., 84f., 239f.

47 Ebenda, S. 197

48 Ebenda, S. 257

49 F. Mauthner, Der Atheismus und seine Geschichte im Abendlande, Bd. 4, Stuttgart, Berlin 1923, S. 246

50 Köster, Literarischer Radikalismus, S. 16

51 Vgl.: Gutzkow, Wally, S. 223. Die Wally-Figur erinnert nicht nur, wie der Forschung mittlerweile bekannt ist, an zwei Schriften Berliner Theologen: W. M. L. de Wettes "Theodor oder

Atheismus Cäsars. Sie verfällt in Klagen über das Animalische des Menschengeschlechts: "Wir kriechen thierisch auf dem Boden (...) so armselig und hülflos kriechen"[52]. Schließlich bleibt ihr nur der Weg in den Tod.

Im Umkreis seiner Arbeit am "Sadducäer" und an "Wally" hat Gutzkow also nicht nur mit hoher Wahrscheinlichkeit der teleologiekritischen Seite von Spinozas "Ethik" Aufmerksamkeit zugewandt, sondern mit Sicherheit eine Art anthropozentrischen Egoismus, die Überzeugung, daß die Welt "um des Menschen willen geschaffen sei", problematisiert. Er stellte sich aber weder auf den Standpunkt der Spinozischen Philsophie mit ihrem Entwurf substanzhafter Unsterblichkeit noch identifizierte er sich mit der scheiternden Wally, deren abgezwungene Nihilismen man wohl als die Kehrseite überzogener anthropozentrischer Ansprüche ansehen kann. Am nächsten dürfte er Cäsar stehen, aber auch er ist keine Verkörperung von Gutzkow. Vielmehr erprobte Gutzkow Varianten einer nicht nur theoretischen, sondern gelebten Antwort auf die Frage, wie ein Leben ohne Unsterblichkeit zu ertragen sei.

5.3. Jungdeutscher Fortschrittsglaube

Gutzkows literarische Arbeiten von 1834/35 lassen bereits erkennen, daß er nicht nur allgemein einer teleologischen Betrachtung des Kosmos kritisch gegenüberstand, sondern besonders Geschichtsteleologien für zweifelhaft hielt, weil sie einen erkennbaren oder auch verborgenen, stets aber einen objektivierten und vorgefaßten Sinn der Geschichte unterstellen. Sein Problematisieren des anthropozentrischen Egoismus und sein Experimentieren mit der Sadduzäer-Position sollen helfen, jene schwierige, von der aufklärerischen Generallinie weitgehend ausgeklammerte Frage zu beantworten, ob Verzicht auf ein Telos der Geschichte mit einem Verzicht auf den Sinn des menschlichen Einzellebens gleichzusetzen sei. Gutzkow beantwortete - das ist in den folgenden Abschnitten zu zeigen - diese Frage mit einer programmatischen Betonung des Lebens, des Jetzt und Hier, die zugleich unter dem die Unsterblichkeitsideen dahinstellenden Attribut steht, daß an "jedem Tag (...) das Räthsel der Geschichte gelöst" werde[53]. Wandte Gutzkow sich mit solchen auf den ersten Blick historistischen Auffassungen vom jungdeut-

---

des Zweiflers Weihe. Bildungsgeschichte eines evangelischen Geistlichen", ein anonymer Briefroman von 1822, und an A. G. Tholucks "Die Lehre von der Sünde und vom Versöhner, oder Die wahre Weihe des Zweiflers" von 1823, sondern sie verweist offenbar auch auf Sylli von Wallenberg aus J. H. Jacobis Briefroman "Aus Eduard Allwills Papieren" (1775).

52 Gutzkow, Wally, S. 222f.

53 Gutzkow, Zur Philosophie der Geschichte, S. 303

schen Fortschrittsverlangen ab?

In der Literatur behauptet sich weithin das Urteil, die Jungdeutschen hätten, in Bindung an traditionelle aufklärerische Theorien und an die französischen Umwälzungen ab 1830, den Fortschritt auf ihr Panier geschrieben. Vor allem Johannes Proelß, Walter Dietze und Wulf Wülfing konzentrieren sich auf diese Seite der jungdeutschen Bewegung, die hauptsächlich in der politischen Publizistik zum Ausdruck kam. Dietze stützt sich offenbar auf diese Publizistik, wenn er den Jungdeutschen eine "evolutionistische Grundhaltung" attestiert, welche "in die simple Form mechanistischer Weiterentwicklung gegossen wird"[54]. Als Beleg dafür wäre auf die jungdeutschen Debatten über die konstitutionellen Kämpfe besonders in den süddeutschen Staaten oder über das Verhältnis von Staat und Kirche zu verweisen. Wie aber ordnet sich in dieses Bild der von den Jungdeutschen häufig bekundete Unmut über die Erscheinungen der neuen Zeit ein? Wieso konnten sie mitunter dem Mittelalter zuneigen, wie erklären sich Urteile der Forschung, die Jungdeutschen vereinigten "heterogene Elemente der aufklärerischen und romantischen Theorien"[55], es würde bei ihnen "deutliche Beziehungen zur romantischen Geschichtsphilosophie"[56] geben? Und woraus erklärt sich ihr Interesse für geschichtsphilosophische Kreislaufmodelle?

Das Jahr 1830, genauer gesagt: die Julirevolution in Frankreich, ist nicht nur im Rückblick als zäsursetzend dargestellt worden, sondern wurde auch von den Jungdeutschen deutlich so empfunden. Am bekanntesten ist wohl Gutzkows Feststellung, daß die jugendlichen Gemüter sich aus dem "Idealismus (...) plötzlich auf ein bewegtes Feld unmittelbarer Tagesaufregungen versetzt" fanden[57]. Aber die zentraleuropäischen Entwicklungen nach 1830 lösten bei den Jungdeutschen nicht nur ungebrochene Begeisterung aus. Sie sahen sich in ganz anderem Maße als einst Frühromantiker wie Friedrich Schlegel und Novalis mit den ungeahnten Nebenwirkungen und Folgeerscheinungen geschichtlicher Umbrüche konfrontiert[58]. Fortschrittsideale begannen, sich in ihre prosaische Verwirklichung aufzulösen, begannen sich sogar zu verkehren: Freiheit in Anarchie, Demokratie in Bürokratie, freie Wirtschaft in Pauperismus.

Unter diesen Umständen wurden die Jungdeutschen in eine Richtung getrieben, die auch den Umschlag von Fortschrittsdenken in Erfahrung des Mangels ein-

---

54 Dietze, Junges Deutschland, S. 187

55 Köster, Literarischer Radikalismus, S. 136

56 Möckel, Der Gedanke der Menschheitsentwicklung, S. 107, vgl. auch S. 144ff.

57 Gutzkow, Vergangenheit und Gegenwart, in: a.a.O., S. 155f.

58 Vgl.: C. Träger, Ideen der französischen Aufklärung in der deutschen Romantik, in: Weimarer Beiträge, Bd. 14, Jg. 1968, S. 175ff.; E. Behler, Unendliche Perfektibilität. Europäische Romantik und französische Revolution, Paderborn, München, Wien, Zürich 1989.

schloß. Laubes "Die Bürger" von 1837, der dritte Teil seiner Romanfolge "Das junge Europa", gibt die damit verbundene Desillusionierung am deutlichsten wider. "Die Poesie des Rittertums haben wir gestürzt, und um die Poesie des Liberalismus sind wir vorläufig gebracht. Wird die Zeit kommen, und wann wird sie kommen, wo die Geldinteressen wieder die zweite, unterstützende, nicht aber herrschende Rolle einnehmen werden?"[59]. Auch Wienbarg und andere richteten sich gegen "den schmutzigsten Dämon des Erwerbes"[60]. Die fehlende Poesie des Liberalismus und die befremdlichen Phänomene des Industriezeitalters riefen bei den Jungdeutschen so viele skeptische, unbeantwortete Fragen hervor, daß sie ihre Augen durchaus auch auf bestimmte Momente der dem Kapitalismus vorhergehenden Gesellschaftsformen richteten, ohne jedoch irgendwann deren Sozialstruktur und deren Lebenswerte im Sinne des romantischen Konservatismus in ihrer Ganzheit zu verklären. Die in vielem den Vormärzliberalen unterstellte Rede vom "finsteren Mittelalter" blieb den Jungdeutschen weitgehend fremd; nicht nur, wo es um die Kunst und das Lebensgefühl, sondern auch, wo es um die Sittlichkeit, den Schutzraum des Einzelnen, eine vermeintliche Brüderlichkeit und um einen Bezirk sicherer Werte ging. In dieses Umfeld ordnen sich Laubes Klagen über den Verlust der "Poesie des Mittelalters" ebenso ein wie Mundts "grosser Schmerz über die Entmittelalterlichung"[61] und Heines, bei der Drucklegung des "Wintermärchens" freilich zurückgehaltene Sentenz von der "Fortschrittsfahne": Ihr "folg ich getreu,/ und trage sie selber zu weilen/ Doch manchmal möchte mein Herz so gern/ In der Vorzeit Schatten verweilen"[62]. Bereits zuvor polemisierte Heine gegen "alberne Apostel seichter Aufklärung" und hielt dafür, daß man "dem Mittelalter sein Recht widerfahren läßt"[63]. Auch Wienbarg wies auf kulturelle Vorzüge hin, auf "Größe und Herrlichkeit" einer Zeit, die "man bisher als das Zeitalter der Barbarei ausgeschrien hatte"[64]. Sogar Büchner, politisch weitaus radikaler als die

---

59 H. Laube, Die Bürger, in: Gesammelte Werke, hrsg. v. H. H. Houben, Bd. 3, Leipzig 1908, S. 9

60 L. Wienbarg, Fürst Pückler, in: ders., Zur neuesten Literatur, Mannheim 1835, S. 47

61 Th. Mundt, [Rez.], Skizzen aus Spanien ..., in: JB, Nov. 1833, Sp. 699

62 Zit. nach: H. Heine, Deutschland. Ein Wintermärchen. Faksimiledruck nach der Handschrift, hrsg. v. F. Hirth, Berlin 1915, S. XXII. Die Feststellung Marcuses, "Heine war immer - auch in seinen saint-simonistischen Maientagen - beheimatet in geborstenen Ritterburgen mit Fledermäusen, in alten Klöstern mit litaneisingenden Nonnen" (Heinrich Heine in Selbstzeugnissen, S. 150), ist zweifellos überspitzt, weist aber auf eine bestimmte Tendenz.

63 H. Heine, Ueber Polen, in: a.a.O., Bd. 4, S. 192

64 L. Wienbarg, Geschichtliche Vorträge über altdeutsche Sprache und Literatur, Hamburg 1838, S. 5. Zur Geschichte der Auffassung vom "barbarischen" Mittelalter vgl.: K. Arnold, Das "finstere" Mittelalter. Zur Genese und Phänomenologie eines Fehlurteils, in: Saeculum. Jahrbuch für Universalgeschichte, Bd. 32, Jg. 1981, S. 287ff.

Jungdeutschen, kam gegen Ende seines Lebens auf bestimmte mittelalterliche Alternativen und schob die Legende vom finsteren Mittelalter beiseite: "Ich komme dem Volk und dem Mittelalter immer näher, jeden Tag wird mir's heller"[65].

Da aber das "Rückwärts" trotzdem ausgeschlossen, das "Vorwärts" dennoch in bestimmter Hinsicht bereits problematisch war, kam es zu je nach Argumentationszusammenhängen wechselnden Standpunkten. Ging es gegen die romantische Konservierung bestehender politischer Institutionen und Mechanismen, wurde Fortschritt als Kampfbegriff genutzt. Ging es um eine Kritik an hemmungsloser bürgerlicher ökonomischer Expansion, behaupteten die Jungdeutschen einen utopischen, "überfliegenden" Fortschrittsbegriff oder ließen ganz von ihm ab und analysierten betont skeptisch die Erscheinungen der modernen Zeit. Es ist auch auffallend, daß in ausgesprochen geschichtsphilosophischen Debatten, so z.B. in Heines undatiertem Aufsatz "Verschiedenartige Geschichtsauffassung", Fortschritt eher distanziert behandelt wird und Fortschrittsforderungen überwiegend auf der Ebene der Politik, insbesondere der brennenden Tagesforderungen, laut wurden. Es gab also nicht *den* Fortschrittsbegriff bei den Jungdeutschen, sondern Fortschritt hatte bei ihnen - ohne daß sie das immer bewußt registrierten - jene recht verschiedenen Bedeutungen, die in den gegenwärtigen geschichtswissenschaftlichen Diskussionen angeführt werden[66].

Mit ihren Fortschrittsvorstellungen standen die Jungdeutschen faktisch in einer Zweifrontenstellung zwischen apologetischem Konservatismus und unkritischem Liberalismus. Ihre geschichtsphilosophischen Auffassungen kennzeichnete eine in der Literatur bereits angemerkte "Amphibolie"[67]. Aus dieser Stellung zwischen den geistigen Scheidelinien entwickelten sie Ansichten, für die funktionale Fortschrittsbegriffe kennzeichnend sind. Der erste war der übliche liberale Begriff, der die Absichten des nationalen, des technisch-industriellen und des politisch-rechtlichen Aufschwungs umfaßte; der zweite war durch besondere sozialpsychologische Umstände geprägt.

Für die Jungdeutschen als Intellektuelle und als sensible Literaten stellte sich das Thema Fortschritt weniger als das einer unmittelbaren Teilhabe und eines praktischen Nutzens. Sie verband nur wenig mit einem "rohen Liberalismus", einem "ordinären Fabrikliberalismus", wie Wilhelm Grimm es zu dieser Zeit nannte[68].

---

65 G. Büchner, Brief an seine Braut, 20. Jan. 1837, in: G. Büchner, Werke und Briefe, hrsg. von F. Bergemann, 7. Aufl. Leipzig 1968, S. 445

66 Vgl.: Meier/ Koselleck, Fortschritt, a.a.O., S. 351ff.

67 Koopmann, Das Junge Deutschland, S. 152

68 W. Grimm an Dahlmann, 1. Febr. 1833, in: Briefwechsel zwischen J. und W. Grimm, Dahlmann und Gervinus, hrsg. v. E. Ippel, Bd. 1, Berlin 1880, S.50f. Auch Köster betont die "begriffliche Trennung des ökonomischen und politischen Liberalismus" (U. Köster, Literatur

Fortschritt schloß für sie vor allem das Problem einer geistigen Wertsetzung ein, eine Art kultureller Sinn- und Zielgebung. Ihnen, die weder direkt wirtschaftliche Interessen hatten noch Anspruch auf politische Ämter erhoben, konnte Fortschritt als pragmatische Realkategorie nicht genügen. Fortschritt geriet ihnen zu einer Universalkategorie, welche die Rätsel der Geschichte lösen sollte. Insofern konnten die jungdeutschen Fortschrittsvorstellungen sogar kritische Distanz zur liberalen Pragmatik einschließen. Sie verwiesen auf die nicht gelösten Weltprobleme und implizierten ein utopisches Mehr. Fortschritt erschien gleichsam als Glaubensartikel. Laube z.B., der in seinem Lebensrückblick von 1875 davon sprach, daß ihm in den dreißiger Jahren der "Liberalismus (...) die angewandte Theologie"[69] geworden sei, hatte tatsächlich das "geistige Christenthum (...) als Lehre des gesunden Liberalismus"[70] proklamiert und erklärt: "an den Fortschritt, an die pyramidenförmig aufrückende Menschheit glauben wir fest"[71]. Heine vermerkte, daß "die Freyheit (...) eine neue Religion (sei), die Religion unserer Zeit"[72], und auch an anderer Stelle trug er sein diesbezügliches Credo vor: "Denn ich glaube an den Fortschritt, ich glaube, die Menschheit ist zur Glückseligkeit bestimmt"[73]. Damit gab er ein hohes Ideal vor, dem sich auch Gutzkow anschloß, als er sich 1835 vornahm, "den Liberalismus als eine Sache der Religion zu entwikkeln"[74]. Es ging den Jungdeutschen also nicht nur um meßbare bürgerliche Fortschritte, um Pressefreiheit, um Abbau von Zollschranken, um Judenemanzipation usw., sondern, wie Heine es bekräftigte, um "Glückseligkeit", um ein noch ausstehendes goldenes Zeitalter.

Gutzkow stand, obgleich er das Jetzt und Hier betonte und auf den ersten Blick eine historistische Sichtweise vertritt, nicht in Konflikt mit diesen allgemeinen jungdeutschen Vorstellungen von Fortschritt als Realisation eines noch ausstehenden Humanums. Dem widerspricht auch nicht, daß er Anfang der dreißiger Jahre ganz im Banne Menzels stand, als dessen "Adjutanten" man ihn sogar bezeichnete[75], daß er 1832 anonym seine "Divination an den Württembergischen Landtag" veröffentlichte, die glühend Menzels Ansichten propagierte und sogar für eine

und Gesellschaft 1830 - 1840 in Deutschland. Die Dichtung am Ende der Kunstperiode, Stuttgart, Berlin, Köln, Mainz 1984, S. 22).

69 H. Laube, Erinnerungen 1810 - 1840, Wien 1875, S. 144

70 H. Laube, [Rez.], Der Thron der Gnade ..., in: BL, Nr. 178, 26. Juni 1832, S. 763

71 Laube, Moderne Charakteristiken, Bd. 2, S. 113

72 Heine, Ideen, in: a.a.O., S. 194

73 Heine, Zur Geschichte, in: a.a.O., Bd. 8.1, S. 17

74 K. Gutzkow, Appellation an den gesunden Menschenverstand, Frankfurt/M. 1835, S. 16

75 Vgl.: H. H. Houben, Karl Gutzkows Leben und Schaffen, Leipzig 1908, S. 26.

Schrift von Menzel selbst gehalten wurde[76]. Denn er stimmte durchaus mit anderen Jungdeutschen überein, als er in fast romantischer Manier wohlwollend auf das Mittelalter zurückblickte und schon 1831 nur "die Erbärmlichsten unsrer Skribler" für imstande hielt, "jene dahingegangene Zeit als (...) das Pantagruelische Nebelland abergläubischer Verdummung zu verschreien"[77]. Gutzkow, der gegenüber den Schattenseiten des realen Fortschritts bemerkenswerte Sensibilität entwickelte, setzte auch auf geschichtsphilosophischem Gebiet Fortschrittserwartungen Kritik entgegen. Es wird im folgenden zu prüfen sein, welche Auswirkungen seine Einwände gegen eine "Adelserhebung" der Geschichte, also gegen die Verselbständigung der Geschichte zu einer aparten Person, auf sein geschichtsphilosophisch intendiertes Urteil über Fortschrittsphänomene hatte und wie diese sein Denken über Unsterblichkeit beeinflußten.

5.4. Keine "Adelserhebung" der Geschichte

Gutzkow war derjenige unter den Jungdeutschen, der in einer explizit geschichtsphilosophischen Schrift jene großen Fragen zu beantworten suchte, die mit dem sichtbaren Januscharakter des Fortschritts zwar nicht erst aufgekommen, nun aber in den Rang dringender Zeitfragen aufgerückt waren. Im Einklang mit einer kleinen Gruppe liberaler Publizisten, zu denen auch Johannes Ignatz Weitzel zählte, prüfte er das seit der Aufklärung tradierte - oder ihr zugeschriebene - optimistische Bild der Geschichte und schloß sich eher einer geschichtsphilosophischen Nebenlinie an, welche die von "Thorheit, kindischer Eitelkeit, oft auch kindischer Bosheit und Zerstörungssucht"[78] bewirkte Planlosigkeit der Geschichte betonte und damit der von Hegel zur "nächsten" - also verstandesmäßig-empirischen - her-

76 Das Bild von Menzel als einem unheilvollen Franzosenfresser läßt seine liberalen und nationalliberalen Positionen unberücksichtigt und schließt vom späten, konservativen und nationalistischen Menzel undifferenziert auf den frühen. Vgl.: J. Hermand, "Was ist des Deutschen Vaterland?" Börne contra Menzel, in: Ludwig Börne zum 200. Geburtstag, hrsg. v. A. Estermann, Frankfurt 1986, S. 199ff.; D. Jacobsen, "Altdeutsche Rockgedanken". Wolfgang Menzel und die Zukunft der Literatur, in: Weimarer Beiträge, Bd. 35, Jg. 1989, S. 233ff.; G. Söhn, Von gereizter Höflichkeit zu gehässiger Gegnerschaft. Zum Verhältnis Wolfgang Menzel - Heinrich Heine, in: Heine-Jahrbuch, Bd. 30, Jg. 1991, S. 69ff. Hingegen ausgewogener: K. Briegleb, Der "Geist der Gewalthaber" über Wolfgang Menzel, in: Demokratisch-revolutionäre Literatur in Deutschland: Vormärz, hrsg. v. K. R. Scherpe, Kronenberg/Ts. 1974, S. 130ff.; I. u. P. Oesterle, Der literarische Bürgerkrieg. Gutzkow, Heine, Börne wider Menzel. Polemik nach der Kunstperiode und in der Restauration, in: ebenda, S. 151ff.; D. Heald, Wolfgang Menzel - The "Denunziant" revalued, in: New German Studies, Bd. 5, Jg. 1977, S. 25ff.

77 K. Gutzkow, Wolfgang Menzel und die über ihn ergangenen Urteile, in: FO, Bd. 1, H. 2, S. 49

78 Kant, Idee zu einer allgemeinen Geschichte, in: a.a.O., S. 18

abgesetzten Ansicht von der Geschichte als verworrener Trümmermasse, als "Schlachtbank" zuneigte[79].

Seine aus Erfahrungen gewonnenen Bedenken gegen das, was er "Adelserhebung" der Geschichte nennt, trug Gutzkow vor allem in dem während seiner Untersuchungshaft um die Jahreswende 1835/36 verfaßten Beitrag "Zur Philosophie der Geschichte" vor, den er schrieb, um "es dahin zu bringen, meinen Gegner zu überragen"[80]. Wer dieser Gegner war, sprach ein zeitgenössischer Rezensent aus, der dem Beitrag "unzweideutig zu entnehmen" wußte, daß er "dem schreckbaren Gespenst der Geschichte, welches Herr Menzel in die Welt geschickt, etwas Lebendiges"[81] entgegensetzen sollte. Gutzkows Schrift, die bisher wohl vor allem wegen ihrer Kritik der Hegelschen "Geschichtskonstruction" auf Interesse stieß, spiegelt in manchem den durch Menzels Anschuldigungen bewirkten

79 Hegel, Vorlesungen über die Philosophie der Geschichte, Bd. 11, S. 49

80 Nachlaß Gutzkow, Nr. 36/ 25 I (Gutzkow an H. E. G. Paulus, 25. Jan. 1836)

81 F. W. Carovè, Karl Gutzkow. Zur Philosophie der Geschichte, in: PH, Nr. 177-181, 28. Juli - 2. Aug. 1838, S. 724. Auf diese Reaktion auf Menzel machen weiterhin, wenn auch nur sehr kurz, aufmerksam: Rosenkranz, Karl Gutzkow, in: a.a.O., S. 224f.; Proelß, S. 279. Auch Heine spricht 1836 von Gutzkows zwei Büchern "worin er gegen Menzel geschrieben" d.h. über "Zur Philosophie der Geschichte" und über "Goethe im Wendepunkt zweier Jahrhunderte", DHA, Bd. 21, S. 158 (an Campe, 25. Juli 1836). Als eine ausschließliche Auseinandersetzung mit Hegel dagegen werten die Schrift: Michelet, Geschichte der letzten Systeme der Philosophie, Bd. 1, S. 670; [F. Engels], Retrograde Zeichen der Zeit, in: Marx-Engels-Gesamtausgabe, Berlin 1975ff., Abt. 1. Bd. 3, S. 80f. R. Fester, Eine vergessene Geschichtsphilosophie, in: Sammlung gemeinverständlicher wissenschaftlicher Vorträge, N. F., H. 98, Hamburg 1890, S. 1ff., muß eingestehen, nur einen Beleg aus K. Immermanns "Münchhausen" zur Rezeption von Gutzkows Schrift aufgefunden zu haben, weshalb weitere Belege benannt seien: F. Kottenkamp, Anti-Menzel oder Wolfgang Menzel vom Standpunkte der historischen Kritik aus betrachtet, Stuttgart 1835; G. F. Daumer, Darlegung des religiösen und religionsgeschichtlichen Charakters und Verhältnisses der Herren Gutzkow und Menzel, Nürnberg 1836, 25ff.; Mundt an Marggraff (?), 1. Juli 1836, Nachlaß Gutzkow, Nr. 36/ 181 (Klage über das fehlen aktueller politischer Aussagen); Rosenkranz an Jung (ca. 1836), Nachlaß Gutzkow, Nr. 36/ ca. 300; K. Rosenkranz, Die Emancipation des Weibes, aus dem Standpunkt der Psychologie betrachtet, in: ders., Studien, Bd. 1, S. 91ff., hier S.106f.; A. Jung, Briefe über die neueste Literatur, Denkmale eines literarischen Verkehrs, Hamburg 1837, S. 125ff.; D. F. Strauß, Streitschriften zur Vertheidigung meiner Schrift über das Leben Jesu und zur Charackteristik der gegenwärtigen Theologie. Zweites Heft: Die Herren Eschenmayer und Menzel, Tübingen 1837, S. 188fff., 216ff., 224ff.; Carovè, Karl Gutzkow ..., in: a.a.O.; Carovè, Rückblicke auf die schöne Literatur des Jahres 1835, in: ders., Neorama, Beiträge zur Litteratur, Philosophie und Geschichte, Leipzig 1838, Bd. 1, S. 97ff.; ; G. O. Marbach, Der Zeitgeist und die moderne Literatur, in: Estermann, Politische Avantgarde, a.a.O., Bd. 2, S. 523f.; K. Rosenkranz, [Rez.], G. W. Hegel's Vorlesungen über die Philosophie der Geschichte ..., in: Hallische Jahrbücher für deutsche Wissenschaft und Kunst, Nr. 17 - 20, 19. - 23. Jan. 1838, hier Nr. 20, Sp. 156; Rosenkranz, Philosophie der Geschichte, in: a.a.O., S. 200; Heß, Die europäische Triarchie, in: a.a.O., S. 117f.; A. Jung, Vorlesungen über die moderne Literatur der Deutschen, in: Estermann, Politische Avantgarde, a.a.O., Bd. 2, S. 563, 569; H. v. Treitschke, Deutsche Geschichte im 19. Jahrhundert, Bd. 4, Leipzig 1889, S. 442.

"aufgeregten Charakter der damaligen Katastrophe"[82] wider. Sie kreist nicht zuletzt um das, was Gutzkow in einem Rückblick Menzels "Magazin von Ideen"[83] genannt hatte. Zu diesem "Magazin" rechnete Gutzkow offenbar auch Menzels Buch "Geist der Geschichte" von 1835, auf das er mehrfach reagierte, nicht zuletzt wohl deshalb, weil es sich um einen bemerkenswerten fortschrittskritischen Entwurf handelte, dessen Grundgedanken im Zusammenhang mit Menzels Enttäuschungen über den Verlauf der politischen und sozialen Umwälzungen in Frankreich nach 1830 standen, aber auch durch seinem Umgang mit dem schwäbischen romantischen Dichterkreis hervorgerufen wurden.

Menzel, der die Juli-Revolution ursprünglich begrüßt hatte, bemerkte angesichts der Entwicklungen in Frankreich, daß man "den Feudalismus des unbeweglichen Vermögens aufgehoben" habe, gerade damit aber "in den des beweglichen gefallen" sei[84]. In "Geist der Geschichte" baute er solche Überlegungen aus und übersteigerte sie. Er gab ein Szenarium des letzten großen Krieges um materiellen Gewinn und um Nahrungsräume, und diese resignativen Schilderungen führten schließlich zu einer apokalyptischen Vision der Selbstvernichtung der Menschheit durch ungehemmte materielle Ansprüche. Diese Quintessenz der Schrift entwikkelte er in mehreren Anläufen, die stets in die These vom Niedergang und von der schließlichen Auslöschung der menschlichen Kultur mündeten. In - nach seinen Worten - "kosmologischer" Hinsicht lehnte er sich an die aufklärerische Vorstellung der Endlichkeit des Planeten Erde an; in "theologischer" besann er sich auf eine wahre Seligkeit im Jenseits; Gott sei nicht von dieser Welt und deshalb verdiene der irdische Raum, zerstört zu werden. In "mythologischer" Hinsicht griff er auf in verschiedenen Völkern und Epochen existierende Vorstellungen von einstiger Schöpfung und schließlicher Zerstörung der irdischen Gegebenheiten zurück. In "genealogischer" Hinsicht erwartete er, indem er die seit Malthus' Warnungen aufgekommenen Ansichten über die Folgen menschlicher Überbevölkerung zum Bild einer unvermeidlichen "ungeheure(n) Menschen-Vermehrung" übersteigerte[85], das Ende menschlicher Geschichte. In "historischer" Hinsicht schließlich zeichnete er, der kurz zuvor selbst noch den optimistischen Ansprüchen politischer Ökonomen wie Say begeistert zugestimmt hatte[86], den verhängnisvollen Kreislauf von Bedürfniserweiterung und Bedürfnisbefriedigung nach, um daraus eine univer-

82 Gutzkow, Vergangenheit und Gegenwart, in: a.a.O., S. 194

83 Ebenda, S. 189

84 Menzel, Nachträge zur theologischen Literatur, in: LB, Nr. 78, 1. Aug. 1832, S. 312

85 W. Menzel, Geist der Geschichte, Stuttgart 1835, S. 102.

86 Vgl.: W. Menzel, Staatswissenschaft. J. B. Say's ausführliche Darstellung der Nationalökonomie ..., in: LB, Nr. 57, 4. Juni 1830, S. 225ff.

sale Naturzerstörung zu folgern.

Dieser letzte Abschnitt, zu dem sich die anderen wie Ergänzungen ausnehmen, ist der geschlossenste und aussagekräftigste der ganzen Schrift. Da er auch an Umfang über die Hälfte des Werkes einnimmt, ist er als der philosophische Kern des Buches anzusehen. Weil "das Bürgertum so auffallend entartet"[87], verwarf Menzel die bisherige aufklärerische Theorie und Praxis und schilderte den gesellschaftlichen Fortschritt als ein Verhängnis. "Wenn der Mensch die rohe Naturgewalt siegreich überwunden hat, so überwältigt ihn der Geist, den er heraufbeschwört. Die magische Gewalt, mit der er die Natur bändigt, wird ihm selber zum Verderben. Je höherer Kräfte er Meister wird im Verlauf der Jahrtausende, je gefährlicher werden sie ihm in seiner eigenen Hand, je großartiger und zerstörender wird der weltweite Kampf"[88]. Die Menschen setzten sich selbst kein Maß, hätten ihren Mittelpunkt verloren und verschwendeten sich an Äußerlichkeiten. Von urgeschichtlichen Verbänden über Mittelalter, Reformation bis zum amerikanischen Verfassungsstaat sah Menzel nur Verfall und Niedergang, nur die "Nutzlosigkeit eingebildeter Weltinteressen"[89]. Es "steigert sich die Erfindungskraft des menschlichen Geistes mehr in Erweckung neuer Begierden, als in Mitteln zu deren Befriedigung"[90]. Begierden drängten zu ihrer Befriedigung, und das bewirke nur neue Begierden, erzeuge eine Spirale von Bedürfnissen, durch die sich die Menschen selbst enthemmen: "Der Schooß der civilisirten Gesellschaft geht mit Ungeheuern schwanger": "Kampf Aller gegen Alle". Die Selbstzerstörung der Menschheit wird "zusammenfallen mit der Zerstörung der Natur, und in der letzten Schlacht der Menschen mögen die Elemente mitkämpfen, und die Erde auf dem Grabe ihrer Kinder sich selbst opfern"[91]. Dem "großen Heldengedicht der Erde"[92] gab Menzel damit einen erschreckenden Ausgang. Dieser erhielt eine weitere provokative Spitze dadurch, erhält, daß er für ihn Euphemismen wie "Poesie der Geschichte" oder Geschichte "verschönert im Untergange" fand[93] und daß er, wie noch zu zeigen sein wird, den Unwert des Lebens mit dem Wert christlicher Unsterblichkeit konfrontiert.

Mit solchen Visionen erregte Menzel bei den Jungdeutschen einige Aufmerksamkeit. Mundt fand in einer Rezension lobende Worte für den Gedanken

87 Menzel, Geist der Geschichte, S. 188
88 Ebenda, S. 114f.
89 Ebenda, S. 98
90 Ebenda, S. 114f.
91 Ebenda, S. 195
92 Ebenda, S. 194
93 Ebenda, S. 110

einer "Poesie der Geschichte", wünschte sich aber einen anderen Ausgang[94]; Jung gab etwas später ebenfalls ausdrücklich Menzels Weltvernichtungsvorstellungen recht, lehnte aber mit dem Hinweis "die Hand der heiligen Natur allein führt diesen Proceß"[95] Ansichten von menschlicher Selbstvernichtung ab. Gutzkow hatte Anfang März 1835 an Menzels Buch noch "manches Hübsche, nämlich seine Sympathien für Reisebeschreibungen und Classifikationen" entdeckt, es ansonsten aber "matt und in einem ganz heruntergekommenen Style geschrieben" gefunden[96]. Aber bereits Mitte März veröffentlichte er eine kritische Besprechung[97], um Ende April dann endgültig Distanz zu bekunden.

Was ihn vor allem störte, war die "Vernichtungstheorie einer kannibalischen Menschheit" und Menzels Umschwung auf Positionen von "Klostermauern und feudale(n) Erinnerungen" sowie sein "plötzlicher Patriotismus" angesichts der enttäuschenden Entwicklungen in Frankreich[98]. Seine Vorbehalte gegen diese Vernichtungstheorie ließ Gutzkow auch in "Wally" erkennen, was Menzels öffentliche Angriffe auf dieses Werk sehr wahrscheinlich mit veranlaßte[99]. Eine Passage von "Wally" berührt das Phänomen kollektiver Selbstauslöschung, für das es übrigens in orientalischen, in antiken und christlich-mittelalterlichen Vorkommnissen Beispiele gab[100]. Auf Menzels schockierend nihilistische Konsequenzen bezog sich Gutzkow, wenn Wally der von Naturkatastrophen ausgelösten denkbaren Vernichtung der Menschen durch einen kultischen Massenselbstmord zuvorzukommen gedenkt: "Das tragische und der Menschheit würdige Schicksal unsers Planeten wäre, daß er sich selbst anzündete, und alle, die Leben athmen, sich auf den Scheiterhaufen der brennenden Erde würfen". Und mit deutlichen Anspielungen läßt Gutzkow sie ausrufen: "Barbarischer Mord der Völker unter einander glaubt ihr, werde das Ende der Dinge sein? Die wiedererwachende Roheit der Natur? (...) Sie werden sterben, aber sie werden Alle den Dolch in ihre eigene Brust senken"[101].

---

94 Th. Mundt, Bücherschau, in: ZO, Mai 1835, S. 412f.

95 Jung, Briefe zur neuesten Literatur, S. 80

96 Nachlaß Gutzkow, Nr. 35/ 65 (Gutzkow an G. Schlesier, 5. März 1835)

97 Vgl.: K. Gutzkow, Menzels Geist der Geschichte, in: Literatur-Blatt zum PH, Nr. 66, 18. März 1835, S. 261ff.

98 K. Gutzkow, Menzel und die deutsche Tiersparti, in:Literatur-Blatt zum PH, Nr. 102, 30. April 1835, S. 406, 407, 406

99 Vgl.: O. Briese, "Kannibalische Menschheit". Gutzkows Roman "Wally, die Zweiflerin" im Lichte seiner philosophischen und literarischen Quellen, in: Wirkendes Wort. Deutsche Sprache und Literatur in Forschung und Lehre, Bd. 42, Jg. 1992, S. 30ff.

100 Vgl.: U. Singer, Massenselbstmord. Zur Phänomenologie und Psychodynamik, Stuttgart 1980.

101 Gutzkow, Wally, S. 309f. Den Forschungsstand zu "Wally" referiert: J. A. Kruse, Gutzkows

Auch in seiner Schrift "Zur Philosophie der Geschichte" ließ Gutzkow sein Unverständnis für jede Art Vernichtungstheorie erkennen, griff aber dennoch bestimmte zivilisations- und kapitalismuskritische Elemente aus den Menzelschen Visionen auf, die sich mit aus Erfahrung und Rezeption zeitkritischer Strömungen gespeisten eigenen Vorbehalten gegen den bestehenden Gesellschaftszustand treffen.

Gutzkow zeigte sich von der Ankunft in der bürgerlichen Gesellschaft, von der Freifahrt für Industrie und Frühkapitalismus sichtlich ernüchtert. Der Leitbegriff der neuen Gesellschaft sei nicht die Humanität, sondern leitend wären die zerfahrenen und materiellen Interessen[102], deren Dominanz "das Leitungslose menschlicher Schicksale" hervorruft[103]. Die neue Gesellschaft ist kein harmonisch geordnetes Gebilde, ist nicht das erträumte Paradies, sondern sie ist die Region des Kampfes aller gegen alle um materiellen Gewinn, in dem das Geld zählt, das, wie er 1838 mit Carlyle annimmt, "der nackteste und gefühlloseste Ausdruck der Interessen und Bedürfnisse ist"[104]. Auch "die Boten des neuen Himmels ziehen das Schwert": "Kampf, und überall Untergang"[105], Zustände, "welche allen unsern humanistischen Träumen Hohn sprechen"[106]. Man hätte, so dehnt Gutzkow seine Schlüsse auf die Geschichte aus, "so viel paränetische, fromme und rührende Zwecke in die Geschichte gebracht, daß ihre Philosophie statt einer Erklärung eine Adelserhebung derselben geworden ist". Dabei hätte man übergangen, daß sie "das Grausame" sei, jener (von Menzel als "Greul von Jahrhunderten", als "grausame und närrische Welt"[107] bezeichnete) "tausendjährige blutige Kampf zwischen Recht und Unrecht, zwischen Natur und Geist"[108].

Unter diesen Vorzeichen hielt Gutzkow gegen konservative Denker, aber auch gegen apologetisch-optimistische Entwürfe eine Fortschrittskritik bereit, die nicht in Nihilismus oder Vergangenheitsbeschwörungen mündet, sondern Fortschritt befördern soll. Eine solche Kritik hatte sich in seinen ersten Publikationen von

---

"Wally" und der Verbotsbeschluß, in: Das Junge Deutschland. Kolloquium zum 150. Jahrestag des Verbots vom 10. Dez. 1835, hrsg. v. J. A. Kruse u. B. Kortländer, Hamburg 1987, S. 39ff. Soweit ich sehe, ist diese Reaktion auf Menzel von der Forschung noch nicht berücksichtigt worden. Auch die fundierte Studie E. Wabneggers (Literaturskandal. Studien zur Reaktion des öffentlichen Systems auf Karl Gutzkows Roman "Wally, die Zweiflerin" 1835 - 1848, Würzburg 1987) geht im Menzelabschnitt (S. 85ff.) nicht auf diesen Zusammenhang ein.

102 Vgl.: Gutzkow, Zur Philosophie der Geschichte, S. 32, 37

103 Ebenda, S. 86

104 K. Gutzkow, Die rote Mütze und die Kapuze, Hamburg 1838, S. 71

105 Gutzkow, Zur Philosophie der Geschichte, S. 36

106 Ebenda, S. 206

107 Menzel, Geist der Geschichte, S. 36f.

108 Gutzkow, Zur Philosophie der Geschichte, S. 61

1831 im "Forum der Journal-Literatur" mit offenbar an Menzel angelehnten Romantizismen angekündigt und sich in den "Narrenbriefen" von 1832 und in der Novelle "Die Sterbecassirer" von 1834 fortgesetzt. Eine Zäsur setzt "Zur Philosophie der Geschichte" insofern, als Gutzkows gefühlsmäßige Aversionen gegen die Versachlichungen der gesellschaftlichen Beziehungen hier einen fundierten gedanklichen Ausdruck finden.

Für Gutzkow existierte Fortschritt eigentlich nicht in einem zu Hypertrophierungen hinleitenden Singular, sondern in auf empirisch historische Vergleiche hindeutendem Plural. Er neigte jener in der deutschen Aufklärung durchaus auch zu findenden Gruppierung zu, die - so z.B. Christian Garve - keine geschichtsphilosophische Fortschrittstheorie benötigte, sondern zu erfassen suchte, welche der Veränderungen auf welcher Geschichtsstufe als Fortschritte zu betrachten seien, - und dabei oft genug bemerkte, daß es mit dem Fortschreiten der Menschheit zu größerer Vollkommenheit nicht immer weit her sei[109]. Man mußte nicht unbedingt Rousseau rezipieren, um auf in manchem vergleichbare Bedenken zu kommen. Auch für Gutzkow waren alle mit Fortschritt rechnenden linearen Konzeptionen in bestimmter Hinsicht zweifelhaft. Er begegnete ihnen mit der Frage, ob denn von dem Besseren oder Schlechteren oder nicht einfach dem Neuen zu sprechen sei.

Er distanzierte sich dabei von der aufklärerischen Perfektibilitätskonzeption nicht nur auf der Ebene des empirischen Vergleichs, sondern machte deutlich, daß sie als Resultat eines falschen philosophischen Paradigmas verstanden werden muß, dem teleologische Prämissen zugrunde liegen.

5.5. Epischer Parallelismus

Gutzkow verfolgte mit seiner Schrift von 1836 das Ziel einer "Revision der Philosophie der Geschichte"[110], beabsichtigte also von vornherein, bisherige geschichtsphilosophische Vorstellungen kritisch zu sichten. In seinem Resümee der neuzeitlichen Ansätze stellte er prononciert die Verdienste der englischen und französischen Aufklärung heraus. Vor allem ihr antispekulativer Zug, ihr Sinn für Realimus fand Gutzkows Zustimmung. Geschichte wurde gleichsam induktiv belauscht. Nicht nur der Sachverhalt, daß eine solche Geschichtsschreibung weitge-

---

109 Vgl. zu Garve: Z. Batscha, Christian Garves politische Philosophie, in: ders., Despotismus von jeder Art reizt zur Widersätzlichkeit. Die Französische Revolution in der Popularphilosophie, Frankfurt/M. 1989, S. 13ff.

110 Gutzkow, Zur Philosophie der Geschichte, S. 12

hend von theologischen Prämissen absah, fand seinen Beifall, sondern auch, daß sie politische Macht- und Herrschaftskämpfe vor dem Hintergrund einer Vielzahl von Interessen und Bedürfnissen beschrieb. Aus dieser Perspektive betrachtete er die in den Rang eines unaufhebbaren Geschichtstheorems gerückte Überzeugung von einem immerwährenden, im großen und ganzen unproblematischen Fortschritt kritisch. Er fand sie schon deshalb zweifelhaft, weil sie nicht nur das Kontrafaktische, die unrealisierten Möglichkeiten der Geschichte und ihre stets vorhandene Alternativität, sondern auch den Zufall und vor allem die Situations- und Verhaltensanalogien - also eigentlich das Menschliche der Geschichte, ihre subjektive Seite - ausklammerte.

Aus dieser Distanz zu Fortschrittsüberlegungen bei gleichzeitiger Kritik der Vergangenheit und der Forderung, die Geschichte zu individualisieren[111], könnte man schließen, daß Gutzkow Kreislaufvorstellungen zuneigte. Der junge Friedrich Engels z.B. fand, daß Gutzkow in bedenkliche Nähe zu Schillers "Nichts Neues unter der Sonne" zu geraten drohte. Zu berücksichtigen ist aber, daß auch Kreislaufmodelle seit ihrem Aufkommen in magisch-animistischen oder später in mythologischen Denkformen so vielgestaltig entwickelt wurden, wie die philosophische Kultur selbst. Der manieristische Hang zur Klassifikation in der Renaissance, der Durchbruch des geometrisch-mathematischen Weltbildes seit Kopernikus, der Griff nach geschichtlichen Ordnungsmodellen bei Montaigne und Montesquieu oder die radikale Zivilisationskritik Marats und Robespierres, - alle diese philosophischen Anliegen fanden in Kreislaufmodellen ihren spezifischen Ausdruck[112]. Mit Recht wurde davon gesprochen, daß Kreislaufmetaphern "beharrlich ein Leitmotiv der ganzen Aufklärung"[113] ausmachen, daß sie "extreme Variabilität" aufweisen[114] und sogar der Untermauerung von Fortschrittsansprüchen dienen können[115]. Auch Hegel setzte Kreisläufe voraus, Fortschritt vollziehe sich als "sich selbst schließender Kreis (...) das Ganze stellt sich daher als Kreis von Kreisen dar"[116]. Ganz im Sinne des Meisters erklärte auch Rosenkranz: "Dem wesentlichen Inhalt nach ist allerdings auch die Geschichte des Menschen immer dieselbe (...). Aber

111 Vgl.: Ebenda, S. 63.

112 Vgl.: J. Schlobach, Zyklentheorie und Epochenmetaphorik, München 1980; G. E. Cairns, Philosophies of History. Meeting of East and West in Cycle Pattern Theories of History, Westport 1971.

113 J. Rohbeck, Die Fortschrittstheorien der Aufklärung, Frankfurt/M., New York 1987, S. 38

114 Schlobach, Zyklentheorie, S. 344

115 Ebenda, S. 201ff., vgl. auch: Rohbeck, S. 38.

116 Hegel, Enzyklopädie, Bd. 8, S. 60. Vgl. außerdem: W. R. Beyer, Das Sinnbild des Kreises im Denken Hegels und Lenins, Beiheft zur Zeitschrift für philosophische Forschung, Meisenheim a.G. 1971, Beiheft 26.

diese Einheit schließt den Fortschritt des Seins von Stufe zu Stufe, die Perfectibilität, nicht aus. Das alte Salomonische Wort, daß nichts Neues unter der Sonne geschieht, bestätigt sich alle Tage in der Geschichte von der Seite des Inhaltes"[117]. Und ein anderer Hegelianer, Ludwig Buhl, legte Hegels These des kreisenden Fortschritts auf ähnliche Weise aus: Es hätte "selbst eine gewisse Wahrheit, zu sagen, daß die Geschichte nichts Neues bringe", nämlich wenn man präformierte Keime in ihr berücksichtige[118]. In diesen Kreislaufmodellen liegt die Betonung nicht auf der Rückkehr oder einem ewigen Zyklus, sondern auf der substantiellen Identität des Inhalts. "Nichts Neues" bedeutet Bewahrung der ewigen Idee als Substanz.

In den jungdeutschen Varianten erfolgte der Rückgriff auf Kreislaufmetaphern weder wegen des großen ordnenden geschichtlichen Zyklus' noch wegen einer substantiellen Identität. Vielmehr ging es den Jungdeutschen auch hier darum, den Akzent auf das "Leben", das Handeln und das freie Individuum zu setzen. Mit dieser Absicht hatte Börne 1823 erklärt: "Es ist eine anerkannte Wahrheit, und die oft genug ausgesprochen worden, daß es nichts Neues unter der Sonne gibt (...). Was geschieht, geschieht zum wiederholten Male"[119]. Er mußmaßte vorher auch an anderer Stelle: "alles kehret in einem ewigen Kreislaufe zu sich selbst zurück"[120]. Laube griff auf Schillers "Alles wiederholt sich nur im Leben/ ewig jung ist nur die Phantasie" zurück und bevorzugte statt der Idee des geschichtsphilosophischen Kreislaufes das analoge Modell einer "Ellipse"[121]. Die These, die Jungdeutschen hätten ebenso wie die Junghegelianer "in Deutschland den Bruch mit der Synthese von klassizistischer Zyklentheorie und Fortschrittstheorie vollzogen"[122], kann insofern wohl nur eingeschränkt gelten. Denn weder verzichteten die Jungdeutschen auf den Aktions- und Kampfbegriff Fortschritt noch lösten sie sich gänzlich vom Banne der Zyklenmetaphern. Aber ihnen gelang es, "Fortschritt" und "Kreislauf" aus der Funktion von Alternativbegriffen zu lösen. Reale Fortschritte berühren überhaupt nicht jenes Problemfeld, bei dem es um die Wiederbelebung von Situationen, von Konflikten, von Verhaltensweisen geht. Es ist bezeichnend, daß

---

117 Rosenkranz, Philosophie der Geschichte, in: a.a.O., S. 194. Rosenkranz schloß sich der junghegelianischen Kritik an der jungdeutschen Subjektivität nicht an, sondern würdigte die Jungdeutschen in Lexikonbeiträgen und suchte Kontakt zu ihnen. Vgl. dazu: E. Japtok, Karl Rosenkranz als Literaturkritiker, Freiburg 1964. S. 37ff. Vgl. weiterhin die im Gutzkow-Nachlaß befindlichen sechs Briefe von Rosenkranz an Gutzkow aus den Jahren 1837 - 39.

118 [Buhl], Hegel's Lehre, S. 32

119 Börne, Altes Wissen, neues Leben, in: Sämtliche Schriften, Bd. 1, S. 708

120 Börne, Die Freiheit der Presse in Bayern, in: ebenda, S. 822

121 Laube, Das Neue Jahrhundert, Bd. 2, S. S. 169f..

122 W. Schröder, Querelle des Anciens et des Modernes, in: Europäische Enzyklopädie, Bd. 3, S. 990

die "Zeitung für die elegante Welt" unter Laubes Redaktion in mehreren Aprilnummern 1833 eine Rubrik "Historische Parallele" bzw. "Historische Parallelen" enthielt, die mit K.G.J. gezeichnet war. Es handelt sich wahrscheinlich um Fragmente des damals schon verstorbenen liberalen Schriftstellers Carl Gustav Jochmann, die analoge Ereignisse und Konstellationen, insbesonders aus der politischen Weltgeschichte, behandeln. Jochmann stellte erwiesenermaßen in vielem für den kämpferischen liberalen Staatsrechtler Weitzel eine Quelle dar, der ebenfalls Kreislaufwendungen benutzte: "Die Vergangenheit wiederholt sich in der Gegenwart, und wird sich in der Zukunft wiederholen"[123]. Weitzel wiederum wurde von Gutzkow sehr geschätzt, so daß sich vermuten läßt, daß aus diesem Umkreis Anregungen für einen der grundlegenden geschichtsphilosophischen Begriffe Gutzkows kommen: für den "epische(n) Parallelismus"[124], der genau diese Analogie in der Wiederholung meint.

Für Gutzkow ist "die Form der Geschichte nicht Auf- und Absteigen, nicht der concentrische Kreis oder die Spirale (...), sondern der epische Parallelismus, bald congruirend, bald divergirend"[125]. Epischer Parallelismus ist nicht linearer noch epizyklischer, mit Spiralen durchsetzter Fortschritt, bedeutet aber auch nicht Rückschritt. Vielmehr ist Geschichte die mehr oder weniger deckungsgleiche, kongruierende Wiederkehr geschichtlicher Konstellationen als "ewige Regeneration", als "die Rückkehr einer endenden Schlange in ihren Anfang"[126]. Insofern kommt der damals viel diskutierte Topos "Nichts Neues unter der Sonne" (Prediger 3,1) bei Gutzkow gar nicht vor, und das vom jungen Engels im "Telegraph für Deutschland" geäußerte Bedenken trifft Gutzkows Anliegen nicht. Es mag allgemein wohl gelten: "Da haben wir's, es ist nichts Neues unter der Sonne! Da jubeln unsre chinesischen Stillstandshelden, unsre Rückschrittsmandarine"[127]; aber betreffs Gutzkow liegt auf der Hand, daß er nicht diese These des "Nichts Neues" vertrat. In einer Menzel-Rezension von 1835 hatte er dessen "Nichts Neues unter der Sonne!"[128] ausdrücklich zurückgewiesen, und auch Friedrich Ludwig Georg von Raumer warf er 1838 vor, daß er diesem bekannten Topos folge[129]. Daher konnte Gutzkow 1841 seine Vorstellung von einem "epischen Parallelismus" auch in die Worte fassen: "Das Aufsteigen geschichtlicher Entwickelungen ist sehr oft mit dem Kreislauf einer Spirallinie verglichen worden. Scheinbar in seinen Anfang

123 J. Weitzel, Geschichte der Staatswissenschaft, Stuttgart, Tübingen 1833, Bd. 2, S. 9
124 Gutzkow, Zur Philosophie der Geschichte, S. 53
125 Ebenda
126 Ebenda, S. 72, 70
127 [F. Engels], Retrograde Zeichen, in: a.a.O., S. 80f.
128 Gutzkow, Menzel und die deutsche Tiersparti, in: a.a.O., S. 406
129 Vgl.: K. Gutzkow, Götter, Helden, Don-Quixote, Hamburg 1838, S. 102.

zurückkehrend, steigt der historische Fortschritt, dem Auge kaum sichtbar, in die Höhe (...). Die Zeiten gebären sich niemals neu, sondern saugen aus einander ihre Kraft und machen ihre wechselseitigen Resultate zu wechselseitigen Initiativen"[130]. Zwar wird nun terminologisch stärker an Hegel erinnert, aber das hier akzentuierte weltgeschichtliche Kontinuum ist immer noch in die alte Problematik eingebettet: Es geht nicht vordergründig darum, ob es Neues oder substantielle Kontinuitäten gibt, sondern darum, wie Menschen in ihrem Wechselwirken, mit ihren Initiativen Geschichte konkret gestalten, wie sie Geschichte "machen" können.

Mit seiner "Vorstudie" zu einer künftigen Philosophie der Geschichte, wie er seinen Entwurf einschränkend nennt[131], wandte sich Gutzkow daher gegen jede Art von theologisch geleiteter Geschichtsphilosophie. Sein "epischer Parallelismus" ist aber auch ein Gegenentwurf zur humanistischen und idealistischen deutschen Traditionslinie, die er auch deshalb als "theologisch" bezeichnete, weil sie einen profanierten, spekulativen Gott an die Stelle der Menschen setzt und ihren Optimismus auf teleologische Voraussetzungen gründet. Lessing, den Gutzkow ansonsten sehr schätzte[132], steht stellvertretend für die deutsche Tradition, und Gutzkow findet es bedauerlich, daß gerade "Lessing es seyn mußte, der diese theologische Ansicht der Geschichte zuerst in ein System brachte"[133], indem er die Idee einer "göttlichen Menschenerziehung"[134] entwickelte und damit eine "teleologische Weise, die Geschichte zu ordnen"[135]. Gutzkows Polemik richtet sich damit hauptsächlich gegen die "Einmischung so vieler Andacht und Theologie in die deutsche Geschichtsbetrachtung"[136]. Er will zeigen, daß die Vorbilder dieser falschen Geschichtsansicht in theologischen Vorlagen bestehen. Einen teleologischen Optimismus kann er offenbar nicht teilen; der Glaube an "rührende Zwecke in der Geschichte" ist ihm überholt.

130 K. Gutzkow, Deutschlands Gegenwart, in: TE, Nr. 1, Jan. 1841, S. 2
131 Gutzkow, Zur Philosophie der Geschichte, S. 64
132 Vgl.: P. U. Hohendahl, Der revolutionäre Geist Lessings, in: Das Junge Deutschland. Kolloquium, a.a.O., S. 83ff.
133 Gutzkow, Zur Philosophie der Geschichte, S. 27
134 Ebenda, S. 8
135 Ebenda, S. 30
136 Ebenda, S. 27

5.6. Unsterblichkeit als Ideal der Vernunft

Gutzkows Zurückweisen von "rührenden Zwecken" in der Geschichte legt die Vermutung nahe, daß auch Unsterblichkeitsgedanken, zumindest in christlicher Überlieferung, unter diese Zwecke fallen könnten. Daher wird geprüft werden müssen, ob die Kritik des teleologischen Fortschrittsdenkens nicht ebenso wie die Kritik der teleologischen Anthropozentrik zu einem Abrücken von Unsterblichkeitsvorstellungen hinüberleiten könnte.

Als erstes ist dabei zu bedenken, daß die Option für eine fortschreitende Individualisierung der Geschichte bedeutet, daß ihr Gang, der Fortschritte einschließt, individuell erlebbar bleiben muß und nicht die Individuen übergehen soll. Solche Töne waren in "Wally" zumindest angeklungen. Cäsar verbände zu gern "die Freiheit der Völker mit dem Glauben an die Ewigkeit", lenkte dann aber realistisch ein: "Wir werden keinen neuen Himmel und keine neue Erde haben; aber die Brücke zwischen beiden scheint es, muß von Neuem gebaut werden"[137]. Dieser Verklammerungsversuch schien auch in Laubes Klage auf, daß es eine unvollkommene Welt sei, "in der es für alle Dinge ein Ende giebt, wo da Leben an einer tödtlichen Ausnahme, dem Tode, stirbt"[138], ebenso auch in Heines Überlegung, daß individueller Tod die Kategorie des Fortschritts verbiete und stets nur in ein "trostlos ewiges Wiederholungsspiel" von Leben und Tod münde[139]. Der Verzicht auf Unsterblichkeit zeigte sich hier als ein Wagnis, nicht nur wegen des gereizten philosophischen und theologischen Klimas, sondern auch, weil er einen Schritt in ein bedrohliches geistiges Neuland bedeutete, - den bewußten Verzicht auf individuelle Fortdauer, eine geistige Öde ohne rettendes Ziel. Es geht nicht nur um eine risikoreiche Überschreitung gesellschaftlicher Konventionen, sondern auch um persönliche Grenzüberschreitungen hin in einen gefährlichen Raum - den des bewußten Zielverlustes. Wo weder Unsterblichkeit noch ein universeller Gattungsfortschritt die individuellen Qualitäten bewahren bzw. weitergeben, bliebe nur ein großes Nichts, bliebe nur die resignative Einsicht von Büchners Danton, daß der Tod die Geburt äfft[140], daß die gesamte Schöpfung eine riesige Wunde sei, in der die Menschen die Blutstropfen darstellen, daß die ganze Welt ein

137 Gutzkow, Wally, S. 298, 302

138 Laube, Moderne Charakteristiken, Bd. 1, S. 272

139 Heine, Reise von München nach Genua, in: a.a.O., S.71

140 Vgl.: G. Büchner, Danton's Tod, in: G. Büchner. Sämtliche Werke, Briefe und Dokumente, hrsg. v. H. Poschmann, Bd. 1, Frankfurt/M. 1992, S. 79.

einziges Grab darstelle[141]. Daß solche Auffassungen Gutzkow nicht unbekannt waren, deutet sich nicht nur in den brieflichen Kontakten mit Büchner an[142]. Auch in "Zur Philosophie der Geschichte" rang Gutzkow, gerade weil er den engen Zusammenhang von teleologischen Annahmen und Unsterblichkeiterwartungen spürbar werden ließ, mit dem Problemzusammenhang individueller und geschichtlicher Sinngebung.

Er kommt vorerst zu dem bemerkenswerten Ansatz, den Augenblick, den Einzelmoment hervorzuheben. Und obgleich das Problem von Tod und Leben nicht direkt zum Thema wird, findet man doch Äußerungen, die darauf hinzudeuten scheinen, daß Gutzkow den Lebenssinn ausschließlich vom Jetzt und Hier aus suchte. Keine Ansicht sei für die menschliche Gesellschaft "so gefährlich (...) als die Unsterblichkeit der Seele"[143] gewesen, da sie alle Aufmerksamkeit vom Leben abzog. Statt dessen ist bei Gutzkow vom einzelnen Menschen die Rede, der "geboren wird und stirbt, und stirbt mit dem Bewußtseyn, in seiner Weise das Räthsel des Lebens gelöst zu haben"[144], und vom Gattungsleben, das ein "Complex von ungezählten Individualitäten (ist), die kommen und gehen"[145]. Der "Augenblick" und das sinnvolle Leben darin haben Vorrang vor der "Ewigkeit"[146]. Leben verdrängt die ungenügenden Vorstellungen von Unsterblichkeit. Gutzkow folgte hier einer Grundlinie jungdeutschen Denkens, aber ohne den Überschwang, den andere Jungdeutsche an das Wort "Leben" knüpften, zu teilen. Leben ist ein naturnotwendiger und zu bewältigender Vorgang. "Die Geschichte hat nur einen Zweck: das ist das Leben (...). Das Ewige ist nur dies, ob wir recht thaten und Niemand scheuten"[147]. Ewigkeit und Unsterblichkeit gehen im Prozeß des Lebens auf: "Das Leben disputiert den Tod hinweg"[148]. Das Leben, nicht die Unsterblichkeit, besiegt die Zeit. Realistisch und ohne nihilistischen Anflug betont Gutzkow: "Wenn dein Auge bricht, so bleibt nichts von dir zurück als Asche"[149].

Man kann diese Darlegungen auch als indirekte Antwort auf Menzels apokalyptische Visionen betrachten, deren realistische Seiten Gutzkow durchaus angeregt haben dürften, seinen "Gegner zu überragen", deren krasse, emphatische Unter-

141 Vgl.: ebenda, S. 72.

142 Vgl.: H. Poschmann, Eine verhinderte Begegnung. Gutzkow und Büchner, in: Neue deutsche Literatur, H. 11, 1981, S. 58ff.

143 Gutzkow, Zur Philosophie der Geschichte, S. 280

144 Ebenda, S. 146

145 Ebenda, S. 14

146 Ebenda, S. 63

147 Ebenda, S. 143f.

148 K. Gutzkow, Beiträge zur Geschichte der neuesten Literatur, Bd. 1, Stuttgart 1836, S. 108

149 Gutzkow, Zur Philosophie der Geschichte, S. 304

gangsprognosen ihn aber ebenso zurückstießen wie deren merkwürdig mystische Wiedergeburts- und Unsterblichkeitsaussichten. Bekanntlich befördern Apokalypsen nach einem traditionellen religiösen Muster eine Neukonstitution verlorengegangener harmonischer paradiesischer Zustände. Sie sehen nicht auf das Ende, sondern vor allem auf den Neuanfang im Ende[150], - es sei denn, sie sind "kupierte", beschnittene Apokalypsen, die wirklich nur noch unumkehrbar den menschlichen Untergang denken[151]. Menzel, der seinen Entwurf selbst als "Apokalypse" verstand[152], nahm dieses traditionelle Muster eines Umschlags von Katastrophe zu Auferstehung, von Tod zu Neugeburt auf. Als tröstliche Aussicht auf all die irdischen Drangsale hielt er in anthropozentrischer Manier die ewige Bewahrung menschlicher Qualitäten in einem merkwürdig schillernd gehaltenen jenseitigen Raum, dem der Unsterblichkeit, bereit. Diese Weltuntergangs- und Auferstehungsspekulationen waren offenbar von Jean Paul, dem literarischen Idol Menzels, beeinflußt, von dem gesagt wird, daß "kein Dichter der Zeit (...) so viel über Tod, Unsterblichkeit und Weltende geschrieben"[153] habe. Solche Unsterblichkeitsüberlegungen und Seelenwanderungslehren hatte Jean Paul z.B. in "Das Kampaner Thal oder über die Unsterblichkeit der Seele", in "Neues Kampanerthal" und in "Selina oder über die Unsterblichkeit der Seele" dargestellt[154]. In seiner "Geschichte der Deutschen Literatur" griff Menzel diese in dem Sinne auf, daß man sich über den Tod "mit einer kühnen pantheistischen Vorstellung trösten" könne - mit jener der Unsterblichkeit und Seelenwanderung[155]. Dies mag ihn 1835 ebenso geleitet haben wie die apokalyptischen Visionen, die Jean Paul z.B. in "Dämmerungen für Deutschland"[156], in der "Rede des todten Christus vom Weltgebäude herab, daß kein Gott sei"[157] und in "Die Schönheit des Sterbens in der

150 "Während Eschatologie das Ende der Geschichte lehrt, reflektiert Apokalyptik auf Existenz in der neuen Schöpfung (...). Apokalyptiker rechnen stets mit einer radikal anderen, transzendenten Ordnung", Handbuch religionswissenschaftlicher Grundbegriffe, hrsg. v. H. Cancik, B. Gladigow, M. Laubscher, Bd. 2, Stuttgart, Berlin, Köln 1990, S. 10; vgl. auch: K. Vondung, Die Apokalypse in Deutschland, München 1988, S. 22f.

151 Der Begriff der neuzeitlichen "kupierten" Apokalypse ist entlehnt: Vondung, Apokalypse, S. 12, 106, 314. Auch in dieser sehr materialreichen Studie fehlen Verweise auf Menzel.

152 Menzel, Geist der Geschichte, S. 40, 94

153 H. U. v. Balthasar, Apokalypse der deutschen Seele. Studien von den letzten Haltungen, Bd. 1, Salzburg, Leipzig 1937, S. 515

154 Vgl.: K. Hamburger, Das Todesproblem bei Jean Paul, in: Jean Paul, hrsg. v. U. Schweikert, Darmstadt 1975, S. 74ff.

155 Menzel, Geschichte der deutschen Literatur, Bd. 3, S. 71f.

156 Vgl.: Jean Paul, Dämmerungen für Deutschland, in: Sämtliche Werke, Abt. 1, Bd. 14, S. 41ff.

157 Vgl.: Jean Paul, Rede des todten Christus vom Weltgebäude herab, daß kein Gott sei, in: ebenda, Abt. 1, Bd. 6, S. 247ff.

Blüte des Lebens"[158] entworfen hatte. Außerdem rezipierte er offenbar romantische apokalyptische Modelle, die sich gegen die zivilisatorischen Umbrüche im Zuge der französischen Revolution gewandt hatten. Apokalyptische Vorlagen wie Karl Josef Windischmanns Schriften "Die Selbstvernichtung der Zeit und die Hoffnung der Wiedergeburt"[159] (1807), "Das Gericht des Herrn über Europa. Blicke in Vergangenheit, Gegenwart und Zukunft"[160] (1814) oder Joseph de Maistres "Abendstunden zu St. Petersburg" (franz. 1820, dtsch. 1825 - mit Anmerkungen und Zusätzen von Windischmann) können Menzel ebenso beeinflußt haben wie der Vortrag des dem Hengstenbergkreis nahestehenden August Neander "Das Kommen des Herrn und dessen Zeichen"[161] von 1830, um so eher, als Menzel auf seine persönlichen und geistigen Verbindungen zu diesem Kreis später hingewiesen hat[162].

Alle diese Ansätze bilden das Ideenfluidum für Menzels "Geist der Geschichte", neben dem jedoch eine zu jener Zeit besonders in süddeutschem Pietismus und süddeutscher Romantik rezipierte Weltuntergangsprophetie keinesfalls übersehen werden darf. Obwohl Menzels "Geist der Geschichte" die damals einflußreichen Offenbarungen von Albrecht Bengel nicht erwähnt, kann man vermuten, daß gerade sie ihn bei der Abfassung seiner Schrift anregten.

Bengel, ein aus dem schwäbischen Pietismus stammender Theologe und Theosoph, hatte nicht nur in verschiedenen seiner Schriften den Weltuntergang für den 18. Juli 1836 genauestens angekündigt, sondern auch das tausendjährige Reich der Herrschaft Christi, das Jüngste Gericht und die ewige Seligkeit vorhergesagt[163]. Mit der 1825 anlaufenden Neuedition von Werken Bengels[164] begannen im süddeutschen Raum Schriften zu erscheinen, die dessen Vorstellungen positiv oder negativ verarbeiteten[165]. Eine erneuerte "geradezu stürmische Bengel-

---

158 Vgl.: Jean Paul, Die Schönheit des Sterbens in der Blüte des Lebens; und ein Traum von einem Schlachtfelde, in: ebenda, Abt. 1, Bd. 17, S. 301ff.

159 Vgl.: K. J. Windischmann, Die Selbsvernichtung der Zeit und die Hoffnung der Wiedergeburt, Heidelberg 1807, bes. S. 175.

160 Vgl.: K. J. Windischmann, Das Gericht des Herrn über Europa. Blicke in Vergangenheit, Gegenwart und Zukunft, Frankfurt/M. 1814, bes. S. 37, S. 182ff., 325, 133, 81.

161 Vgl.: A. Neander, Das Kommen des Herrn und dessen Zeichen, Berlin 1830, bes. S. 4f., 8f.

162 Vgl.: W. Menzel, Denkwürdigkeiten, hrsg. v. K. Menzel, Bielefeld, Leipzig 1877, S. 317f.

163 Vgl. insgesamt: G. Mälzer, J. A. Bengel. Leben und Werk, Stuttgart 1970; M. Brecht, Bengel, in: Theologische Realenzyklopädie, Bd. 5, S. 583ff.

164 Vgl.: G. Mälzer, Bibliographie zur Geschichte des Pietismus, Bd. 1, Berlin, New York, 1972, S.30ff.

165 Vgl.: J. Ch. F. Burk, J. A. Bengels Leben und Wirken, Stuttgart 1831; F. Lücke, Versuch einer vollständigen Einleitung in die Offenbarung Johannis, Bonn 1832; J. F. Wurm, Über die Beweisgründe für Bengels apokalyptische Zeitrechnung, Stuttgart 1832; Ch. Fr. Röhrborn, Höchst wichtige Weissagungen über die großen Begebenheiten auf der Erde, welche sich in den

Aneignung"[166] setzte ein, und auch in der schwäbischen Spätromantik, z.B. bei dem Menzel mehr und mehr naherückenden Justinus Kerner, waren Bengels Ideen bekannt. Dieser religionsgeschichtliche Hintergrund muß mitgedacht werden, will man Menzels Auferstehungs- und Unsterblichkeitsvorstellungen verstehen, denn seine Todesverherrlichung, sein Szenarium von einem Ende der Geschichte, seine Überzeugung, daß die "Verheißung (...) ausdrücklich nur auf Jenseits lautet. Ja, nur auf Jenseits; denn umsonst hofft man auf das tausendjährige Reich, auf die Tugend-Republik, auf Utopien"[167], hatten die Ideen jenseitiger Fortdauer zum Pendant. Der Tod sei den Qualen des Lebens vorzuziehen, weil er die Regionen jenes merkwürdig heidnisch-pantheistisch-mythologischen Raums der Unsterblichkeit eröffnet. Seine völlige Befreiung von physischen und moralischen Übeln findet der Mensch erst jenseits des irdischen Lebens, die Menschen "sind unsterblich, um jenseits dieses Lebens mehr zu sehen, mehr zu erleben"[168].

Zwischen diesen apokalyptischen Erwartungen Menzels und den Vorstellungen Gutzkows gibt es insofern ein gewisses Bindeglied, als auch Gutzkow - selbstverständlich vorausgesetzt, Menzel stützte sich direkt auf Bengel, wovon Gutzkow in seinem Lebensrückblick zu Recht ausging[169] - die Ansichten Bengels bereits 1832 bekannt waren. In seinen "Narrenbriefen" hatte er ihn den "tiefsinnigen Bengel" genannt und wohl mit ironischer Absicht eine säkularisierte Variante der Bengelschen Visionen dargelegt: Der 26. Brief sagte den Untergang der babylonischen Hure, des modernen deutschen Molochs mit Sitz in Frankfurt für das Jahr 1836 voraus[170]. Hier deutete sich bereits an, daß Gutzkow aber einen anderen Gebrauch von Bengels Ideen als Menzel zu machen wußte. In "Zur Philosophie der Geschichte" fehlen alle Weltuntergangsvisionen, vielmehr heißt es: "An jedem Tage ist das Ende der Welt"[171]. Mit deutlicher Anspielung auf Menzel wendet er sich gegen jene, die "den Geist der Geschichte (...) als eine Vernichtungstheorie für halb titanische, halb cannibalische Menschen darstellen"[172]. Geschichte ist das Hier und Jetzt und überhebt die Menschen der Transzendenz. Sie leben ihr Leben um ihrer selbst willen, mit einem Bewußtsein

---

Jahren 1832 bis 1836 ereignen werden, und vom tausendjährigen Reiche, Stuttgart 1832; Wird in diesem Jahre die Welt untergehen? Beantwortet für die Freunde Bengel's von einem Theologen, Querfurt 1836.

166 Mälzer, J. A. Bengel, S. 379. Vgl. auch S. 375.

167 Menzel, Geist der Geschichte, S. 39

168 Ebenda, S. 96, 31

169 Vgl.: Gutzkow, Rückblicke, in: a.a.O., S. 78.

170 Vgl.: [Gutzkow], Briefe eines Narren, S. 304ff.

171 Gutzkow, Zur Philosophie der Geschichte, S. 303

172 Ebenda, S. 212

von Vergänglichkeit, das sie das irdische Los "mit einigem Stolz und mit Verachtung" für ihre Endlichkeit tragen läßt[173].

Gutzkow versuchte, die Geschichte auf eine Art zu verstehen, welche die Hoffnung auf Unsterblichkeit hinfällig macht, weil das menschliche Leben als Selbstzweck gelten kann. Als allein tragfähig erwies sich dieser Versuch nicht, denn sein geschichtsphilosophischer Entwurf endet mit Hinweisen auf eine höhere Sphäre, in der man "einen frischen Kreislauf wagen" müsse und "zu neuen (...) Dingen dereinst versammelt" werde, mit Verweisen auf "Seligkeit" und "Auferstehung des Fleisches"[174]. Nicht zuletzt wegen des unausweichlichen Zielverlustes kam Gutzkow von der Absicht seines "Wally"-Helden Cäsar nicht los, die Freiheit der Völker mit dem Gedanken an die Ewigkeit zu verbinden. Anders läßt es sich kaum erklären, warum er zunehmend teils Kantsche, teils pantheistische, teils deistische Positionen bezog und zwischen diesen Unsterblichkeitsvarianten fortan eine gewisse Unentschiedenheit erkennen ließ.

Dabei darf man aber nicht übersehen, daß er sich auch hier gar nicht um theoretische Darlegungen bemühte, sondern - teils für sich, teils für die übrige Menschheit - die Unsterblichkeit als heuristisches Prinzip behandelte, das sich auf ein "praktisches" Fundament gründete und nicht, wie in der Literatur vermutet wurde, "in einem metaphysischen Grund"[175] wurzelte. Unsterblichkeit sollte - ähnlich wie die Menschenrechte - als eine Annahme fern aller "Utopien und Constructionen a priori"[176] gelten, also im Sinne eines Kantschen Ideals der Vernunft, dessen die Menschen als eines unverzichtbaren Prinzips Hoffnung bedürfen.

Dieser Überlegung, daß die Menschen der Unsterblichkeitshoffnung bedürfen, ordnete Gutzkow verschiedenartige philosophische Anläufe unter. In seinem Nachruf auf Rosa Maria Assing, eine Schwester Varnhagens, tröstete er 1840 z.B. über die Unabänderlichkeit des Todes mit pantheistischen Aussichten hinweg, die von Heines Idee eines "Naturavanzements" durch die subjektive Betroffenheit über den Tod unterschieden sind: "Du bist (...) ein seliges Atom geworden in dem Weben der Natur - und wenn wir auf grüner Flur bei abendlicher Heimkehr Johanniswürmchen leuchten sehen, wenn die Welle mit sanfter Klage an das Ufer schlägt (...) das Gespräch stockt und ein Engel durch's Zimmer geht (...) dann

---

173 K. Gutzkow, Vertheidigung gegen Menzel und Berichtigung einiger Urtheile im Publikum, in: Estermann, Politische Avantgarde, a.a.O., Bd. 1, S. 81

174 Gutzkow, Zur Philosophie der Geschichte, S. 305

175 Westra, Karl Gutzkows religiöse Ansichten, S. 24f. Dieses ganze Werk stellt nichts anderes als eine rührselige religiöse Vereinahmung Gutzkows dar.

176 K. Gutzkow, Erinnerungen an Börne, 1. Artikel, in: TE, Nr. 93 - 104, Juni, Juli 1838, Nr. 93, S. 747

wollen wir, die wir ihre Freunde waren, uns die Hände drücken und andächtig flüstern: Rosa Maria ist unter uns!"[177]. Der drängende Gedanke, wenigstens als "seliges Atom" dem Seienden weiterhin zuzugehören, ist nicht eine Sache theoretischer Beweise, sondern des Gefühls. Daher konnte Gutzkow in seiner Entgegnung auf Heinrich Leos Schmähschrift "Die Hegelingen ..." 1838 zurückhaltend die pantheistische Unsterblichkeitslehre Michelets verteidigen[178], im selben Zusammenhang aber "die nur *ahndungsweise* aufzufassende Vorstellung vom Wiedersehen nach dem Tode" unterstreichen und erklären, "daß die Unsterblichkeit nur unter Bedingungen und Formen zu verstehen ist, von deren äußerer Gestalt wir keine Vorstellung zu fassen vermögen"[179]. Da er von der subjektiven Bedürftigkeit des Menschen ausging, mußte Gutzkow in seiner Besprechung von David Friedrich Strauß' Broschüre "Vergängliches und Bleibendes im Christentum" (eine Arbeit, die ursprünglich in Mundts "Freihafen" publiziert worden war) 1840 die kühle philosophische Behandlung des Unsterblichkeitsthemas ganz unbefriedigend finden: "Ich bin nicht im Stande, die dereinstige persönliche Fortdauer des Individuums zu beweisen, allein, wenn irgendwo, scheint mir doch die Unsterblichkeitsfrage ein Gebiet zu seyn, in welchem der Denker nicht ohne Vorsicht sich bewegen, ja selbst eine höhere Weihe seiner Sprache nicht verschmähen sollte (...). Das Bewußtsein einer künftigen Ausgleichung ist tief in der Menschenbrust gewurzelt"[180]. Gerade weil Gutzkow wahrnahm, daß die "kleinen Freuden des Lebens (...) nicht mehr aus(reichen), um die großen Entbehrungen zu heilen", gerade weil er sah, daß der Tod siegt und "trübe Nebel" auf dem Jahrhundert lasten[181], hielt er Unsterblichkeitsaussichten für erforderlich. Er betrachtete sie als so unentbehrlich wie die "natürliche vernunftgemäße Freiheit", von der er weiß, daß sie "ein großes Wort sei", von dem "die Zeit nicht einen Buchstaben lassen wird" und die dennoch unerläßlich ist als eine Art "moralische Luft, die man athmen muß, um sich in Zukunft noch als Mensch zu fühlen"[182]. Sein Postulat lautet: "man zeige die Zukunft lachend und voller Ersatz für die Mühen des Augenblicks (...). Die Wahrheit hat hier gar kein Recht"[183]. Im Exkurs über "Wahrheit und Wirklichkeit" des "Wally"-Romans hatte er in diesem Sinne von Sphären der "ideellen Wahrheit und reellen Unwirklichkeit" gesprochen, die als

177 K. Gutzkow, Rosa Maria Assing ..., in: TE, Nr. 27 u. 28, Febr. 1840, S. 111
178 Vgl.: [K. Gutzkow], Leo und die Hegelingen, in: TE, Nr. 165 u. 166, Okt. 1838, S. 1323ff.
179 Ebenda, S. 1325
180 K. Gutzkow, Dr. Strauß, in: TE, Nr. 202, Dez. 1840, S. 805
181 K. Gutzkow, Briefe aus Paris, Leipzig 1842, S. 238f.
182 E. L. Bulwer [d.i. K. Gutzkow], Die Zeitgenossen. Ihre Schicksale, ihre Tendenzen, ihre großen Charaktere, Bd. 1, Stuttgart 1837, S. 94
183 Gutzkow, Menzels Geist der Geschichte, in: a.a.O., S. 262

tröstendes "Reich der Möglichkeit"[184] fungieren. Jetzt verwandeln sich Unsterblichkeitsaussichten in eine Maxime der Vernunft, die der reellen Wirklichkeit ermangelt und dennoch als ein moralisches Als-Ob ideelle Wahrheit besitzt.

184 Gutzkow, Wally, S. 324, 318

Schluß

In der vorliegenden Arbeit wurde nur ein kleiner Ausschnitt des jungdeutschen Unsterblichkeitsdenkens behandelt. Das betrifft den gewählten Zeitraum und die Personen, ebenso auch die Problemkreise und den Problemkontext.

Erforderlich, aber in dieser Arbeit nicht zu leisten, wäre es, die hier nur angedeuteten späteren Schaffensjahre von Heine, Mundt und Gutzkow genauer zu untersuchen und zu prüfen, inwieweit ihre Ansichten konsistent bleiben oder wie weit sie mit den neuen Erfahrungshorizonten nach der Vormärzperiode erneuten Umbrüchen unterliegen. Dringlich wäre, dabei über den Kreis dieser drei Vertreter des Jungen Deutschland hinauszugehen und die Hin- und Rückwirkungen aufzuspüren, die es zwischen dem durch Bundestagsverbot nicht zusammengewachsenen, sondern zusammengefügten engeren Kreis dieser Fünf mit jener Strömung gab, die sich selbst häufiger als die "junge Literatur" bezeichnete. Auch hier entstanden mit Werken wie Christian von Zedlitz' "Totenkränzen", Joseph Nürnbergers "Still-Leben oder über die Unsterblichkeit" oder Oswald Marbachs "Unsterblichkeit. Ein Sonettenkranz" publikumswirksame Beiträge zum Problem menschlicher Fortdauer.

Wenn hier bestimmte vernachlässigte Problemfelder genannt werden, ist vor allem auf den Zusammenhang des jungdeutschen Unsterblichkeitsdenkens mit übergreifenden Fragen nach ihrer Religionsauffassung und Religionskritik zu verweisen. Die jungdeutschen Ansichten von aufgeklärter Religiosität haben, abgesehen von der Jahrzehnte zurückliegenden ersten Gesamtschau von Eberhard Galley und neueren Spezialarbeiten über Heine, noch keine ausführliche Behandlung gefunden. Auch hier konnten nur Andeutungen gegeben werden, etwa, wo es um Mundts ablehnende Haltung gegenüber einem "heidnischen" Pantheismus ging, dem er mit einer identitätsphilosophischen Position begegnet, die bei ihm u.a. auf der Annahme einer gegebenen Perfektibilitätschance für das Christentum beruht.

Es ginge also um einen größeren Rahmen, in dem das Verhältnis von Vernunft und Religion thematisiert werden müßte. Dabei wären Heines schon früh einsetzende Klage über seine "unglückliche Passion für die Vernunft"[1] und ebenso sein späteres Bekenntnis, daß es ihm an jener Gott eigenen "höchsten Schöpferkraft" fehle[2], auf die Verschränkung von religiösem und philosophischem Anspruch hin zu untersuchen. Auch Gutzkows über das Rhetorische hinausgehenden

1 Heine, Ideen, in: a.a.O., S. 130
2 Heine, Geständnisse, in: a.a.O., S. 85

Äußerungen wie die von 1838, daß er "zum Lobe und Preise Gottes" handeln wolle, "der in uns wohnt und uns die Freiheit der Vernunft und den Durst des Erkennens gab und uns denken, forschen, sinnen, reden läßt"[3], lohnen, auf ihren Stellenwert innerhalb seiner Weltanschauung hin befragt zu werden.

War Heine tatsächlich einer der idealen Repräsentanten einer aufgeklärten "Religion nach der Aufklärung"[4]? Wies er damit in eine Richtung, der viele bedeutende Denker des 19. und 20. Jahrhunderts in ähnlicher Weise folgten[5]? Stehen die Jungdeutschen nicht ebenso für eine spezifische Art von Religion in der Aufklärung?

In weiterer Arbeit wäre zu prüfen, ob der Weg, den Heine, Mundt und Gutzkow einschlugen, nicht derjenige war, auf dem zunächst im 18. Jahrhundert Religion und Glaube zunehmend der Vernunft bedurften - also mit Heine "Religion Hülfe suchte bey der Philosophie"[6] -, wohingegen nun in der ersten Hälfte des 19. Jahrhunderts umgekehrt die inzwischen einer Legitimierung bedürfende Vernunft sich auf Glaubensartikel berief, also möglichwerweise auch im 19. Jahrhundert Aufklärung und Religion in engerem Verhältnis standen, als gegenwärtig allgemein angenommen wird.

3 [Gutzkow], Leo und die Hegelingen, in: a.a.O., S. 1317

4 H. Lübbe, Heinrich Heine und die Religion nach der Aufklärung, in: Der späte Heine, a.a.O., S. 205

5 Vgl.: Gössmann, Die theologische Revision Heines, in: a.a.O., S. 321.

6 Heine, Zur Geschichte, in: a.a.O., Bd. 8.1, S. 67

Literaturverzeichnis

Primärliteratur wird in der Regel nach den Erstausgaben zitiert. Nur offensichtliche Druckfehler wurden korrigiert. Zeitgenössische Zeitschriften werden nach Siglen zitiert.

BL Blätter für literarische Unterhaltung, Leipzig, Jg. 1833, 1837, 1840

FO Forum der Journal-Literatur. Eine antikritische Quartalsschrift, hrsg. v. K. Gutzkow, Bd. 1, Berlin, Jg.1831

FH Der Freihafen, Galerie von Unterhaltungsbildern aus den Kreisen der Literatur, Gesellschaft und Wissenschaft, (hrsg. v. Th. Mundt), Altona, Jg. 1838, 1840

JB Jahrbücher für wissenschaftliche Kritik, hrsg. v. der Societät für wissenschaftliche Kritik zu Berlin, Berlin Jg. 1833, 1834, 1838

KO Der Komet, hrsg. v. K. Herloßsohn, Leipzig, Jg. 1835

MZ Mitternachtszeitung für gebildete Stände, Braunschweig, Jg. 1835

ZO Literarischer Zodiacus für Zeit und Leben, redigirt v. Th. Mundt, Leipzig, Jg. 1835

LB Literatur-Blatt zum Morgenblatt für gebildete Stände, redigirt von Wolfgang Menzel, Stuttgart, Jg. 1832

PH Phönix. Frühlings-Zeitung für Deutschland, hrsg. v. E. Duller, Frankfurt, Jg. 1835, 1838

TE Telegraph für Deutschland, (hrsg. v. K. Gutzkow), Hamburg, Jg. 1838, 1840, 1841

ZE Zeitschrift für Philosophie und spekulative Theologie, hrsg. v. I. H. Fichte, Bonn, Jg. 1837

ZW Zeitung für die elegante Welt, Leipzig, Jg. 1833, 1837, 1838

1. Nachlässe

Nachlaß Karl Gutzkow, Stadt- und Universitätsbibliothek Frankfurt/M.
Nachlaß Theodor Mundt, Humboldt-Universität Berlin, Universitätsbibliothek
Nachlaß Arnold Ruge, Sächsische Landesbibliothek Dresden

2. Lexika nach zeitlicher Erscheinungsfolge

Conversations - Lexikon der Gegenwart in vier Bänden, Leipzig 1838ff.

Allgemeine Deutsche Biographie, Leipzig 1875ff.

Realencyklopädie für protestantische Theologie und Kirche, hrsg. v. J. J. Herzog, 3. Auflage, Leipzig 1896ff.

Lexikon für Theologie und Kirche, begründet v. M. Buchberger, 2. neu bearbeitete Aufl., Freiburg 1957ff.

Historisches Wörterbuch der Philosophie, hrsg. v. J. Ritter, Basel, Stuttgart 1971ff.

Geschichtliche Grundbegriffe, hrsg. v. O. Brunner, W. Conze, R. Koselleck, Stuttgart 1972ff. Theologische Realenzyklopädie, hrsg. v. G. Krause, G. Müller, Berlin, New York 1977ff.

Europäische Enzyklopädie zu Philosophie und Wissenschaften, hrsg. v. H. J. Sandkühler, Hamburg 1990

3. Literatur

Alker, E., Die deutsche Literatur im 19. Jahrhundert, Stuttgart 1969

Altenhofer, N., Die Bilder der Revolution. Literarische Totenbeschwörung 1789 - 1848, in: ders., Die verlorene Augensprache. Über Heinrich Heine, Frankfurt/M. 1993, S. 76ff.

Altmann, A., Die Entstehung von Mendelssohns "Phädon", in: ders., Die trostvolle Aufklärung. Studien zur Metaphysik und politischen Theorie von Moses Mendelssohn, Stuttgart-Bad Cannstatt 1982, S. 84ff.

Altmann, A., Lessings Glaube an die Seelenwanderung, in: ebenda, S. 109ff.

Altmann, A., Eternity of Punishment: A Theological Controversy within the Amsterdam Rabbinate in the Thirties of the Seventeenth Century, in: ders., Von der mittelalterlichen zur modernen Aufklärung, Tübingen 1987, S. 206ff.

Aner, K., Die Theologie der Lessingzeit, Halle 1929

Ariès, Ph., Studien zur Geschichte des Todes im Abendland, München 1976

Ariès, Ph., Geschichte des Todes, München 1982

Ariès, Ph., Bilder zur Geschichte des Todes, München, Wien 1984

Arnold, K., Das "finstere" Mittelalter. Zur Genese und Phänomenologie eines Fehlurteils, in: Saeculum. Jahrbuch für Universalgeschichte, Bd. 32, Jg. 1981, S. 287ff.

Auerbach, B., Spinoza, ein historischer Roman, Stuttgart 1837

Aus Herders Nachlaß, hrsg. v. H. Düntzer u. F.G. v. Herder, Bd. 2, Frankfurt/M. 1857

Barnikol, E., Das Leben Jesu der Heilsgeschichte, Halle 1958

[Bauer, B.], Die Posaune des jüngsten Gerichts über Hegel, den Atheisten und Antichristen. Ein Ultimatum, Leipzig 1841

Bauer, I./ Liepert, A., Engels und das Junge Deutschland (1839 bis 1842), in: Wissenschaftliche Zeitschrift der Friedrich-Schiller-Universität Jena, Gesellschaftswissenschaftliche Reihe, Bd. 35, Jg. 1986, S. 51ff.

Behler, E., Unendliche Perfektibilität. Europäische Romantik und französische Revolution, Paderborn, München, Wien, Zürich 1989

Benedictus de Spinoza, in: W. Totok, Handbuch der Geschichte der Philosophie, Bd. 4, Frankfurt/M. 1981, S. 232ff.

Berbig, R., "Ich habe mit keiner Symbolik gespielt". Zu Heines "Lazarus"-Gedichten, in: Zeitschrift für Germanistik, NF, Bd. 1, Jg. 1992, S. 63ff.

Biedermann, G., Der Begriff der Religion und das Unsterblichkeitsproblem bei J. G. Herder, in: Philosophie und Religion. Beiträge zur Religionskritik der deutschen Klassik , Weimar 1981 (Collegium Philosophicum Jenense, Bd. 3), S. 162ff.

Blumenberg, H., Säkularisierung und Selbstbehauptung, 2. Aufl. Frankfurt/M. 1983

Börne, L., Altes Wissen, neues Leben, in: Sämtliche Schriften, hrsg. von I. u. P. Rippmann, Düsseldorf, 1964ff. Bd. 1, S. 707ff.

Börne, L., Denkrede auf Jean Paul, in: ebenda, S. 789ff.

Börne, L., Die Freiheit der Presse in Bayern, in: ebenda, S. 822ff.

Börne, L., Briefe aus Paris, in: ebenda, Bd. 3, S. 3ff.

Börne, L., [Rez.], De l'Allemagne, in: Heinrich Heines Werk im Urteil ..., Bd. 3, S. 265ff.

Börne, L., Menzel, der Franzosenfresser, in: Sämtliche Schriften, Bd. 3, S. 871ff.

Bollacher, M., "Aufgeklärter Pantheismus". Die Deutung der Geschichte in Heines Schaffen, in: Deutsche Vierteljahrsschrift für Literaturwissenschaft und Geistesgeschichte, Bd. 49, Jg. 1975, S. 264ff.

Brecht, M., Bengel, in: Theologische Realenzyklopädie, Bd. 5, S. 583ff.

Briefwechsel zwischen J. und W. Grimm, Dahlmann und Gervinus, hrsg. v. E. Ippel, Bd. 1, Berlin 1880

Briegleb, K., Der "Geist der Gewalthaber" über Wolfgang Menzel, in: Demokratisch-revolutionäre Literatur in Deutschland: Vormärz, hrsg. v. K. R. Scherpe, Kronenberg/Ts. 1974, S. 117ff.

Briese, O., Von der Unmöglichkeit, Held zu sein. Das Lucretia-Motiv im Vormärz, in: Weimarer Beiträge, Bd. 38, Jg. 1992, S. 407ff.

Briese, O., "Kannibalische Menschheit". Gutzkows Roman "Wally, die Zweiflerin" im Lichte seiner philosophischen und literarischen Quellen, in: Wirkendes Wort. Deutsche

Sprache und Literatur in Forschung und Lehre, Bd. 42, Jg. 1992, S. 430ff.

Briese, O./ Liepert, A./ Magdanz, E., Erfahrung des Wechsels - Wechsel der Erfahrung. Rekurrierten Vormärzliberale lediglich auf Aufklärung?, in: Zeitschrift für Geschichtswissenschaft, Bd. 43, Jg. 1993, S. 781ff.

Brunkhorst-Hasenclever, A., Die Transformierung des Todes bei G. W. F. Hegel, Bern, Frankfurt/M. 1976

Büchner, G., Danton's Tod, in: G. Büchner. Sämtliche Werke, Briefe und Dokumente, hrsg. v. H. Poschmann, Bd. 1, Frankfurt/M. 1992, S. 11ff.

Büchner, L., Kraft und Stoff, in: Vogt, Büchner, Moleschott. Schriften zum kleinbürgerlichen Materialismus in Deutschland, hrsg. v. D. Wittich, Bd. 2, Berlin 1971, S. 347ff.

Bürgel, P., Die Briefe des frühen Gutzkow 1830 bis 1848. Pathographie einer Epoche, Frankfurt/M. 1975

[Buhl, L.], Hegel's Lehre vom Staat und seine Philosophie der Geschichte in ihren Hauptresultaten, Berlin 1837

Bulwer, E. L. [d.i. K. Gutzkow], Die Zeitgenossen. Ihre Schicksale, ihre Tendenzen, ihre großen Charaktere, Bd. 1, Stuttgart 1837

Burckhardt, J., Die Kultur der Renaissance in Italien, Leipzig 1928

Burk, J. Ch. F., J. A. Bengels Leben und Wirken, Stuttgart 1831

Burkhardt, B., Der spekulative Begriff und das "positive Mehr", in: Philosophisches Jahrbuch, Bd. 101, Jg. 1994, S. 277ff.

Bury, J. B., The Idea of Progress, London 1920

Butler, E. M., The Saint-Simonian Religion in Germany. A Study of the Young German Movement, Cambridge 1926

Cairns, G. E., Philosophies of History. Meeting of East and West in Cycle Pattern Theories of History, Westport 1971

Carovè, F. W., Karl Gutzkow. Zur Philosophie der Geschichte, in: PH, Nr. 177-181, 28. Juli - 2. Aug. 1838, S. 707ff.

Casper, J. L., Beiträge zur medicinischen Statistik, Bd. 2: Die wahrscheinliche Lebensdauer des Menschen, Berlin 1835

Chalybäus, H. M., Philosophie der Geschichte und Geschichte der Philosophie, in: ZE, Bd. 1, Jg. 1837, S. 301ff.

Chick, J., Eine Untersuchung zu Heines Geständnissen, Bern, Frankfurt/M., New York, Paris 1987

Choron, J., Der Tod im abendländischen Denken, Stuttgart 1967

Clemens, A., Einige Worte über Dauer und Einteilung des menschlichen Lebens, ZE, Nr. 23 und 24, 1. u. 2. Febr. 1833, S. 89ff.

Cornehl, P., Die Zukunft der Versöhnung. Eschatologie und Emanzipation in der Aufklärung bei Hegel und seiner Schule, Göttingen 1971

Cuby, L., Die theologische Revision in Heines Spätzeit, in: Internationaler Heine-Kongreß

1972, hrsg. v. M. Windfuhr, Hamburg 1972, S. 336ff.

Das älteste Systemfragment des deutschen Idealismus, in: Hölderlins Werke und Briefe, hrsg. v. F. Beißner u. J. Schmidt, Frankfurt/M. 1969, Bd. 2, S. 647ff.

Daumer, G. F., Darlegung des religiösen und religionsgeschichtlichen Charakters und Verhältnisses der Herren Gutzkow und Menzel, Nürnberg 1836

Deleuze, G., Spinoza und wir, in: ders., Kleine Schriften, Berlin 1980, S. 75ff.

Deleuze, G., Spinoza - Praktische Philosophie, Berlin 1988

de Saint Simon, C.-H., Neues Christentum. Dialoge zwischen einem Konservativen und einem Neuerer, in: Ausgewählte Schriften, hrsg. v. L. Zahn, Berlin 1977, S. 400ff.

Die Schriften des Uriel da Costa, hrsg. v. C. Gebhardt, Amsterdam, Heidelberg, London 1922

Dietze, W., Junges Deutschland und deutsche Klassik. Zur Ästhetik und Literaturtheorie des Vormärz, Berlin 1957 (Neue Beiträge zur Literaturwissenschaft, Bd. 6)

Dietzsch, St., Dimensionen der Transzendentalphilosophie 1780 - 1810, Berlin 1990

Dilthey, W., Die Autonomie des Denkens, der konstruktive Rationalismus und der pantheistische Monismus nach ihrem Zusammenhang im 17. Jahrhundert, in: Gesammelte Schriften, Bd. 2, Leipzig, Berlin 1914, S. 246ff.

Drux, Richter und Titan. Der poetologische Bezug auf den Prometheus-Mythos in der Lyrik von Goethe bis Heine, in: Heine-Jahrbuch, Bd. 25, Jg. 1986, S. 11ff.

Eckermann, J. P., Gespräche mit Goethe in den letzten Jahren seines Lebens, Berlin 1982

Elema, H., Evelina und die Seelenwanderung. Zu Heines "Ideen. Das Buch Le Grand", in: Heine-Jahrbuch, Bd. 12, Jg. 1973, S. 20ff.

[Engels, F.], Retrograde Zeichen der Zeit, in: Marx-Engels-Gesamtausgabe, Berlin 1975ff., Abt. 1. Bd. 3, S. 80ff.

Englert-Faye, C., Die Idee des wiederholten Erdenlebens bei Goethe, in: ders., Vom unbekannten Goethe, Basel 1984, S. 305ff.

Engstler, A., Spinozas Unsterblichkeitslehre und ihr ethischer Kontext, in: prima philosophia, Bd. 7, Jg. 1994, S. 235ff.

Erdmann, J. E., Versuch einer wissenschaftlichen Darstellung der Geschichte der neueren Philosophie, Bd. 3. 2, Riga, Dorpat 1853

Erdmann, J. E., Grundriss der Geschichte der Philosophie, 4. Aufl. Berlin 1896, Bd. 2

Espagne, M., Die tote Maria: ein Gespenst in Heines Handschriften, in: Deutsche Vierteljahrsschrift für Literaturwissenschaft und Geistesgeschichte, Bd. 57, Jg. 1983, S. 298ff.

Espagne, M., Federstriche. Die Konstruktion des Pantheismus in Heines Arbeitshandschriften, Hamburg 1991

Falk, J., Goethe aus näherem persönlichen Umgange, Halle 1912

Fehlbaum, R. P., St. Simon und die St. Simonisten, Basel, Tübingen 1971

Feiereis, K., Die Umprägung der natürlichen Theologie in Religionsphilosophie, Leipzig 1965

Fester, R., Eine vergessene Geschichtsphilosophie, in: Sammlung gemeinverständlicher wissenschaftlicher Vorträge, N. F., H. 98, Hamburg 1890, S. 1ff.

[Feuerbach, L.], Gedanken über Tod und Unsterblichkeit, in: Gesammelte Werke, hrsg. v. W. Schuffenhauer, Berlin 1967ff., Bd. 1, S. 189ff.

Feuerbach, L., Die Unsterblichkeitsfrage vom Standpunkt der Anthropologie, in: ebenda, Bd. 10, S. 192ff.

Fichte, E., Erinnerung an Heinrich Heine, in: Begegnungen mit Heine. Berichte der Zeitgenossen. In Fortführung von H. H. Houbens Gespräche mit Heine, hrsg. v. M. Werner, Bd. 2, Hamburg 1973, S. 277ff.

Fichte, I. H., Tagebuchnotiz, 31. Aug. 1851, in: ebenda, S. 276f.

Fichte, J. G., Ueber das Verhältniß der Logik zur Philosophie oder transcendentalen Logik, in: J. G. Fichtes nachgelassene Werke, Bd. 1, Bonn 1834, S. 103ff.

Fichte, J. G., Zweite Einleitung in die Wissenschaftslehre, in: J. G. Fichte, Gesamtausgabe, Abt. 1, Bd. 4, hrsg. v. R. Lauth u. H. Gliwitzky, Stuttgart-Bad Cannstatt 1970, S. 209ff.

Fingerhut, K.-H., Fortschritt oder Spiel des göttlichen Aristophanes. Zu Heinrich Heines Geschichtsauffassung, in: ders., Standortbestimmungen. Vier Untersuchungen zu Heinrich Heine, Heidenheim 1971, S. 53ff.

Flugblätter von Dr. C. Weil. Unsterblichkeit, in: ZE, Nr. 18 u. 19, 25. u. 26. Jan. 1833, S.18ff.

Forster, G., Ein Blick in das Ganze der Natur, in: Georg Forsters Werke, Berlin 1958ff., Bd. 8, S. 77ff.

Forster, G., Ueber das Verhältnis des Maurerordens zum Staate, in: ebenda, Bd. 10, S. 803ff.

Fuchs, W, Todesbilder in der modernen Gesellschaft, 2. Aufl. Frankfurt/M. 1979

Galley, E., Der religiöse Liberalismus in der deutschen Literatur von 1830 - 1850, Phil. Diss., Rostock 1934

Gebhardt, C., Spinoza, Leipzig 1932

Geiger, L., Das Junge Deutschland. Studien und Mitteilungen, Berlin 1907

Gericke, W., Theologie und Kirche im Zeitalter der Aufklärung, Berlin 1989 (Kirchengeschichte in Einzeldarstellungen, Bd. 3/2)

Gethmann-Siefert, A., Hegelsches gegen Hegel. Zu Th. Mundts anti-hegelschem Entwurf einer Ästhetik, in: Hegel-Studien, Bd. 15, Jg. 1980, S. 271ff.

Geyer, C. F., Theodizee oder Kulturgeschichte des Bösen. Anmerkungen zum gegenwärtigen Diskurs, in: Zeitschrift für philosophische Forschung, Bd. 46, Jg. 1992, S. 238ff.

G..l [d.i. Göschel], C. F., Aphorismen über Nichtwissen und absolutes Wissen im Verhältnisse zum christlichen Glaubenserkenntniß, Berlin 1829

Göschel, C. F., [Rez.], Die neue Unsterblichkeitslehre ..., in: JB, Nr. 1 u. 2. Jan. 1833, Sp. 1ff.

Göschel, C. F., Von den Beweisen für die menschliche Unsterblichkeit im Lichte der spekulativen Philosophie, Berlin 1835

Gössmann, W., Die theologische Revision Heines in der Spätzeit, in: Internationaler Heine-Kongreß 1972, hrsg. v. M. Windfuhr, Hamburg 1972, S. 320ff.

Goethes Unterhaltungen mit dem Kanzler Friedrich von Müller, 3. Auflage, Stuttgart, Berlin 1904

Greschat, M., Die Aufklärung - ein Prozeß gegen das Christentum?, in: Kerygma und Dogma, Bd. 22, Jg. 1976, S. 299ff.

Griesbach, J. J., Anleitung zum Studium der populären Dogmatik, besonders für künftige Religionslehrer, 4. neu durchgesehene Ausg., Jena 1789

Groethuysen, B., Die Entstehung der bürgerlichen Welt- und Lebensanschauung in Frankreich, Bd. 1: Das Bürgertum und die katholische Weltanschauung, 2. Aufl. Frankfurt/M. 1987

Gründer, K., Aufklärung und Surrogate, in: Oikeiosis. Festschrift für Robert Spaemann, hrsg. v. R. Löw, Weinheim 1987, S. 55ff.

Grupe, W., Mundts und Kühnes Verhältnis zu Hegel und seinen Gegnern, Halle 1929

Gulyga, A., Der deutsche Materialismus am Ausgang des 18. Jahrhunderts, Berlin 1966

Gustav Kühne, Sein Lebensbild und Briefwechsel mit Zeitgenossen, hrsg. von E. Pierson, Dresden, Leipzig 1889

Gutzkow, K., Wolfgang Menzel und die über ihn ergangenen Urteile, in: FO, Bd. 1, H. 2, S. 41ff.

[Gutzkow, K.], Briefe eines Narren an eine Närrin, Hamburg 1832

Gutzkow, K., Der Sadducäer von Amsterdam, in: ders., Soireen, Frankfurt/M. 1835, Bd. 2, S. 1ff.

Gutzkow, K., Menzels Geist der Geschichte, in: Literatur-Blatt zum PH, Nr. 66, 18. März 1835, S. 261ff.

Gutzkow, K., Menzel und die deutsche Tiersparti, in: Literatur-Blatt zum PH, Nr. 102, 30. April 1835, S. 405ff.

Gutzkow, K., [Rez.], Eine Quarantäne im Irrenhause ..., in: PH, Nr. 192, 15. Aug. 1835, S. 765ff.

Gutzkow, K., [Rez.], Charlotte Stieglitz. Ein Denkmal ..., in: Literatur-Blatt zum PH, Nr. 40, 10. Okt. 1835, S. 960

Gutzkow, K., Appellation an den gesunden Menschenverstand, Frankfurt/M. 1835

Gutzkow, K., Beiträge zur Geschichte der neuesten Literatur, Bd. 1, Stuttgart 1836

Gutzkow, K., Zur Philosophie der Geschichte, Hamburg 1836

Gutzkow, K., Goethe im Wendepunkt zweier Jahrhunderte, Berlin 1836

Gutzkow, K., Erinnerungen an Börne, 1. Artikel, in: TE, Nr. 93 - 104, Juni, Juli 1838, S. 737ff.

[Gutzkow, K.], Leo und die Hegelingen, in: TE, Nr. 165 u. 166, Okt. 1838, S. 1313ff.

Gutzkow, K., Die rote Mütze und die Kapuze, Hamburg 1838

Gutzkow, K., Götter, Helden, Don-Quixote, Hamburg 1838

Gutzkow, K., Rosa Maria Assing ..., in: TE, Nr. 27 u. 28, Febr. 1840, S. 105ff.

Gutzkow, K., Dr. Strauß, in: TE, Nr. 202, Dez. 1840, S. 805ff.

Gutzkow, K., Deutschlands Gegenwart, in: TE, Nr. 1, Jan. 1841, S. 1ff.

Gutzkow, K., Briefe aus Paris, Leipzig 1842

Gutzkow, K., Maha Guru. Geschichte eines Gottes, in: Gesammelte Werke, Frankfurt/M. 1845ff., Bd. 5

Gutzkow, K., Säkularbilder, in: ebenda, Bd. 10

Gutzkow, K., Vergangenheit und Gegenwart, in: Gutzkows Werke, hrsg. v. P. Müller, Leipzig, Wien o.J. (1911), Bd. 3, S. 151ff.

Gutzkow, K., Rückblicke auf mein Leben, in: ebenda, Bd. 4

Gutzkow, K., Uriel Acosta, in: Gutzkows Werke, hrsg. von R. Gensel, Berlin, Leipzig, Wien, Stuttgart 1912, Bd. 3, S. 7ff.

Gutzkow, K., Wally, die Zweiflerin, Faksimile der 1. Aufl. von 1835, mit der Vorrede und dem Anhang zur 2. Aufl. von 1852, hrsg. v. J. Schillemeit, Göttingen 1965

Gutzkow, K., Vertheidigung gegen Menzel und Berichtigung einiger Urtheile im Publikum, in: Politische Avantgarde 1830 - 1840. Eine Dokumentation zum "Jungen Deutschland", hrsg. v. A. Estermann, Bd. 1, Frankfurt/M. 1972, S. 70ff.

Hahn, M., "Präsozialismus". Claude-Henri de Saint-Simon, Stuttgart 1970

Hamburger, K., Das Todesproblem bei Jean Paul, in: Jean Paul, hrsg. v. U. Schweikert, Darmstadt 1975, S. 74ff.

Hammacher, K., Spinoza und die Frage nach der Unsterblichkeit, Leiden 1981

Heald, W., Wolfgang Menzel - The "Denunziant" revalued, in: New German Studies, Bd. 5, Jg. 1977, S. 25ff.

Heer, F., Die Kunst des Sterbens, in: ders., Hegel, Frankfurt/M., Stuttgart 1955, S. 33ff.

Heer, F., Abschied von Hölle und Teufel. Vom Ende des religiösen Tertiär, München, Esslingen 1970

Hegel, G. W. F., Phänomenologie des Geistes, in: Jubiläumsausgabe, hrsg. v. H. Glockner, Stuttgart 1927ff., Bd. 2

Hegel, G. W. F., System der Philosophie, in: Jubiläumsausgabe, Bd. 8

Hegel, G. W. F., Vorlesungen über die Philosophie der Geschichte, in: Jubiläumsausgabe, Bd. 11

Hegel, G. W. F., Vorlesungen über die Ästhetik, in: Jubiläumsausgabe, Bd. 13

Hegel, G. W. F., Vorlesungen über die Philosophie der Religion, in: Jubiläumsausgabe, Bd. 16

Hegel, G. W. F., Vorlesungen über die Geschichte der Philosophie, in: Jubiläumsausgabe, Bd. 19

Hegel, G. W. F., [Rez.], Ueber die Hegel'sche Lehre ..., in: Jubiläumsausgabe, Bd. 20, S. 314ff.

Hegel, G. W. F., Enzyklopädie der philosophischen Wissenschaften, nach der Ausgabe 1830, mit mündlichen Zusätzen, in: Theorie-Werkausgabe, Frankfurt/M. 1979ff., Bd. 8-10

Heine, H., Deutschland. Ein Wintermärchen. Faksimiledruck nach der Handschrift, hrsg. v. F. Hirth, Berlin 1915

Heine, H., Seraphine, in: Heine-Säkularausgabe (HSA), Berlin, Paris 1970ff. (HSA), Bd. 2, S. 26ff.

Heine, H., Deutschland. Ein Wintermärchen, in: HSA, Bd. 2, S. 297ff.

Heine, H., Nachwort zum Romanzero, in: HSA, Bd. 3, S. 153ff.

Heine, H., Almansor, in: HSA, Bd. 4, S. 7ff.

Heine, H., Ueber Polen, in: HSA, Bd. 4, S. 171ff.

Heine, H., [Rez.], Gedichte von Johann Baptist Rousseau, in: HSA, Bd. 4, S. 218ff.

Heine, H., Die deutsche Literatur von Wolfgang Menzel, in: HSA, Bd. 4, S. 240ff.

Heine, H., Die Harzreise, in: HSA, Bd. 5, S. 7ff.

Heine, H., Ideen. Das Buch Le Grand, in: HSA, Bd. 5, S. 86ff.

Heine, H., Reise von München nach Genua, in: HSA, Bd. Bd. 6, S. 9ff.

Heine, H., Die Bäder von Lukka, in: HSA, Bd. 6, S. 73ff.

Heine, H., Die Stadt Lukka, in: HSA, Bd. 6, S. 137ff.

Heine, H., Französische Maler, in: HSA, Bd. 7, S. 15ff.

Heine, H., Französische Zustände, in: HSA, Bd. 7, S. 81ff.

Heine, H., Die Romantische Schule, in: HSA, Bd. 8, S. 6ff.

Heine, H., Verschiedenartige Geschichtsauffassung, in: HSA, Bd. 8, S. 233f.

Heine, H., Elementargeister, in: HSA, Bd. 9, S. 88ff.

Heine, H., Heinrich Heine über Ludwig Börne, in: HSA, Bd. 9, S. 281ff.

Heine, H., Florentinische Nächte, in: HSA, Bd. 9, 7ff.

Heine, H., Geständnisse, in: HSA, Bd. 12, S. 42ff.

Heine, H., Zur Geschichte der Religion und Philosophie in Deutschland, in: Düsseldorfer Heine-Ausgabe (DHA), Hamburg 1973ff., Bd. 8.1/8.2

Heine, H., Vorrede zur 2. Aufl. von "Zur Geschichte ...", in: DHA, Bd. 8.1, S. 493ff.

Heine, H., Liebe im Jugend und im Alter, in: DHA, Bd. 11, S. 194

Heinrich Heines Werk im Urteil seiner Zeitgenossen, hrsg. v. E. Galley u. A. Estermann, Bd. 3: 1835 und 1836, Hamburg 1987

Heinrichs, M., Swedenborg in Deutschland. Eine kritische Darstellung der Rezeption des schwedischen Visionärs im 18. und 19. Jahrhundert, Frankfurt/M., Bern 1979

Heise, W., Heine und Hegel, in: ders., Realistik und Utopie, Aufsätze zur deutschen Literatur zwischen Lessing und Heine, Berlin 1982, S. 254ff.

Henning, G., Die Religion in der Epoche der Aufklärung, in: Panorama der Friedericianischen Zeit. Handbuch, hrsg. v. J. Ziechmann, Bremen 1985, S. 52ff.

Hennings, J. Ch., Geschichte von den Seelen der Menschen und Thiere pragmatisch entworfen, Halle 1774

Herder, J. G., Auch eine Philosophie der Geschichte zur Bildung der Menschheit. Beytrag zu vielen Beyträgen des Jahrhunderts, in: Herders Sämmtliche Werke, hrsg. v. B. Suphan, Berlin 1877ff., Bd. 5, 475ff.

Herder, J. G., Ideen zu einer Philosophie der Geschichte der Menschheit, in: ebenda, Bd. 13, S. 3ff.

Herder, J. G., Philosophische Träume, in: ebenda, Bd. 14, S. 665

Herder, J. G., Briefe zur Beförderung der Humanität, in: ebenda, Bd. 17, S. 5ff.

Hermand, J., Gewinn im Verlust. Zu Heines Geschichtsphilosophie, in: Text und Kritik, Heft 18/19, 4. überarb. Aufl., 1982, S. 49ff.

Hermand, J., "Was ist des Deutschen Vaterland?" Börne contra Menzel, in: Ludwig Börne zum 200. Geburtstag, hrsg. v. A. Estermann, Frankfurt 1986, S. 199ff.

Herrlinger, R., Makrobiotik, in: Historisches Wörterbuch, Bd. 5, Sp. 638ff.

Herrmann, H., Die Philosophie Immanuel Herman Fichtes, Berlin 1928

[Heß, M.], Die europäische Triarchie, in: ders., Philosophische und sozialistische Schriften, hrsg. v. W. Mönke, 2. Aufl. Berlin, 1980, S. 75ff.

Hesse, H., Das souveräne Individuum und die Verwaltung der Wahrheiten. Neuere Literatur zum Thema "Aufklärung", in: Philosophische Rundschau, Bd. 39, Jg. 1992, S. 65ff.

Hinrichs, H. F. W., Die Genesis des Wissens ..., (1835), S. XXVIf., in: Heinrich Heines Werk im Urteil ..., Bd. 3: 1835 und 1836, Hamburg 1987, S. 5f.

Hirsch, E., Geschichte der evangelischen Theologie, Bd. 4, Gütersloh 1952

Höhn, G., Heine. Zeit, Person, Werk. Handbuch, Stuttgart 1987

Höhn, G., "Blutrosen" der Freiheit. Heinrich Heines Geschichtsdenken, in: Heinrich Heine. Ästhetisch-politische Profile, hrsg. v. G. Höhn, Frankfurt/M. 1991, S. 176ff.

Hohendahl, P. U., Der revolutionäre Geist Lessings, in: Das Junge Deutschland. Kolloquium zum 150. Jahrestag des Verbots vom 10. Dez. 1835, hrsg. v. J. A. Kruse u. B. Kortländer, Hamburg 1987, S. 83ff.

Houben, H. H., Gutzkow-Funde, Beiträge zur Literatur- und Kulturgeschichte des 19. Jahrhunderts, Berlin 1901

Houben, H. H., Zeitschriften des Jungen Deutschland, Teil 1, Berlin 1906

Houben, H. H., Karl Gutzkows Leben und Schaffen, Leipzig 1908

Houben, H. H., Jungdeutscher Sturm und Drang, Ergebnisse und Studien, Leipzig 1911

Hufeland, Ch. W., Die Kunst, das menschliche Leben zu verlängern, Jena 1796

[Hülsemann, K. F.], Über die Hegel'sche Lehre oder: absolutes Wissen und moderner Pantheismus, Leipzig 1829

Huonder, Q., Das Unsterblichkeitsproblem in der abendländischen Philosophie, Stuttgart 1970

Irrlitz, G., Shaftesbury. Die Ethik des ästhetischen Pantheismus, in: Wissenschaftliche

Zeitschrift der Friedrich-Schiller-Universität Jena, Gesellschaftswissenschaftliche Reihe, Bd. 29, Jg. 1980, S. 303ff.

Jacobsen, D., "Altdeutsche Rockgedanken". Wolfgang Menzel und die Zukunft der Literatur, in: Weimarer Beiträge, Bd. 35, Jg. 1989, S. 233ff.

Janßen, H. G., Gott - Freiheit - Leid. Das Theodizeeproblem in der Philosophie der Neuzeit, Darmstadt 1988

Japtok, E., Karl Rosenkranz als Literaturkritiker, Freiburg 1964

Jean Paul, Rede des todten Christus vom Weltgebäude herab, daß kein Gott sei, in: Sämtliche Werke, Historisch-kritische Ausgabe, hrsg. v. E. Berend, Weimar 1926ff., Abt. 1, Bd. 6, S. 247ff.

Jean Paul, Das Kampaner Thal oder über die Unsterblichkeit der Seele, in ebenda, Abt. 1, Bd. 7, S. 4ff.

Jean Paul, Dämmerungen für Deutschland, in: ebenda, Abt. 1, Bd. 14, S. 41ff.

Jean Paul, Die Schönheit des Sterbens in der Blüte des Lebens; und ein Traum von einem Schlachtfelde, in: ebenda, Abt. 1, Bd. 17, S. 301ff.

Jean Paul, Wie sich der Mensch, das Tier, die Pflanz' und die noch geringern Wesen vervolkommen, in: ebenda, Abt. 2, Bd. 1, S. 42ff.

Jean Paul, [Neues] Kampaner Thal, in: ebenda, Abt. 2, Bd. 4, S. 133ff.

Jean Paul, Selina oder über die Unsterblichkeit der Seele, in: ebenda, Abt. 2, Bd. 4, S. 217ff.

Jellinek, H., Uriel Acosta's Leben und Lehre. Ein Beitrag (...). Zur Berichtigung der Gutzkowschen Fiktionen, Zerbst 1847

Jung, A., Ausstellungen über H. Heine, in: ZO, Aug. 1835, S. 128ff.

Jung, A., Briefe über die neueste Literatur, Denkmale eines literarischen Verkehrs, Hamburg 1837

Käfer, K.-H., Versöhnt ohne Opfer. Zum geschichtstheologischen Rahmen der Schriften Heines 1824 - 1844, Meisenheim a.G. 1978 (Hochschulschriften Literaturwissenschaft, Bd. 36)

Kant, I., Kritik der reinen Vernunft, in: Gesammelte Schriften, Berlin 1904ff., Abt. 1., Bd. 4, S. 7ff.

Kant, I., Idee zur einer allgemeinen Geschichte in weltbürgerlicher Absicht, in: ebenda, Abt. 1, Bd. 8, S. 15ff.

Kantzenbach, F. W., Protestantisches Christentum im Zeitalter der Aufklärung, Gütersloh 1965

Kaufmann, H., Heinrich Heine. Geistige Entwicklung und künstlerisches Werk, Berlin 1970

Kind, H., Das Zeitalter der Reformation im historischen Roman der Jungdeutschen, Göttingen 1969

Köhnke, K. Ch., Entstehung und Aufstieg des Neukantianismus. Die deutsche Universitätsphilosophie zwischen Idealismus und Positivismus, Frankfurt/M. 1986

Köster, U., Literarischer Radikalismus. Zeitbewußtsein und Geschichtsphilosophie in der Entwicklung vom jungen Deutschland zur Hegelschen Linken, Frankfurt/M. 1972

Köster, U., Literatur und Gesellschaft 1830 - 1840 in Deutschland. Die Dichtung am Ende der Kunstperiode, Stuttgart, Berlin, Köln, Mainz 1984

Kojève, A., Hegel - Eine Vergegenwärtigung seines Denkens. Kommentar zur Phänomenologie des Geistes, Stuttgart 1958

Koopmann, H., Das Junge Deutschland. Analyse seines Selbstverständnisses, Stuttgart 1970

Koopmann, H., Heines Geschichtsauffassung, in: Jahrbuch der Deutschen Schillergesellschaft, Bd. 16, Jg. 1972, S. 453ff.

Korff, H. A., Geist der Goethezeit, Bd. 2, 4. Aufl. Leipzig 1957

Kottenkamp, F., Anti-Menzel oder Wolfgang Menzel vom Standpunkte der historischen Kritik aus betrachtet, Stuttgart 1835

Kraus, K., Heine und die Folgen, in: ders., Ausgewählte Werke in drei Bänden, hrsg. v. D. Simon, Berlin 1977, Bd. 1, S. 290ff.

Krauss, W., Zur Anthropologie des 18. Jahrhunderts, Berlin 1978

Kronabel, Ch., Die Aufhebung der Begriffsphilosophie. Anton Günther und der Pantheismus, München 1989

Kruse, J. A., Der späte Heine. Thema und Forschungsstand, in: Der späte Heine 1848 - 1856. Literatur - Politik - Religion, hrsg. v. W. Gössmann u. J. A. Kruse, Hamburg 1982, S. 13ff.

Kruse, J. A., Gutzkows "Wally" und der Verbotsbeschluß, in: Das Junge Deutschland. Kolloquium zum 150. Jahrestag des Verbots vom 10. Dez. 1835, hrsg. v. J. A. Kruse u. B. Kortländer, Hamburg 1987, S. 39ff.

Kruse, J. A., "Die wichtigste Frage der Menschheit": Heine als Theologe, in: Heinrich Heine im Spannungsfeld von Literatur und Wissenschaft, hrsg. v. W. Gössmann u. M. Windführ, Düsseldorf 1990, S. 81ff.

Kühne, G., Zur Charakteristik der neueren englischen Romanliteratur, in: BL, Nr. 7 u. 8, 7. u. 8. Jan. 1833, S. 25ff.

Kühne, G., [Rez.], Vorbereitung zu philosophischen Studien ..., in: JB, Okt. 1833, S. 606ff.

Kühne, G., [Rez.], Moderne Lebenswirren ..., in: BL, Nr. 268 u. 269, 25. u. 26. Sept. 1834, S. 1109ff.

Kühne, G., Eine Quarantäne im Irrenhause. Novelle aus den Papieren eines Mondsteiners, Leipzig 1835

Kühne, G., Bücherschau, in: ZO, Juni 1835, S. 472ff.

Kühne, G., Julius Mosen's Ahasver, in: ZE, Nr. 116, 16. Juni 1838, S. 461ff.

Kurz, E., Protestantische Eschatologie. Von der Reformation bis zur Aufklärung, Freiburg, Basel, Wien 1980 (Handbuch der Dogmengeschichte, Abt. 4, Bd. 7c)

Lang, B.,/ McDannell, C., Der Himmel. Eine Kulturgeschichte des ewigen Lebens, Frankfurt 1990

Lang, B., Der Himmel. Ein Blick in die Kulturgeschichte des ewigen Lebens, in: Universitas, Bd. 46, Jg. 1992, S. 1199ff.

Laube, H., [Rez.], Der Thron der Gnade ..., in: BL, Nr. 178, 26. Juni 1832, S. 762ff.

Laube, H., Das Neue Jahrhundert, Bd. 1: Polen, Fürth 1833

Laube, H., Das Neue Jahrhundert, Bd. 2: Politische Briefe, Leipzig 1833

Laube, H., Reisenovellen, Bd. 1, Leipzig 1834

Laube, H., Moderne Charakteristiken, Bd. 1, Mannheim 1835

Laube, H., Graf Platen, in: MZ, Nr.19, 1. Febr. 1836, S. 73ff.

Laube, H., Erinnerungen 1810 - 1840, Wien 1875

Laube, H., Die Bürger, in: Gesammelte Werke, hrsg. v. H. H. Houben, Bd. 3, Leipzig 1908

Lavater, J. K., Aussichten in die Ewigkeit, in Briefen an Johann George Zimmermann, Bd. 3, Zürich 1773

Le Goff, J., Die Geburt des Fegefeuers, 2. Aufl. München 1990

Lehmann, G., Kant im Spätidealismus und die Anfänge der neukantianischen Bewegung, in: Zeitschrift für philosophische Forschung, Bd. 17, Jg. 1963, S. 438ff.

Leo, H., Die Hegelingen. Actenstücke und Belege zu der s.g. Denunciation der ewigen Wahrheit, Halle 1838

Lepenies, W., Historisierung der Natur und Entmoralisierung der Wissenschaften seit dem 18. Jahrhundert, in: ders., Gefährliche Wahlverwandtschaften. Essays zur Wissenschaftsgeschichte, Stuttgart 1989, S. 7ff.

Lessing, G. E., Briefe, die neueste Litteratur betreffend, in: Lessings sämtliche Schriften, hrsg. v. K. Lachmann, 3. Aufl. hrsg. v. F. Muncker, Stuttgart 1886ff., Bd. 8, S. 3ff.

Lessing, G. E., Gegensätze des Herausgebers, in: ebenda, Bd. 12, S. 428ff.

Lessing, G. E., Die Erziehung des Menschengeschlechts, in: ebenda, Bd. 13, S. 415ff.

Liepert, A., Mundts Müntzer-Roman im Kontext liberaler Diskussionen, in: Weimarer Beiträge, Bd. 36, Jg. 1990, S. 845ff.

Lindner, B., Revolutionäre Totenbeschwörung. Notizen zu einem Motiv bei Heine und Marx, in: Text und Kritik, H. 18/19, 4. überarb. Aufl. 1982, S. 36ff.

Löwith, K., Von Hegel zu Nietzsche, in: Sämtliche Schriften, Stuttgart 1981ff., Bd. 4, S. 3ff.

Löwith, K., Gott, Mensch und Welt in der Philosophie der Neuzeit, in: ebenda, Bd. 9, S. 3ff.

Lonning, J., u.a., Gott, in: Theologische Realenzyklopädie, Bd. 13, S. 601ff.

Loosen, J./ Mussner, F., Apokatastasis, in: Lexikon für Theologie und Kirche, Bd. 1, Sp. 708ff.

Losurdo, D., Hegel und das deutsche Erbe, Köln 1989

Lotze, H., Mikrokosmos. Ideen zur Naturgeschichte und Geschichte der Menschheit, Bd. 3, 5. Aufl., Leipzig 1908

Lübbe, H., Politische Philosophie in Deutschland, München 1974

Lübbe, H., Heinrich Heine und die Religion nach der Aufklärung, in: Der späte Heine 1848 - 1856. Literatur - Politik - Religion, hrsg. v. W. Gössmann u. J. A. Kruse, Hamburg 1982, S. 205ff.

Lücke, F., Versuch einer vollständigen Einleitung in die Offenbarung Johannis, Bonn 1832

Lukàcs, G., Heinrich Heine als nationaler Dichter, in: Deutsche Realisten des 19. Jahrhunderts, Berlin 1951, S. 89ff.

Macho, Th. H., Todesmetaphern. Zur Logik der Grenzerfahrung, Frankfurt/M. 1987

Mälzer, G., J. A. Bengel. Leben und Werk, Stuttgart 1970

Marcuse, L., Heinrich Heine in Selbstzeugnissen und Bilddokumenten, Reinbek 1960

Marggraff, H., Deutschland's jüngste Literatur- und Culturepoche. Characteristiken, Leipzig 1839

Marquard, O., Schwierigkeiten mit der Geschichtsphilosophie, Frankfurt/M. 1982

Mauthner, F., Der Atheismus und seine Geschichte im Abendlande, Bd. 4, Stuttgart, Berlin 1923

Mayr, H., Unsterblichkeit, in: Lexikon für Theologie und Kirche, Bd. 10, 1965, Sp. 525ff.

McManners, J., Death and Enlightenment, New York 1981

Meier, Ch./ Koselleck, R., Fortschritt, in: Geschichtliche Grundbegriffe, Bd. 2, S. 351ff.

Mendelssohn, M., Phädon oder über die Unsterblichkeit der Seele in drei Gesprächen, in: ders., Schriften über Religion und Aufklärung, hrsg. v. M. Thom, Berlin 1989, S. 171ff.

Menzel, W., Staatswissenschaft. J. B. Say's ausführliche Darstellung der Nationalökonomie ..., in: LB, Nr. 57, 4. Juni 1830, S. 225ff.

Menzel, W., Nachträge zur theologischen Literatur, in: LB, Nr. 78, 1. Aug. 1832, S. 309ff.

Menzel, W., Geist der Geschichte, Stuttgart 1835

Menzel, W., Geschichte der deutschen Literatur, Bd. 3, 2. Aufl. Stuttgart 1836

Menzel, W., Denkwürdigkeiten, hrsg. v. K. Menzel, Bielefeld, Leipzig 1877

Michelet, C. L., Geschichte der letzten Systeme der Philosophie in Deutschland von Kant bis Hegel, Bd. 2, Berlin 1838

Möckel, K., Der Gedanke der Menschheitsentwicklung im Jungen Deutschland, Phil. Diss. Leipzig 1916

Moleschott, J., Der Kreislauf des Lebens, in: Vogt, Büchner, Moleschott. Schriften zum kleinbürgerlichen Materialismus in Deutschland, hrsg. v. D. Wittich, Bd. 1, Berlin 1971, S. 27ff.

Moog, W., Hegel und die Hegelsche Schule, München 1930

Mosheim, J. L., Heilige Reden, 2. Auflage, Hamburg 1732ff., Bd. 1, Anhang

Muckle, F., Henri de Saint-Simon. Die Persönlichkeit und ihr Werk, Stuttgart 1908

Müller, K., "Exempla humanae vitae" des Uriel da Costa, Aarau 1952

Mundt, Theodor, in: Conversations - Lexikon, 11. Aufl. Bd. 10, Leipzig 1867, S. 478f.

Mundt, Th., Heinrich Steffens und das Luthertum, in: BL, Nr. 282 - 285, 9. Okt. - 12. Okt. 1831, S. 1221ff.

Mundt, Th., Das Duett, Berlin 1831

Mundt, Th., Madelon, oder die Romantiker in Paris, Leipzig 1832

Mundt, Th., Kampf eines Hegelianers mit den Grazien. Eine philosophische Humoreske, in: ders., Kritische Wälder. Blätter zur Beurtheilung der Literatur, Kunst und Wissenschaft unserer Zeit, Leipzig 1833, S. 33ff.

Mundt, Th., Th. G. von Hippel's Lebensläufe nach aufsteigender Linie. Eine biographisch-literarische Skizze, in: ebenda, S. 195ff.

Mundt, Th., Zur Kritik der Hegel'schen Philosophie, in: BL, Nr. 57 - 59, 26. - 28. Febr. 1833, S. 233ff.

Mundt, Th., [Rez.], Skizzen aus Spanien ..., in: JB, Nov. 1833, Sp. 697ff.

Mundt, Th., Moderne Lebenswirren. Briefe und Zeitabenteuer eines Salzschreibers, Leipzig 1834

Mundt, Th., Madonna, Unterhaltungen mit einer Heiligen, Leipzig 1835

Mundt, Th., Charlotte Stieglitz. Ein Denkmal, Berlin 1835

Mundt, Th., Ueber Bewegungsparteien in der Literatur, in: ZO, Jan. 1835, S. 1ff.

Mundt, Th., Zodiacallichter, in: ZO, Febr. 1835, S. 169ff.

Mundt, Th., Ich kann mich unmöglich enthalten ..., in: ZO, Febr. 1835, S. 173f.

Mundt, Th., Windrosen. Zur Orientirung in Zeit, Literatur und Leben, in: ZO, März 1835, S. 175ff.

Mundt, Th., Bücherschau, in: ZO, April 1835, S. 316ff.

Mundt, Th., Bücherschau, in: ZO, Mai 1835, S. 408ff.

Mundt, Th., Feuilleton, in: ZO, Juli 1835, S. 90ff.

Mundt, Th., Unterhaltungen mit Göschel ..., in: ZO, Aug. 1835, S. 146ff.

Mundt, Th., Feuilleton, in: ZO, Sept. 1835, S. 230ff.

Mundt, Th., Bücherschau, in: ZO, Okt. 1835, S. 281ff.

Mundt, Th., Spaziergänge und Weltfahrten, Bd. 1, Altona 1838

Mundt, Th., Heine, Börne und das sogenannte Junge Deutschland, in: FH, H. 4, 1840, S. 182ff.

Mundt, Th., Geschichte der Gesellschaft in ihren neueren Problemen und Entwicklungen, Berlin 1844

Nassehi, A./ Weber, M., Tod, Modernität und Gesellschaft. Entwurf einer Theorie der Todesverdrängung, Opladen 1989

Neander, A., Das Kommen des Herrn und dessen Zeichen, Berlin 1830

Nürnberger, J., Literarisch-politische Ollapotrida, in: KO, Nr. 50, 1835, 31. März 1835, Sp. 397ff.

Oesterle, I. u. P., Der literarische Bürgerkrieg. Gutzkow, Heine, Börne wider Menzel. Polemik nach der Kunstperiode und in der Restauration, in: Demokratisch-revolutionäre

Literatur in Deutschland: Vormärz, hrsg. v. K. R. Scherpe, Kronenberg/Ts. 1974, S. 151ff.

Pamp, F., Palingenesie bei Charles Bonnet, Herder und Jean Paul, Phil. Diss. Münster 1955

Paulus, H. E. G., Ueber die Unsterblichkeit des Menschen und den Zustand nach dem Tode, auf Grund der Vernunft und der göttlichen Offenbarung, 2. verb. Aufl. Reutlingen 1831

Poschmann, H., Eine verhinderte Begegnung. Gutzkow und Büchner, in: Neue deutsche Literatur, H. 11, 1981, S. 58ff.

Poschmann, H., Georg Büchner. Dichtung der Revolution und Revolution der Dichtung, Berlin, Weimar 1983

Proelß, J., Das junge Deutschland. Ein Buch deutscher Geistesgeschichte, Stuttgart 1892

Promies, W., Der Bürger und der Narr oder das Risiko der Phantasie. Sechs Kapitel über das Irrationale in der Literatur des Rationalismus, Frankfurt/M. 1987

Rapp, F., Fortschritt. Entwicklung und Sinngehalt einer philosophischen Idee, Darmstadt 1992

Rasmussen, T./ Ström, A. V., Hölle, in: Theologische Realenzyklopädie, Bd. 15, S. 445ff.

Rehm, W., Der Todesgedanke in der deutschen Dichtung vom Mittelalter bis in die Neuzeit, Halle 1928

Reimarus, H. S., Abhandlungen von den vornehmsten Wahrheiten der natürlichen Religion, 5. Aufl. Hamburg 1781

[Reimarus, H. S.], Von Duldung der Deisten: Fragmente eines Ungenannten, in: Lessing, Sämtliche Schriften, Bd. 12, S. 254ff.

[Reimarus, H. S.], Ein Mehreres aus den Papieren des Ungenannten, in: ebenda, Bd. 12, S. 303ff.

Reimarus, H. S., Apologie oder Schutzschrift für die vernünftigen Verehrer Gottes, hrsg. v. G. Alexander, Frankfurt/M. 1972

Religionskritik und Religiosität in der deutschen Aufklärung, hrsg. v. K. Gründer u. K. H. Rengstorf, Heidelberg 1989

Rendtorff, T., Theologische Orientierung im Prozeß der Aufklärung. Eine Erinnerung an Ernst Troelsch, in: Aufklärung, Bd. 2/2, Jg. 1988, S. 19ff.

Ritter, J., Fortschritt, in: Historisches Wörterbuch, Bd. 2, Sp. 1032ff.

Röhrborn, Ch. F., Höchst wichtige Weissagungen über die großen Begebenheiten auf der Erde, welche sich in den Jahren 1832 bis 1836 ereignen werden, und vom tausendjährigen Reiche, Stuttgart 1832

Rohbeck, J., Die Fortschrittstheorien der Aufklärung, Frankfurt/M., New York 1987

Rohmer, F., An die moderne Belletristik und ihre Söhne und die Herren Gutzkow und Wienbarg insbesondere, in: Politische Avantgarde 1830 - 1840. Eine Dokumentation zum "Jungen Deutschland", hrsg. v. A. Estermann, Bd. 1, Frankfurt/M. 1972, S. 119ff.

Rosenkranz, K., [Rez.], G. W. Hegel's Vorlesungen über die Philosophie der Geschichte ..., in: Hallische Jahrbücher , Nr. 17 - 20, 19. - 23. Jan. 1838, Sp. 134ff.

Rosenkranz, K., Die Verklärung der Natur, in: ders., Studien, Bd. 1, Berlin 1839, S. 155ff.

Rosenkranz, K., Kritische Erläuterungen des Hegel'schen Systems, Königsberg 1840

Rosenkranz, K., Philosophie der Geschichte, in: Conversations - Lexikon der Gegenwart in vier Bänden, Bd. 4.1, Leipzig 1840, S. 193ff.

Rosenkranz, K., Karl Gutzkow bis zum Zeitpunkt seines dramatischen Auftretens 1840, in: ders., Studien, Bd. 5, Leipzig 1848, S. 212ff.

Ruge, A., Briefwechsel und Tagebuchblätter, hrsg. v. P. Nerrlich, Bd. 1, Berlin 1886

Saine, Th. P., Von der Kopernikanischen bis zur Französischen Revolution. Die Auseinandersetzung der deutschen Frühaufklärung mit der neuen Zeit, Berlin 1987

Sass, H. M., Untersuchungen zur Religionsphilosophie in der Hegelschule 1830 - 1850, Phil. Diss. Münster 1963

Scheler, M., Tod und Fortleben, in: Gesammelte Werke, Bd. 10 (Schriften aus dem Nachlaß, Bd. 1), Bern 1957, S. 9ff.

Schelling, F. W. J., System des transzendentalen Idealismus, in: Sämtliche Werke, Stuttgart, Augsburg, 1856ff., Abt. 1, Bd. 3, S. 327ff.

Schelling, F. W. J., Zur Geschichte der neuern Philosophie, in: ebenda, Abt. 1, Bd. 10, S. 1ff.

Scherer, G., Sinnerfahrung und Unsterblichkeit, Darmstadt 1985

Scherer, G., Das Problem des Todes in der Philosophie, 2. Aufl. Darmstadt 1988

Scherer, G., Sinnerfahrung und Unsterblichkeit, in: Universitas, Bd. 47, Jg. 1992, S. 254ff.

Schilson, A., Geschichte im Horizont der Vorsehung. G. E. Lessings Beitrag zu einer Theologie der Geschichte, Mainz 1974

Schipperges, H., Konzepte der Lebenskunst in Aufklärung und Romantik, in: Jahrbuch des Freien Deutschen Hochstifts, Tübigen 1991, S. 90ff.

Schlobach, J., Zyklentheorie und Epochenmetaphorik, München 1980

Schmidt-Biggemann, W., Theodizee und Tatsachen. Das philosophische Profil der deutschen Aufklärung, Frankfurt/M. 1988

Schoeps, J. H., Moses Mendelssohn, 2. Aufl. Frankfurt 1989

Schreiner, J., Alttestamentliche Vorstellungen von Tod und Unsterblichkeit, in: Stichwort: Tod, hrsg. v. G. Gebhardt, Frankfurt/M. 1979, S. 117ff.

Schröder, W., Querelle des Anciens et des Modernes, in: Europäische Enzyklopädie, Bd. 3, S. 983ff.

Schubarth, K. G.,/ Carganico, D. A., Über Philosophie überhaupt und Hegel's Enzyklopädie der philosophischen Wissenschaften insbesondere, Berlin 1829

Schulz, W., Zum Problem des Todes, in: Der Tod in der Moderne, hrsg. v. H. Ebeling, Königstein/Ts. 1979, S. 166ff.

Schwegler, A., Geschichte der Philosophie, Stuttgart 1876

Sengle, F., Biedermeierzeit. Deutsche Literatur im Spannungsfeld zwischen Restauration und Revolution, Bd. 1 u. 3, Stuttgart 1971ff.

Shaftesbury, A., Die Moralisten. Eine philosophische Rhapsodie, in: ders., Der gesellige Enthusiast. Philosophische Essays, hrsg. v. K. H. Schwalbe, München, Leipzig, Weimar 1990, S. 41ff.

Shelley, P. B., Der entfesselte Prometheus, in: Ausgewählte Werke, Leipzig 1985, S. 262ff.

Sledziewski, E. G., Fortschritt, in: Europäische Enzyklopädie, Bd. 2, S. 95ff.

Söhn, G., Von gereizter Höflichkeit zu gehässiger Gegnerschaft. Zum Verhältnis Wolfgang Menzel - Heinrich Heine, in: Heine-Jahrbuch, Bd. 30, Jg. 1991, S. 69ff.

Sonnenschmidt, R., Der Tod als Problem des menschlichen Lebens. Eine Bemerkung zur philosophischen Anthropologie Hegels, in: Hegel-Jahrbuch 1990, S. 127ff.

Sonnenschmidt, R., Ist Hegels Philosophie eine Philosophie des Todes? Eine kritische Bemerkung zur Dialektik von Herr und Knecht, in: Hegel-Jahrbuch 1991, S. 199ff.

Sparn, W., Vernünftiges Christentum, in: Wissenschaften im Zeitalter der Aufklärung, hrsg. v. R. Vierhaus, Göttingen 1985, S. 18ff.

Spinoza, B., Kurze Abhandlung von Gott, dem Menschen und seinem Glück, Hamburg 1965

Spinoza, B., Ethik, Leipzig 1982

Springer-Liepert, A., Erbe des "achtzehnten Jahrhunderts" in den ideologischen Debatten des deutschen Vormärz, Phil. Diss. B, Berlin 1986

Staehler, W., Zur Unsterblichkeitsproblematik in Hegels Nachfolge, Münster 1925

Sternberger, D., Heinrich Heine und die Abschaffung der Sünde, Frankfurt/M. 1976

Stolpe, H., Herder und die Ansätze einer naturgeschichtlichen Entwicklungslehre im 18. Jahrhundert, in: ders., Aufklärung, Fortschritt, Humanität. Studien und Kritiken, Berlin, Weimar 1989, S. 148ff.

Strodtmann, A., Heines Leben und Werk, Bd. 2, 3. Aufl. Hamburg 1884

Sünkel, W., Diätetik, in: Historisches Wörterbuch, Bd. 2, Sp. 231f.

Taubes, J., Abendländische Eschatologie, Bern 1947

Tavard, G., u.a., Engel, in: Theologische Realenzyklopädie, Bd. 9, S. 580ff.

Theunissen, M., Die Gegenwart des Todes im Leben, in: Tod und Sterben, hrsg. v. R. Winau u. H. P. Rosemeister, Berlin, New York 1984, S. 102ff.

Träger, C., Ideen der französischen Aufklärung in der deutschen Romantik, in: Weimarer Beiträge, Bd. 14, Jg. 1968, S. 175ff.

Traeger, J., Der Tod des Marat: Revolution des Menschenbildes, München 1986

Unger, R., Herder und der Palingenesiegedanke, in: ders., Herder, Novalis und Kleist. Studien über die Entwicklung des Todesproblems im Denken und Dichtung vom Sturm und Drang zur Romantik, Frankfurt/M. 1922, S. 1ff.

Unger, R., Der Unsterblichkeitsgedanke im 18. Jahrhundert und bei unseren Klassikern, in: ders., Zur Dichtungs- und Geistesgeschichte der Goethezeit, Berlin 1944, S. 9ff.

v. Balthasar, H. U., Apokalypse der deutschen Seele. Studien von den letzten Haltungen, Bd. 1, Salzburg, Leipzig 1937

v. Feuchtersleben, E., Zur Diätetik der Seele, Wien 1838

v. Itter, E., Heinrich Laube. Ein jungdeutscher Journalist und Kritiker, Frankfurt/M., Bern, New York, Paris 1989

v. Kleinmayr, H., Welt- und Kunstanschauung des "Jungen Deutschland". Studien zur Geistesgeschichte des 19. Jahrhunderts, Wien, Leipzig 1930

Victor, W., J. W. Goethe - Von seinem Leben und seiner Unsterblichkeit, in: ders., Der Tag und die Ewigkeit, Berlin, Weimar 1976, S. 96ff.

Victor, W., Tod, Verdammnis und ewiges Leben des Heinrich Heine, in: ebenda, S. 386ff.

Volp, R., Der Tod im Leben. Todesanschauungen um 1800, in: Wie die Alten den Tod gebildet. Wandlungen der Sepulkralkultur 1750 - 1850, hrsg. v. H.-K. Boehlke, Mainz 1979 (Kasseler Studien zur Sepulkralkultur Bd. 1), S. 3ff.

Vondung, K., Die Apokalypse in Deutschland, München 1988

Vorgrimler, H., Geschichte der Hölle, München 1993

Vovelle, M., Die Einstellungen zum Tode. Methodenprobleme, Ansätze, unterschiedliche Interpretationen, in: Die Biologie des Menschen in der Geschichte, hrsg. v. A. E. Imhof, Stuttgart-Bad Cannstatt 1978, S. 174ff.

Wabnegger, E., Literaturskandal. Studien zur Reaktion des öffentlichen Systems auf Karl Gutzkows Roman "Wally, die Zweiflerin" 1835 - 1848, Würzburg 1987

Wadepuhl, W., Heinrich Heine. Sein Leben, seine Werke, München 1977

Walther, M., Metaphysik als Anti-Theologie. Die Philosophie Spinozas im Kontext religionsphilosopischer Problemstellungen, Hamburg 1971

Weber, M., Die protestantische Ethik und der Geist des Kapitalismus, in: ders., Gesammelte Aufsätze zur Religionssoziologie, Bd. 1, Tübingen 1920, S. 17ff.

Weiss, W., Enttäuschter Pantheismus. Zur Weltgestaltung der Dichtung in der Restaurationszeit, Dornbirn 1962

Weiße, Ch. H., Ueber den gegenwärtigen Standpunkt der philosophischen Wissenschaft. In besonderer Beziehung auf das System Hegel's, Berlin 1829

Weiße, Ch. H., Zur Geschichte der neuern schönen Litteratur ..., in: JB, Nr. 97, 98, 99, Mai 1833, Sp. 771ff.

Weiße, Ch. H., [Rez.], Die Lehre von den letzten Dingen ..., in: JB, Nr. 41 u. 42, Sept. 1833, Sp. 321ff.

Weiße, Ch. H., Die Idee der Gottheit, eine philosophische Abhandlung, als wissenschaftliche Grundlegung zur Philosophie der Religion, Dresden 1833

Weiße, Ch. H., Die philosophische Geheimlehre von der Unsterblichkeit des menschlichen Individuums, Dresden 1834

[Weiße, Ch. H.], Theodicee. In deutschen Versen von Nikodemus, Leipzig 1834

Weiße, Ch. H., Die drei Grundfragen der gegenwärtigen Philosophie, in: ZE, Bd. 1, Jg. 1837, S. 67ff.

Weiße, Ch. H., [Rez.], Hegels Vorlesungen über die Philosophie der Geschichte ..., in: BL, Nr. 69ff., 9.- 12. März 1840, S. 273ff.

Weitzel, J., Geschichte der Staatswissenschaft, Bd. 2, Stuttgart, Tübingen 1833

Wenzl, A., Unsterblichkeit. Ihre metaphysische und anthropologische Bedeutung, München 1951

Westra, P., Karl Gutzkows religiöse Ansichten, Groningen 1947

Wieland, Ch. M., Platonische Betrachtungen über den Menschen, in: Sämmtliche Werke, Bd. 29, Leipzig 1857, S. 103ff.

Wienbarg, L., Fürst Pückler, in: ders., Zur neuesten Literatur, Mannheim 1835, S. 34ff.

Wienbarg, L., Die Herbstversammlung der Naturforscher, in: ders., Wanderungen durch den Thierkreis, Hamburg 1835, S. 210ff.

Wienbarg, L., Tagebuch von Helgoland, Hamburg 1838

Wienbarg, L., Geschichtliche Vorträge über altdeutsche Sprache und Literatur, Hamburg 1838

Wienbarg, L., Die Kunst und ihre Ausstellung, in: ders., Quadriga. Vermischte Schriften, Bd. 1, Hamburg 1840, S. 317ff.

Wienbarg, L., Ästhetische Feldzüge, hrsg. v. W. Dietze, Berlin 1964

Wikenhauser, A., Sadduzäer, in: Lexikon für Theologie und Kirche, Bd. 9, Sp. 207f.

Windfuhr, M., Der schwarze Romantiker, in: Merian, H. 7/1974, S. 68ff.

Windfuhr, M., Heinrich Heine, Revolution und Reflexion, 2. Aufl. Stuttgart 1976

Windischmann, K. J., Die Selbsvernichtung der Zeit und die Hoffnung der Wiedergeburt, Heidelberg 1807

Windischmann, K. J., Das Gericht des Herrn über Europa. Blicke in Vergangenheit, Gegenwart und Zukunft, Frankfurt/M. 1814

Winter, E., Anton Günther und sein Kreis, Paderborn 1931

Wird in diesem Jahre die Welt untergehen? Beantwortet für die Freunde Bengel's von einem Theologen, Querfurt 1836

Wolfson, H. A., The philosophy of Spinoza, 2 Bde., New York 1960

Wolfson, H. A., Spinoza und die Religion der Vergangenheit, in: Texte zur Geschichte des Spinozismus, hrsg. v. N. Altwicker, Darmstadt 1971

Wollgast, S., Zu Christian Wolffs theoretischer Philosopie und Teleologie, in: Wissenschaftliche Zeitschrift der Technischen Universität Dresden, Bd. 29, Jg. 1980, S. 1215ff.

Wülfing, W., Schlagworte des Jungen Deutschland, in: Zeitschrift für deutsche Sprache, Bd. 21ff., Jg. 1965ff., S. 42ff.

Wünsche, A., Teufel, in: Realencyklopädie für protestantische Theologie und Kirche, Bd. 19, S. 564ff.

Wurm, J. F., Über die Beweisgründe für Bengels apokalyptische Zeitrechnung, Stuttgart 1832

Zantop, S., Verschiedenartige Geschichtsauffassung: Heine und Ranke, in: Heine-Jahrbuch Bd. 23, Jg. 1984, S. 42ff.

Batch number: 10578188

Printed by Printforce, the Netherlands